Stb

MAX TOTH ist weithin bekannter Parapsychologe und Autor, der u.a. auch schon bei Oprah Winfrey auftrat. Er leistete Pionierarbeit bei der Erforschung der Pyramidenenergie, arbeitete schon sehr früh mit der Kirlian-Fotografie und entwickelte neue Ansätze für Psychokinese, geistiges Heilen und geistige Diagnose.

Mit ihrem gemeinsamen Werk zeigen die Autoren, daß in den Pyramiden nicht nur der Schlüssel für manches Geheimnis zu suchen ist, sondern daß in ihnen auch Kräfte wirken, die den bisher bekannten wissenschaftlichen Gesetzen Hohn sprechen. Diese Einflüsse der Pyramidenenergie sind breit gefächert: Sie zeigen sich konstruktiv, schärfend, erhebend, bewußtseinserweiternd und das Gefühl fördernd.

Max Toth • Greg Nielsen

Die Kraft der Pyramiden

Aus dem Amerikanischen
von Hans Geisler

Schirner Taschenbuch

Die amerikanische Originalausgabe erschien 1976
bei Warner Books, Inc., New York
unter dem Titel
Pyramid Power
© 1974, 1976 by Max Toth und Greg Nielsen
© für die Illustrationen in Kapitel 14 by Robert Cousins

© für die deutsche Ausgabe
Verlag Hermann Bauer KG, Freiburg im Breisgau 1977

ISBN 3-89767-420-3

1. Auflage
© 2004 Schirner Verlag, Darmstadt
Alle Rechte für die deutsche Taschenbuchausgabe vorbehalten

Umschlaggestaltung: Murat Karaçay
Satz: Elke Hoffmann
Herstellung: Reyhani Druck und Verlag, Darmstadt

www.schirner.com

Inhaltsverzeichnis

Erster Teil
Unter dem Sand:
Die Pyramiden der Archäologen

Zweiter Teil
Schatzkammer der Vergangenheit,
Urquelle für die Zukunft:
Die Energie der Pyramide

Gewidmet den beiden Nancys

Danksagung

Unsere besondere Anerkennung und Dankbarkeit sei in erster Linie Karl Drbal aus Prag ausgesprochen. Kapitel 8, speziell für dieses Buch geschrieben, ist seine erste für die Veröffentlichung in den USA bestimmte Darstellung seiner Findungen. Es ist eine sachverständige und zugleich humorvolle Beschreibung seiner technischen Forschungsergebnisse in bezug auf die Pyramidenenergie, ein Beitrag, der viele seit langem offene Fragen beantwortet und Wichtiges zur Vervollständigung unseres Buches hinzufügt.

Wir danken ferner den Autoren G. S. Pawley und N. Abrahamsen sowie der Redaktion von *Science* für die Erlaubnis, den Artikel »Geben die Pyramiden Hinweise auf die Kontinentaldrift?« nachdrucken zu dürfen, der am 2. März 1973 in *Science* erschien (Bd. 179, Seiten 892/893).

Vielen Dank auch Henry Monteith aus Albuquerque, New Mexiko, für seine ausgezeichnete Mithilfe bei der Abfassung des 7. Kapitels; Joan Ann de Mattia aus New York City für ihren aufschlußreichen Bericht in Kapitel 12, in dem sie erzählt, wie es ihr gelang, die Pyramidenenergie für sich arbeiten zu lassen; Robert Cousins, einem Architekten, für seine wertvollen Übersichtstafeln und Illustrationen; Manly P. Hall für die Erlaubnis, aus seinem Buch *Secret Teachings Of All Ages* zitieren zu dürfen; Dr. Boris Vern für seine vorbereitenden Feststellungen und Entdeckungen sowie für seine graphischen Illustrationen; und schließlich Al Manning, dem Direktor des ASW-Laboratoriums.

Nicht vergessen sei unser Dank an Renee Felice und Lynn Wilkins für ihre unschätzbare Hilfe bei der Vorbereitung dieses Buches. Schließlich und endlich wissen wir den Wert all jenes umfangreichen und gewichtigen Materials zu würdigen, das wir unzähligen Büchern, Zeitschriftenveröffentlichungen, Organisationen und Persönlichkeiten zu verdanken haben.

Vorwort

Vieles, was als abergläubische Vorstellungen versunkener Zivilisationen betrachtet wurde, erweist sich jetzt immer mehr als grundlegender Bestandteil einer uralten, geheimen Wissenschaft. Viele unserer modernen Entdeckungen lassen sich bezüglich ihres eigentlichen Ursprungs auf diese alte Geheimwissenschaft zurückführen. Von der Pyramidenkraft ist zu sagen, daß sie unter diesen Wiederentdeckungen mit an vorderster Stelle steht.

Im Jahre 1968 begann der Nobelpreisträger Dr. Luis Alvarez sich in wissenschaftlicher Weise um die Lösung einiger Pyramiden-Mysterien zu bemühen. Zunächst ging es ihm darum, bisher noch unbekannte Kammern und Gänge in der Chephren-Pyramide von Giseh zu entdecken. Zu der Zeit, als er mit seiner Arbeit anfing, nahmen Tausende von Wissenschaftlern aus aller Welt interessiert Anteil an diesen Untersuchungen. Um sein Ziel zu erreichen, entschloß sich Alvarez, eine neuartige Meßmethode anzuwenden. Diese bestand aus Messungen der Einfallstärke der kosmischen Strahlungen beim Durchgang durch verschieden dichte oder feste Objekte. Nachdem er zwei Millionen solcher Strahlen gemessen hatte, ließ er die Bänder mit den Aufnahmen in Kairo durch einen Computer auswerten. Dabei zeigte sich nichts Außergewöhnliches.

Trotzdem geschah es kurze Zeit später, daß John Tunstall, Reporter der *London Times*, in einem Artikel vom 14. Juli 1969 die Worte eines an dem Messungsprojekt beteiligt gewesenen Wissenschaftlers zitierte, der gesagt hatte: »Es widerspricht allen bekannten physikalischen Gesetzen.« Wie es schien, sind die Bänder mit den Aufnahmen von mehreren verschiedenen Computern ausgewertet worden, von denen einer neuer und moderner war als der vorhergehende; jedesmal, wenn die Aufzeichnungen einem anderen Computer eingegeben wurden, ergaben sich andere Diagramme.

»Das ist unmöglich!«, versicherte der Wissenschaftler Dr. Amr Gohed dem Reporter.

Der stellte eine weitere Frage: »Heißt das, daß all das wissenschaftliche Fachwissen und -können, das hier eingesetzt wurde, von irgendeiner Kraft oder Macht, die über das menschliche Verständnis hinausgeht, ad absurdum geführt wurde?«

Der Wissenschaftler antwortete: »Entweder beruht unsere Geometrie der Pyramide auf einer im wesentlichen falschen Annahme und Voraussetzung, was bei unseren Aufzeichnungen zutage kam, oder wir haben es hier mit einem Mysterium zu tun, das jeder Erklärung spottet. Nennen Sie es, wie Sie wollen: Okkultismus, Fluch der Pharaonen, Hexerei oder Magie: Hier wird eine Kraft wirksam, die den wissenschaftlichen Gesetzen, die bei der Erforschung der Pyramide angewandt wurden, hohnspricht.«

Manchem Leser mag diese Feststellung ziemlich lächerlich vorkommen. Schließlich sind die Pyramiden für viele eine Sache, der sie nur wenig Interesse entgegenbringen. In den Schul- und Geschichtsbüchern lesen die Schüler und Studenten vieles über die Pyramiden; sie befassen sich in den Mathematikklassen mit ihrer geometrischen Form, und wenn sie die Schule nach ihren Abschlußprüfungen verlassen, vergessen sie diese Dinge schon bald wieder.

Es gibt wohl kaum jemanden unter uns, der noch keine Fotos oder Bildberichte in Zeitungen oder Zeitschriften gesehen hat; auch Reiseberichte, seien es nun Dia- oder Filmvorträge, erfreuen sich immer wieder großer Beliebtheit. Dennoch sind sich nur wenige der Einwirkungen bewußt, die die Pyramiden auf das Entstehen der Zivilisation hatten. Noch geringer ist die Zahl derjenigen, die, wie Dr. Gohed, glauben,

»daß da Kräfte und Mächte wirken, die allen bekannten wissenschaftlichen Gesetzen widersprechen«. Die Verfasser dieses Buches schließen sich wegen ihres Glaubens an die Pyramidenkraft der zweiten Gruppe an. Deshalb wurde dieses Buch geschrieben. Es gibt viele Bücher über die ägyptischen Pyramiden, doch befassen sich nur wenige mit den kaum bekannten Pyramiden dieser Erde, und, soweit wir wissen, gar keine, die die Kräfte der Pyramidenform behandeln.

Es war Anfang der siebziger Jahre, als zahlreiche Magazine und Illustrierte, – insbesondere im angloamerikanischen Sprachraum, Artikel darüber veröffentlichen, was als »Pyramidenkraft« bezeichnet wird. Wir haben alle diese Veröffentlichungen genau verfolgt und festgestellt, welcher Methoden sich die experimentelle Forschung bedient, sowohl die in großen Laboratorien als auch die private. Dieses Buch beinhaltet einige Resultate dieser faszinierenden Experimente. Außerdem bringen wir viele Vorschläge und Empfehlungen für Versuche, die der Leser selbst durchführen kann. Diese Versuche bauen auf den Forschungsergebnissen der Wissenschaftler auf.

Seit sich das Interesse an der Erforschung der Pyramiden und ihrer Kräfte immer weiter ausbreitet, sind große Fortschritte gemacht und neue Fakten entdeckt worden. Unser *Pyramid Power* nimmt unter den daraus resultierenden Veröffentlichungen eine führende Stellung ein.

Dieses Buch ist in zwei Teile gegliedert. Der erste Teil befaßt sich mit den Pyramidenstrukturen und -bauweisen, deren Rätsel bis heute noch nicht alle gelöst sind, obwohl diese Bauwerke viele tausend Jahre alt sind. Die religiösen Anschauungen und Riten der alten peruanischen, zentralamerikanischen und ägyptischen Zivilisationen rankten sich alle um Mysterien, in denen die Pyramiden eine bedeutende Rolle spielten.

Der zweite Teil beschäftigt sich mit der Erforschung und praktischen Anwendung der Pyramidenkräfte, denen man in wissenschaftlichen und okkulten Kreisen auf die Spur zu kommen sucht. Außerdem enthält dieses Buch einen Beitrag des Tschechoslowaken Karl Drbal, der im Besitz des Original-Pyramiden-Patents ist. Alles in allem begegnen wir hier viel Mysteriösem, Phantastischem, Legendärem und Spektakulärem, das aber von den modernen Auffassungen über Pyramiden nicht zu trennen ist.

Wir laden den Leser ein, sich mit uns auf die abenteuerliche und zugleich unterhaltsame Forschungsreise zu machen, deren Ziel es ist, die Mysterien der alten und neuen Pyramiden enträtseln zu helfen. Wir zeigen auch, wie man sich selbst eine kleine Pyramide bauen und damit Versuche durchführen kann, um mit deren Ergebnis zu versuchen, jene mysteriösen Energien zu ergründen, die mit den Pyramiden verbunden sind.

Erster Teil

Unter dem Sand:
Die Pyramiden der Archäologen

1.

Ein Blick aus der Vogelschau auf die

Pyramiden in aller Welt

Pyramiden! Dieser Begriff beschwört das Bild jener gewaltigen Bauwerke herauf, die sich aus einem öden Sandozean erheben: Cheops, Chephren und Mykerinos, drei massive, dem Beschauer ihre dreieckigen Seiten zeigenden Monumente; daneben die halb menschliche, halb tierische Statue der Sphinx; alles anscheinend willkürlich und planlos gruppiert, beschienen von einer sengenden Sonne und zernagt von erbarmungslos wehenden Winden.

Das sind die Pyramiden von Ägypten – sicht- und greifbare Rätsel; Überbleibsel aus einer Zeit jenseits aller menschlichen Erinnerungen; Reste aus vorgeschichtlichen Epochen, die unser Verständnis überschreiten. Wie die weniger bekannten Pyramiden in anderen Teilen der Erde waren und sind es diese kolossalen, architektonischen Bauwerke, die seit Jahrhunderten den Archäologen, Geschichtsforschern und Mystikern Anlaß gegeben haben, darüber unzählige Bücher zu schreiben, viele Theorien aufzustellen, endlose Debatten zu führen und sogar als Meditationsobjekte zu dienen.

Heute noch werden viele Wissenschaftler und Gelehrte gefesselt, ja nahezu gepeinigt angesichts dieser noch immer ungelösten Rätsel. Wer hat die Pyramiden gebaut? Welchem Zweck dienten sie? Von wem erhielten die unbekannten Erbauer das außergewöhnliche, hochrangige Wissen und die astronomischen Kenntnisse, die sie brauchten, um solche riesigen Bauwerke erstellen zu können? Nach welchen Plänen und mit welch komplizierten technischen Verfahren, mit welchen Vorrichtungen und Werkzeugen sind diese Monumente geschaffen worden?

Diese Fragen, die noch immer unbeantwortet sind, fordern weiterhin die Einbildungskraft und die Neugier vieler Menschen heraus. Groß ist die Zahl derjenigen, die alle nur denkbaren Theorien entwickelt haben. Einige davon sind höchst phantastisch und grotesk, einige bemerkenswert im Hinblick auf den Mangel an Intelligenz, die die betreffenden Theoretiker bei der Berücksichtigung der historischen Texte und deren Zusammenhänge erkennen lassen. Zahlreiche Bücher sind geschrieben sowie Dokumentar- und Science-Fiction-Filme gedreht worden, die alle die faszinierenden Geheimnisse der Pyramiden zum Inhalt haben. Da keiner dieser Autoren, Theoretiker und Filmemacher – soweit wir dies zu sagen vermögen – der Sache näher kam als einer seiner ebenso neugierigen Vorgänger und Vorfahren, die sich vergebens bemühten, so geht eben das Suchen und Forschen immerzu weiter.

Während der letzten einhundert Jahre sind verschiedentlich Berichte über die Entdeckung von Pyramiden mit mehr oder weniger genauer Standortangabe gemacht worden. Meist stammen diese Mitteilungen von Militärpiloten, die bei ihren Flügen über noch nicht kartographiertes Gelände solche Sichtungen machten. Einige wenige dieser noch unbekannten, seltsamen Pyramiden sind fotografiert worden, doch wie es scheint, sind die Aufnahmen nachher verlorengegangen oder verlegt worden. Versuche, die Existenz der wiederentdeckten Bauwerke nachzuweisen, sind aufgrund der oft unzugänglichen Gebiete und nicht zuletzt auch infolge des Umstandes unterblieben, daß sich die einschlägigen Angaben meist gänzlich auf Augenzeugenberichte und auf Erzählungen der eingeborenen Bevölkerung der betreffenden Gegenden stützten.

Ein umfangreicher Komplex mit Pyramidenbauten und

einer besonders großen Pyramide liegt offenbar in der chinesischen Provinz Shensi. Er liegt viele Kilometer westlich der
alten chinesischen Hauptstadt Sianfu, einer von Mauern um-
gebenen Stadt, die älter ist als Peking. Die Hauptpyramide
soll, wie es heißt, über 310 Meter hoch und kilometerweit
von einer nicht bekannten Zahl oben abgeflachter kleinerer
Pyramiden umgeben sein, die angeblich alle nach Norden
ausgerichtet sind. Die Shensi-Pyramiden sollen aus einer Mi-
schung von Kalk und Lehm oder Tonerde bestehen, die mit
zementartigem Material gehärtet wurden. Das Ganze ist bedeckt mit Verkleidungssteinen und dekorativ in verschiedenen
Farben bemalt.

Eine andere asiatische Pyramide soll irgendwo in den Bergen des Himalaya liegen. Man nennt sie die Weiße Pyramide.
Es soll ein schimmerndes Weiß sein, überzogen von Metall
oder einer Art von Steinen, gekrönt von einem riesigen
Schlußstein aus edelsteinartigem Material, möglicherweise einem Kristall.

In den Dschungeln von Kambodscha befinden sich die
Ruinen einer einstmals großen Stadt, heute bekannt als Angkor, mit vielen prachtvollen Tempeln, endlosen Galerien und
gewaltigen Pyramiden. Die Geschichte der Kambodschaner
sagt nichts über den Ursprung dieser Heiligen Stadt. Die
mündliche Überlieferung, durch viele Generationen innerhalb
der Bevölkerung weitergegeben, erzählt lediglich, daß Angkor
entweder das Werk von Riesen oder das von Pra-Eun ist,
dem König der Engel. Obgleich der imposante Tempel von
Angkor Vat, dem Hauptbauwerk der verlassenen Stadt, durchforscht und teilweise sogar restauriert wurde, bevor der
indochinesische Konflikt ausbrach, ist nur sehr wenig bekannt
über die dort vorhandenen Pyramiden außer der Angabe,
daß ihre allgemeinen Proportionen denen der ägyptischen
Pyramiden ähnlich sein sollen.

Ein Pyramidenkomplex soll, so wurde erzählt, in einer

Wüstenregion des zentralsibirischen Hochlandes nördlich von Olekminsk vorhanden sein. Augenzeugen sollen ausgesagt haben, daß eine sowjetische Luftflotte, bestehend aus Bombern und Kampfmaschinen, diese Wüstenregion buchstäblich dem Erdboden gleichgemacht hätte. Dieses Bombardement, das im Frühjahr 1970 vor sich gegangen sein soll, habe den Zweck gehabt, eine Ufo-Basis zu zerstören. Doch da darüber in der sowjetischen Presse kein Wort zu lesen war, müssen alle diesbezüglichen Berichte zunächst als Gerücht betrachtet werden, solange die Wahrheit nicht bekannt ist.

Westeuropa hat ebenfalls pyramidenähnliche Bauwerke aufzuweisen. Eins davon befindet sich in Südfrankreich. Man nimmt an, daß diese Pyramide von den Tempelrittern nach ihrer Rückkehr von den Kreuzzügen des zwölften oder dreizehnten Jahrhunderts erbaut wurde. Unter ihr, das heißt unter der Erdoberfläche, befindet sich eine Grube bzw. Aushöhlung, in deren Wände astrologische Symbole eingekerbt sind.

Der Silbury-Hügel in Wiltshire, England, ist eine der vielen britischen kegelförmigen, abgestuften Erdpyramiden. Man glaubt, sie sei vor mehr als viertausend Jahren errichtet worden. Die Erbauer verbrauchten schätzungsweise eine Million Tonnen Erdreich, das sie über ein fünf Morgen großes Gelände verteilten und bis zu 50 Meter Höhe anhäuften. Sehr alte Grabstellen, überdeckt mit Erdanhäufungen ähnlich denen von Silbury Hill, sind auch in Irland zu finden.

Es scheint früher auch weitverbreitet Brauch gewesen zu sein, kleine pyramidenförmige oder konisch zulaufende Markierungszeichen für Gräber oder für unbekannte religiöse Zeremonien in den Ländern der westlichen Hemisphäre zu benutzen, besonders in den Vereinigten Staaten, wo viele solcher Mini-Pyramiden zu finden sind. In der Nähe des kleinen Ortes Williams in Montana gibt es zum Beispiel viele ca. ein Meter große Pyramiden.

Die Montana Historical Society meint, daß diese möglicherweise Markierungszeichen für unbekannte Gruppen von Schäfern oder Hirten gewesen sind. Diese Erklärung erscheint aber nicht sehr überzeugend. Obwohl diese Mini-Pyramiden entlang einer von Nordwest nach Südost führenden Linie errichtet worden sind, also der Richtung folgten, die die Hirten beim Treiben ihrer Herden einschlugen, sind sie offensichtlich mehrere tausend Jahre alt, dürften also Jahrhunderte vor dem Auftauchen von Hirtenstämmen vorhanden gewesen sein.

Eine andere Stelle, nahe Gila Bend, Arizona, im Painted Rock Reservoir gelegen, wurde 1959 von Archäologen der Universität von Arizona gefunden. Dieser kleine, oben abgeflachte, pyramidenförmige Hügel, dessen Entstehung zwischen 900 und 1150 unserer Zeitrechnung angenommen wird, soll, wie eine Theorie besagt, von den amerikanischen Indianern für religiöse Zwecke benutzt worden sein.

Ein großer Pyramidenberg in Collinsville, Illinois, zog die allgemeine Aufmerksamkeit auf sich, als die Archäologen daran gingen, tiefer in die massiven Erdschichten des mysteriösen Berges in Cahokia Mounds State Park einzudringen. Dieser Cahokia-Hügel hat eine Grundfläche, die größer ist als die der großen Pyramide in Ägypten: ca 330 Meter lang, ca. 270 Meter breit und gegenwärtig noch ca. 33 Meter hoch. Der Pyramidenberg ist Teil des riesigen Ruinenkomplexes von Cahokia, der eine große Mauer und Opferungen dienende Gruben und Höhlen enthält, die von einer nicht mehr existierenden indianischen Zivilisation gebaut wurden. Die Fachleute schätzen, daß über 600000 Kubikmeter Erdreich im Laufe einer Periode von 250 Jahren bewegt und zu diesem Ort gebracht worden sein müssen. Die Archäologen sagen, daß die Cahokia-Pyramide das größte prähistorische Bauwerk der Vereinigten Staaten ist und daß die Cahokias mindestens 500 Jahre lang ein Gebiet beherrschten, das sich, einschließlich der Kolonien, bis zu 1600 Kilometern im Umkreis ihrer Stadt erstreckte.

Seit vielen Jahren geht die Kunde um die Welt, daß es auch in Alaska und Florida Pyramiden gibt, ebenso innerhalb der Grenzen des inzwischen berühmt gewordenen Bermuda-Dreiecks, einem Gebiet, in dem der im Meer versunkene Kontinent Atlantis liegen soll. Von anderen Stellen in den Tiefen des Atlantischen und Pazifischen Ozeans wird das gleiche gesagt. Diese Gerüchte könnten eines Tages durchaus stärkere Glaubwürdigkeit gewinnen oder gar von wissenschaftlicher Seite als Tatsachen anerkannt werden, wenn einem Abenteurer oder Glücksritter eines Tages ernsthaft beachtenswerte Entdeckungen gelängen oder eine archäologische Expedition mit wissenschaftlicher Gründlichkeit und Präzision neue Feststellungen machte.

Die einzigen geographischen Gebiete, die völlig ohne Pyramidenbauten zu sein scheinen, sind Australien und die antarktische Region, aber es ist durchaus möglich, daß die Archäologen auch in diesen Regionen Pyramiden entdecken, vielleicht solche, die, wie in Zentral- und Südamerika, vollkommen bedeckt oder vom Urwald überwuchert sind. Auch ist nicht ausgeschlossen, daß neue Pyramiden in der Nähe bekannter Stein- und Erdanhäufungen gefunden und ausgegraben werden.

Bestimmt würden die Arbeiten einer archäologischen Expedition, die irgendwo eine neue Pyramide findet und sie ausgräbt, auf weltweites Interesse stoßen, weil eben heute alles, was mit Pyramiden zu tun hat, nicht nur im engeren Kreis der Archäologen größtes Interesse findet, sondern auch bei anderen wissenschaftlichen und parapsychologischen Vereinigungen in aller Welt.

Hier sei bemerkt, daß sich die Archäologen in der ganzen Welt bei ihren Ausgrabungsfunden für die Zeitbestimmung der Analyse der radioaktiven Carbon-Methode bedienen, des Isotops Carbon 14. Leider scheint es aber immer deutlicher zu werden, daß die Datumsangaben, die mit Hilfe dieser

Methode festgestellt worden sind, in hohem Maße fragwürdig sind, da die Möglichkeit gegeben ist, daß Verunreinigungen durch heutiges organisches Material den Prozeß weitgehend beeinflussen. Die Archäologen glauben heute, daß die meisten Ausgrabungsfunde, deren Entstehungszeit durch die Carbon-14-Methode ermittelt wurde, älter sind, als sie gemäß dieser Datierungen eigentlich sein sollen. Gegenwärtig toben regelrechte Meinungskämpfe in den Kreisen der Archäologen angesichts der Behauptungen einiger Wissenschaftler, daß die Carbon-14-Methode Fehldatierungen von Tausenden von Jahren zur Folge habe, nicht nur von Hunderten, wie man zunächst dachte.

Trotz dieser Mängel, die sich jetzt herausgestellt haben, sind die durch diese Methode in den letzten Jahrzehnten gemachten Datierungen als wissenschaftlich akzeptabel und gültig anerkannt worden. Die Carbon-14-Methode ist immer noch nützlich, denn sie versorgt uns mit Informationen über die Evolution und die Aufeinanderfolge der Zivilisationen. Der Einfachheit halber sollen in diesem Buch die mit der Carbon-14-Methode gewonnenen Datumsangaben, sofern es sich um archäologische Funde handelt, benutzt werden, um dem Leser wenigstens Anhaltspunkte zu geben.

Um die Pyramiden rankt sich viel Mysteriöses, angefangen bei den Rätseln, die die Erbauer der kolossalen Pyramiden in Ägypten, Peru und den Ländern der Mayas betreffen, bis hin zu den erstaunlichen und unerklärlichen Kräften, die anscheinend der Pyramidenform innewohnen. Vielleicht ist sogar eines der ersten Pyramidenmysterien der Ursprung der Bezeichnung »Pyramide«.

Offensichtlich ist das Wort von dem griechischen *pyramis* (Mehrzahl: pyramides) abgeleitet. Weniger klar ist die Herleitung des griechischen Wortes selbst. Es scheint nicht so, als sei sein Ursprung in dem MR (gesprochen Mer) zu suchen, dem ägyptischen Wort für die vierseitige, dreieckflächige

Struktur auf quadratischer Basis. Um die Unsicherheit noch zu vergrößern, hat dieses ägyptische Wort an sich keine bestimmte kennzeichnende Bedeutung, wie in I. E. S. Edwards Werk *Die Pyramiden von Ägypten zu* lesen ist.

Eine mögliche Vorform von pyramis ist ein Wort, das sich in dem mathematischen Rhind-Papyrus findet, der im Britischen Museum aufbewahrt wird. Dieses Wort per-em-us wird in dieser wissenschaftlichen Abhandlung der alten ägyptischen Mathematiker als Bezeichnung für die vertikale Höhe einer Pyramide verwendet. Buchstäblich übersetzt heißt es: »das was gerade hinaufgeht...«, und zwar von etwas, was durch die Endsilbe US gekennzeichnet ist. Leider ist die eigentliche Bedeutung dieser Silbe nicht bekannt, weshalb das Wort als ganzes auch nicht restlos klar ist.

Angenommen, die Erklärung, daß *Pyramis* tatsächlich von *per-em-us* abgeleitet wurde, wäre richtig, dann könnte es so sein, daß die Griechen entweder die ägyptische Bezeichnung mißverstanden hatten oder im Laufe eines Sprachentwicklungsprozesses, den man Synecdoche nennt, den Ausdruck auf die ganze Pyramide übertrugen, während das ägyptische Grundwort nur einen Teil davon bezeichnete. Ägyptologen, die mit dieser Erklärung nicht einverstanden sind, betrachten den Ausdruck Pyramis als ein rein griechisches Wort, das keine Verbindung zum ägyptischen Wortschatz hat.

Es ist auch vermutet worden, daß die alten Griechen im Scherz das Wort, das eigentlich in ihrer Sprache »Weizenkuchen« bedeutete, deshalb auf die Pyramiden anwandten, weil diese, aus einiger Entfernung betrachtet, tatsächlich an einen großen Kuchen oder eine Torte erinnern.

Ein weiteres Beispiel für die Neigung der Griechen, fremde Worte, die in ihrer eigenen Sprache nicht vorkamen, in humorvoller Weise zu karikieren, ist die in ihrer Architektur zu findende Bezeichnung »obeliskos«, das heute für uns eben einen Obelisken bedeutet, ursprünglich aber nichts anderes als

»einen kleinen Brat- oder Fleischspieß« bezeichnete.

Eine völlig andere Art der Herleitung des Wortes stammt von Gerald Massey in seinem Buch *Das alte Ägypten – das Licht der Welt*. Massey führt die Entstehung des Wortes zurück auf das griechische *Pur* (gesprochen pyr), was »Feuer« bedeutet, und auf das ägyptische *Met*, was »zehn« oder »ein Maßstab« bedeutet. Er meint, daß das Wort für die zehn Original-Maßeinheiten oder Bogenabschnitte steht, die auf die Bewegungen des Gottes des Feuers, der Sonne, bei ihrem Lauf durch den Himmelskreis hinweisen. Da die ägyptischen Pyramiden unter anderem auch gewissen kosmischen Maßverhältnissen entsprechend konstruiert und gebaut worden sind, ist diese Theorie immerhin plausibel. Das Wort würde dann, wörtlich übersetzt, »ein zehnfaches oder zehnförmiges Maß des Feuers« bedeuten, ein symbolischer Ausdruck für das sich manifestierende Leben.

Die Meinungsverschiedenheiten und Kontroversen über den Ursprung des Wortes *Pyramide* sind allerdings von geringerer Bedeutung im Vergleich zu den viel häufigeren Auseinandersetzungen über den Sinn und Zweck der Pyramidenbauten. Die Ägyptologen sind der Ansicht, daß die Pyramiden Grabstätten gewesen sind. Die peruanischen und andere Archäologen, die insbesondere die mittelamerikanischen Pyramiden erforschten, meinen, daß sie einst als Tempel benutzt wurden. Einige Pyramidologen glauben heute, daß die Pyramiden eine Art Resonanz-Zentren oder Energieakkumulatoren gewesen sind. Sie haben herausgefunden, daß sich die Schwingungsfrequenzen, die von der Erde ausgehen (einschließlich der magnetischen Kraftlinien) und die aus dem Kosmos stammenden Strahlungen und Schwingungen innerhalb der Pyramidenstruktur mischen und eine neue, höhere Frequenz erzeugen, etwa in der gleichen Weise, in der zwei gleichzeitig angeschlagene Klaviersaiten eine dritte Überlagerungsfrequenz hervorbringen. Diese Überschwingungsfrequenz könnte, so wird vermutet, eine besondere Energie-strahlung auslösen.

So erhebt sich die Frage: Sind die Pyramiden speziell für den Zweck gebaut worden, Energie zu produzieren und zu speichern? Wenn ja, wofür wurde diese Energie gebraucht? Wer hat die Architekten und Baumeister gelehrt, daß die Pyramiden in dieser Weise verwendet werden können? Es besteht kein Zweifel, daß alle Zivilisationen, die Pyramiden bauten, das nur konnten, weil sie zu hochentwickelten mathematischen und astronomischen Berechnungen fähig waren und eine wahrhaft unglaublich erscheinende Meisterschaft und Geschicklichkeit in der Errichtung steinerner Bauwerke besaßen. In den Zivilisationen, die nicht nur raummäßig viele Tausende von Kilometern, sondern auch zeitlich Jahrhunderte voneinander entfernt waren, sind Steinblöcke von vielen Tonnen Gewicht transportiert, hochgehoben und mit unglaublicher Präzision an den betreffenden Stellen der Pyramiden eingefügt worden. Aufgrund der erkennbaren Virtuosität in bezug auf wissenschaftliches und handwerkliches Wissen und Können beim Bau von Pyramiden ist die Vermutung keineswegs abwegig, daß dieses Wissen und diese Fähigkeiten die Erbauer der Pyramiden von Personen gelehrt wurden, die von außerhalb der irdischen Zivilisationsbereiche kamen. Wäre das der Fall gewesen: Woher könnten diese Fremden gekommen sein und wie gelangten sie an die betreffenden Orte? Lehrten sie Astronomie und Mathematik einzig und allein zu dem Zweck, daß damit die Pyramiden konstruiert und errichtet werden konnten? Oder standen hinter den Belehrungen und praktischen Hilfen, die den Menschen der alten Zivilisationen gegeben wurden, noch andere Motive?

Diese Fragen können gegenwärtig noch nicht beantwortet werden. Vielleicht werden von den Archäologen eines Tages schriftliche Unterlagen entdeckt, die schließlich und endlich die Mysterien der Pyramiden zu erklären vermögen. Bis dahin wird es wohl bei dem Glauben der Archäologen bleiben, den man seit Jahrhunderten festgehalten hat, daß die Pyramiden als Tempel oder Grabstätten gebaut worden sind. Doch neben dieser unsicheren und unbestätigten offiziellen Betrachtungsweise wird der wißbegierige Menschengeist fortfahren, das faszinierende architektonische Rätsel aller Zeiten auch auf andere Weise versuchen zu lösen.

2.

Die Pyramiden von Peru

Obgleich die Zivilisation in Peru anscheinend um 9000 v. Chr. begann, geschah es erst 1940, daß die Archäologen das erste Mal damit anfingen, durch Ausgrabungen den Geheimnissen dieser großen vorkolumbianischen Zivilisation auf die Spur zu kommen. Die anschließenden archäologischen Forschungen und Freilegungen haben dann Bauwerke enthüllt, die in bezug auf ihre Konstruktion denen ähneln, die, über ganz Peru verstreut, noch vorhanden sind. Diese frühen »Alt-Pyramiden« sind wahrscheinlich um 1300 v. Chr. gebaut worden, also etwa 1500 Jahre vor der Errichtung der enormen und großartigen peruanischen Pyramiden, deren Entstehung man um 200 unserer Zeitrechnung ansetzt.

Dieses große und ziemlich plötzliche kulturelle Aufblühen, das sich um etwa 1300 v. Chr. vollzog, scheint mit dem Auftauchen der hochentwickelten Chavin-Zivilisation parallel gegangen zu sein, einer Zivilisation, von der man glaubt, daß sie mit der Verbreitung eines neuen religiösen Kultes zusammenhängt. Diese Zivilisation, die nach dem bei Chavin de Huantar im nördlichen peruanischen Hochland dicht am Maranon-Fluß gelegenen Zeremonialzentrum benannt wurde, ist wahrscheinlich das Fundament, auf dem sich andere, spätere peruanische Kulturen erhoben.

Nach Angaben der Archäologen, die sich ausschließlich mit den Ausgrabungen in Peru befassen, ist das Gebiet von Chavin de Huantar die größte und wichtigste Ausgrabungs- und Fundstelle, die zur Zeit bekannt ist. Man vermutet, daß die hier vorhandenen Steinbauten, deren Räume zum Bewohnen kaum geeignet waren, möglicherweise zu einem religiösen

Kultzentrum gehörten, wie es auch bei den aus Steinen errichteten Zentren der Mayas in Mittelamerika der Fall war. Leider ist diese Stelle niemals völlig durchforscht worden. Wegen der Steine und der anderen Trümmer, die die meisten Räume und Galerien der wichtigsten Bauwerke ausfüllen, waren die Archäologen außerstande, die Anlagen vollständig zu untersuchen und detaillierte Pläne davon anzufertigen. Es hat den Anschein, als seien weitere Forschungen sehr schwierig oder gar unmöglich, seit das Chavin-Gebiet beinahe vollkommen von den Gesteinsmassen eines Erdrutsches im Jahre 1945 bedeckt wurde. Die vor 1945 erfolgten Feststellungen der Archäologen hatten ergeben, daß der Chavin-Komplex eine Fläche von über 250 x 250 Metern bedeckt. Infolge seiner Lage im Bergland war der alte Komplex von zerstörenden Naturgewalten, wie tropische Vegetation und Sandverwehungen, unberührt geblieben. Die tiefer gelegenen Höfe, die darum errichteten Plattformen, Terrassen, Plätze und Steinbauten, die alle nach dem Standort des Hauptpunktes der Anlagen ausgerichtet sind, blieben im wesentlichen erhalten, unzerstört vom Zahn der Zeit und von Naturkräften.

Das eindruckvollste und am besten erhaltene Bauwerk in Chavin de Huantar ist das Castillo, das hinsichtlich seiner Größe und Bedeutung alle anderen Gebäude weit überragt.

Das Castillo ist ein außerordentlich komplizierter und unübersichtlicher Bau, offensichtlich in seine Struktur präpyramidal. Seine Basis mißt ca. 80 x 75 Meter und ist, wie die Grundflächen der meisten Pyramiden, nahezu quadratisch. Sie befindet sich in etwa 14 Metern Höhe. Die Außenmauern sind in Richtung der Spitze etwas nach innen geneigt und in verschiedenen engen Terrassen stufenförmig abgesetzt, was an die ägyptischen Stufenpyramiden erinnert.

In bezug auf den architektonischen Entwurf macht das Bauwerk einen bemerkenswert fortschrittlichen und »gekonnten« Eindruck, was den Schluß zuläßt, daß diese Burg vor ihrer Errichtung sorgfältig geplant und entworfen wurde und daß Leute am Werke waren, die über beachtliche Erfahrungen im Bau von Mauerwerk verfügten.

Das Innere des Castillos läßt in mancher Hinsicht an die berühmte ägyptische Cheops-Pyramide denken. Es hat drei Stockwerke mit trockenem Steinmauerwerk und horizontal und vertikal verlaufende Lüftungsschächte. Diese sind so gut und zweckmäßig geplant und ausgeführt, daß sie heute noch das Innere der Burg mit frischer Luft versorgen. Die enorm dicken Mauern bestehen aus Bruchsteinen und sind mit Steinsplittern und Schutt ausgefüllt. Die Oberfläche der Außenwände ist mit großen, rechtwinklig behauenen, abwechselnd dünnen und dicken Steinplatten bedeckt.

Im Inneren befindet sich ein für die Pyramiden typisches Labyrinth aus Wänden, Galerien, Räumen, Treppen und Rampen. Die Galerien sind ungefähr einen Meter breit, die Räume haben Abmessungen von 1,80 bis 5 Meter. Sowohl die Räume als auch die Galerien sind weniger als ca. 1,80 Meter hoch und haben weniger Kubikinhalt als die sie umgebenden Mauern und das sonstige Steinmaterial. Beleuchtung ist nicht vorhanden außer dem geringen Lichteinfall durch die Ventilationsschächte. Die einzige Öffnung nach außen ist der Haupteingang, der über eine aus rechtwinkligen Blöcken bestehende Steintreppe erreichbar ist.

Eine andere kleine Stelle, an der Bauwerke im präpyramidalen Architekturstil von Chavin zu finden sind, liegt bei Wilkawain nahe Huaraz im nördlichen peruanischen Hochland. Der Wilkawain-Komplex besteht aus einem steinernen Tempel und mehreren ein- bis zweistöckigen Steinhäusern. Der Tempel ist eine kleinere Kopie des Castillos von Chavin. Diese kleinere Burg mißt etwa 11 x 16 Meter und hat wie das Castillo im Innern drei Etagen mit Rampen, Treppen, Galerien, Räumen und Lüftungsschächten. Jedes Stockwerk enthält sieben Haupträume, die größer sind als die im

Castillo, deren Ausmaße 2 x 7 Meter betragen und die über 1,80 Meter hoch sind. Das Dach ist giebelförmig mit großen schräg verlegten Platten, die wiederum mit Steinen und Erde so abgedeckt sind, daß der Eindruck einer Kuppel entsteht. Diese Burg ist nicht so berühmt wie die besser bekannte gleichnamige von Chavin de Huantar; sie ist auch niemals gründlich durchforscht worden wegen der Steine und des anderen Trümmermaterials, das einige der Räume gänzlich ausfüllt.

Die Chavin-Kultur war über ganz Peru verbreitet und hat mehrere tausend Jahre bestanden. Während dieser Zeit bildete sich ein religiöser Kult, der von den Leuten die gemeinschaftliche Erbauung von Tempeln und anderen religiösen Gebäuden verlangte. Die bekannteste und wichtigste der Gottheiten, die verehrt wurden, war ein katzenartiges Wesen, dessen Name den Spezialisten für peruanische Vorgeschichte ebenso unbekannt ist wie der eigentliche Zweck aller Bauwerke von Chavin und Wilkawain. Es ist vermutet worden, daß das Castillo eine Art Weihestätte oder Heiligtum war, zu dem aus der gesamten Umgebung Pilgerfahrten unternommen wurden. Eine andere Theorie besagt, daß es sich bei den Komplexen um Zentren gehandelt hat, in denen sich die gesamte Bevölkerung bei besonderen Gelegenheiten versammelte, vielleicht zu gemeinsamen zeremoniellen Gottesdiensten oder auch an Markttagen.

Die Chavin-Kultur scheint ebenso abrupt, wie sie begann, auch wieder zu einer Zeit zum Stillstand gekommen zu sein, die etwa um 300 v. Chr. liegen muß. Von da an trat in der Kultur von Peru für etwa 500 Jahre eine Stagnation ein, bis ungefähr um das Jahr 200 unserer Zeitrechnung zwei neue Kulturen beinahe gleichzeitig in Erscheinung traten.

Diese zwei Zivilisationen, die der Moches an der Nordküste von Peru und die von Tiahuanaco im südlichen Bergland, scheinen gleich voll aufgeblüht in die Existenz getreten zu sein und erreichten ihren Höhepunkt um annähernd 600 n. Chr.

Das Volk der Moche-Zivilisation errichtete viele massive und eindrucksvolle Tempel, von denen die berühmtesten die gigantischen Zwillingspyramiden von Moche sind, in der Nähe der heutigen Stadt Trujillo gelegen. Diese Doppelpyramiden sind bekannt unter der Bezeichnung *La Huaca de Sol* (Tempel der Sonne) und *La Huaca de Luna* (Tempel des Mondes). Jede Pyramide besteht aus einer massiven, terrassenförmig angelegten Plattform aus Luftziegeln. Der Tempel der Sonne trägt sogar auf seiner Plattform eine weitere Stufenpyramide.

Dieser Tempel der Sonne ist das größte aller Bauwerke an *der* peruanischen Küste. Die Plattform liegt, fünf Terrassen hoch, in einer Höhe von knapp 19 Metern, ihre Grundfläche beträgt ca. 137 x 229 Meter. Oben auf der fünften Terrasse ist ein begehbarer Damm, etwa 6 Meter breit und 92 Meter lang, der bis ans Nordende der Pyramide führt. Eine 103 x 103 Meter große und ca. 23 Meter hohe Stufenpyramide überragt die Plattform an ihrem südlichen Ende. Es wird geschätzt, daß zum Bau des gesamten Sonnentempels mindestens 130 Millionen Luftziegel verbraucht worden sind.

Obwohl die Plattform des Tempels des Mondes an ihrer Basis beträchtlich kleiner ist als die des Tempels der Sonne – sie ist nur 60 x 80 Meter groß, ist sie ungefähr drei Meter höher als der Sonnentempel. Auf der Plattform des Mondtempels sind noch einige Räume erhalten geblieben, deren Wände mit Farben und Fresken in typischer Moche-Manier bemalt sind.

Genau südlich von Lima/Peru steht eine andere Moche-Pyramide. Es ist der große Pyramidentempel von Pachacamac, der die im Lurin-Tal liegende Stadt überragt. Der Pachacamac-Tempel bedeckt eine Fläche von rund 48 600 Quadratmetern und erhebt sich ca. 23 Meter hoch. In den Tagen der Inkas und Vor-Inkas war dieses Heiligtum so berühmt, daß es zur Zeit der spanischen Eroberer als das Mekka von Peru betrachtet wurde. Von Mysterien umhüllt sind die Ruinen von Tiahuanaco, die letzten Überbleibsel einer Kultur, die von ihrer Entstehung an mit der Moche-Kultur rivalisierte. Es gibt Leute, die behaupten, daß Tiahuanaco der Geburtsort der beiden Amerikas sei, möglicherweise sogar der Weltzivilisation überhaupt. Eine Theorie vermutet, daß Tiahuanaco ursprünglich eine Insel war, die erst einmal in den Pazifik versank und sich dann zusammen mit den Gebirgsketten der Anden zu ihrer gegenwärtigen Höhe wieder erhob. Eine andere Hypothese vertritt die Ansicht, daß Tiahuanaco der Sitz eines mächtigen Reiches der Megalith-Kultur war und die ganze Erde beherrschte. Tiahuanaco liegt in etwas über 3960 Meter Höhe, ca. 20 Kilometer südöstlich des Titicaca-Sees, des höchsten schiffbaren Sees der Erde. Mit seiner außerordentlich dünnen Atmosphäre, seinen Kältegraden und seiner nahezu baumlosen Umgebung kann Tiahuanaco wohl kaum den Anspruch erheben, als Geburtsstätte der irdischen Zivilisationen angesehen zu werden. Doch trotz der unwirtlichen Umgebung – oder vielmehr gerade deshalb? – betrachten viele Mystiker in aller Welt Tiahuanaco als einen wahrhaft heiligen Ort.

An dieser Stelle ist der Hinweis interessant, daß eine Legende von dem Schöpfergott, der in Tiahuanaco verehrt und Viracocha genannt wurde, in vieler Hinsicht an den mexikanischen Gott Quezalcoatl erinnert.

Die Bauwerke von Tiahuanaco sind die besten und monumentalsten in der gesamten Andenregion. Es gib vier große Gebäude und eine Anzahl kleinerer, die alle zusammen eine Fläche von annähernd 450 x 1000 Metern bedecken.

Das größte Bauwerk in Tiahuanaco ist das Acapana, eine 15,3 Meter hohe Terrassenpyramide, die ursprünglich mit Steinen abgedeckt war. Die unregelmäßige Grundfläche des Acapana mißt annähernd 64 Quadratmeter.

Das am meisten bekannte steinerne Gebilde von Tiahuanaco ist das berühmte Sonnentor. Es ist ein großes, aus einem einzigen Steinblock bestehendes Tor aus Andresit. Das Sonnentor ist ca. 3,10 Meter hoch, etwas über 3,8 Meter breit, wiegt schätzungsweise zehn bis fünfzehn Tonnen und gilt als ein weiteres »Weltwunder«.

Einige Forscher glauben, daß die Angehörigen der Tiahuanaco-Kultur auch die Erbauer der großen Mauer von Sacsahuaman sind, die in der Nähe der Stadt Cuzco liegt. Sie besteht aus drei Terrassenmauern mit einer Gesamthöhe von 18,3 Metern und einer Länge von über 548 Metern. Die Mauern setzen sich zusammen aus monolithischen Steinblöcken, deren Fugen aber nicht geradlinig verlaufen, sondern im Zickzack ineinandergreifen. Die Feststellung ist außerordentlich interessant, daß die Bauweise dieser Mauern stark an die ägyptischen Pyramiden erinnert. Eine der Übereinstimmungen besteht darin, daß in beiden Fällen die Steine präzis aneinander und aufeinander gefügt sind, so daß es nicht möglich ist, auch nur eine Rasierklinge zwischen die Blöcke zu schieben. Eine weitere Ähnlichkeit ist, daß die Steine sowohl in der Mauer von Sacsahuaman als auch in den Pyramiden ohne Mörtel zusammengesetzt wurden. Auch in der Konstruktion der Pyramiden und der Mauer bestehen insofern Übereinstimmungen, als bei beiden massive Steinblöcke verwendet wurden. Einer der größten Steine in der Mauer soll, wie berichtet wird, über 3 Meter breit, über 5 Meter hoch und 2,8 Meter dick sein. Sein Gewicht dürfte mehr als 100 Tonnen betragen. Nur ein Unterschied zwischen den beiden Bauweisen ist zu bemerken, nämlich der, daß die Erbauer der Mauer die Kanten der Steinblöcke abrundeten, vielleicht wegen der künstlerischen Wirkung. Einer der Mauersteine ist mit einer hervorragenden Bildhauerarbeit versehen, weshalb er der *Stein der zwölf Engel* genannt wird.

Ein anderer mysteriöser Ort ist Nazca an der Südküste von Peru. Es muß einmal ein dichtbevölkertes Gebiet gewesen sein, dessen genaue Ausmaße aber nicht überliefert sind.

In dem Nazca-Bezirk befindet sich ein einzigartiges Gelände, das Estaqueria oder »Platz der Pfähle« genannt wird und am besten als ein »hölzernes Stonehenge« beschrieben werden kann. Es ist ein ebenes, sandiges Gebiet mit einer großen Zahl von Baumstämmen, die in geordneten Reihen und Mengen eingepflanzt worden sind. Die größte Ansammlung umfaßt zwölf Reihen zu je zwanzig Stämmen und ist in einem Viereck angeordnet. Die meisten der einzelnen Stämme scheinen einst als Säulen oder Stützpfeiler verwendet worden zu sein. Ihr oberes Ende ist gegabelt und hat möglicherweise ein Dach getragen. Erstaunlicherweise ist das Holz heute noch fest und hart, obwohl es Tausende von Jahren den Einflüssen der Elemente ausgesetzt war.

Die Moche- und die Tiahuanaco-Zivilisationen sowie die ihnen vorangegangene Chavin-Kultur sind anscheinend in abrupter Weise zu Ende gegangen. Dann trat in Peru wiederum eine lange Phase kultureller Stagnation ein, bis abermals eine neue Kultur in einem beinahe voll erblühten Zustand in Erscheinung trat, so als hätte sie sich vorher anderswo entwickelt und wäre, bereits in einem Reifezustand angelangt, nach Peru versetzt worden. Dieses neue Reich war das der Inkas. Während einer Zeitspanne von wenig mehr als 300 Jahren – von ca. 1200 bis 1534 – haben dreizehn Kaiser das Herrschaftsgebiet ihrer Zivilisation immer mehr vergrößert. Das Reich erstreckte sich vom heutigen Zentralchile bis nach Nordecuador.

Nach dem Tode eines Inka-Kaisers wurden im ganzen Lande genau vorgeschriebene und sorgfältig ausgearbeitete Begräbniszeremonien durchgeführt. Ähnlich wie bei den ägyptischen Pharaonen wurde der Körper eines Inka-Kaisers in seinem Palast mumifiziert.

Die inneren Organe wurden entfernt und in Spezialbehältern extra aufbewahrt, während der Körper mit den feinsten Stoffen und Geweben umhüllt wurde. Die Mumie

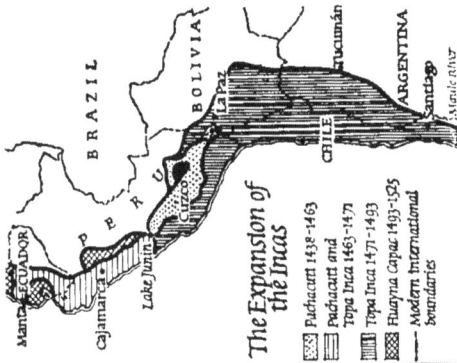

The Expansion of the Incas

- Pachacuti 1438-1463
- Pachacuti and Topa Inca 1463-1471
- Topa Inca 1471-1493
- Huayna Capac 1493-1525
- Modern international boundaries

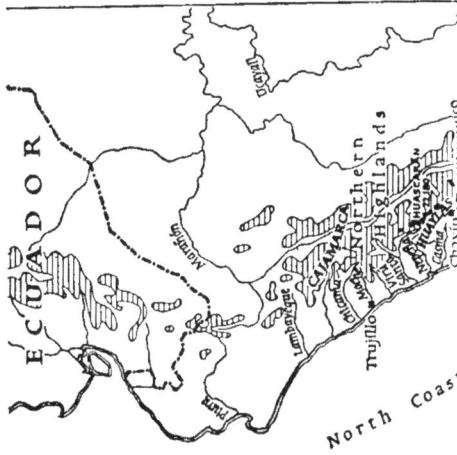

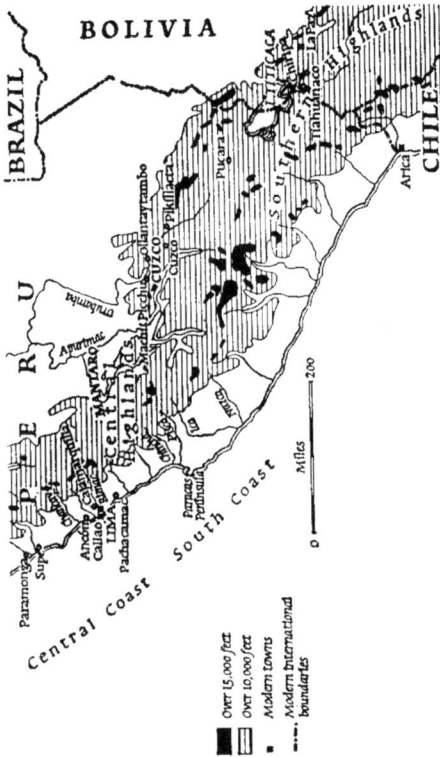

Abb. 1: Karte des alten Peru

wurde sodann bewacht, als sei sie ein noch lebender Mensch.

Die einfachen Leute aus dem Volk der Inkas wurden wie die ägyptischen Bürger in einem bienenstockähnlichen Grab auf der Erdoberfläche begraben. Der Körper wurde in Stoff oder Fell eingehüllt und in Embryostellung, mit bis zum Kinn angezogenen Knien, in das Gehäuse plaziert. Für diese Grabstellen wurde Mauerwerk aus unbehauenen Steinen, Lehm und Erde benutzt, und die Leichen wurden ohne Zerlegung dem natürlichen Austrocknungsprozeß überlassen.

Die Inkas bauten keine Pyramiden. Sie zogen es offenbar vor, die in jeder bedeutenden Inkastadt vorhandenen Pyramiden wieder instandzusetzen, wie sie auch Vergrößerungen der bestehenden Zentren vornahmen und sie den Erfordernissen ihrer religiösen Bräuche anpaßten. Die bis heute am besten erhaltenen und solid gebauten Gebäude, die noch von den alten peruanischen Zivilisationen stammen, sind jene öffentlichen Bauwerke, die auf Veranlassung der Inkaherrscher nach den Plänen staatlicher Architekten errichtet wurden.

Die in diesem Kapitel beschriebenen Bauten sind tatsächlich die einzigen Schlüssel, über die die Erforscher der alten peruanischen Kulturen verfügen, die ihnen einen Zugang zur Geschichte dieser alten Zivilisationen eröffnen. Es wird allgemein angenommen, daß bei der Eroberung des Inkareiches durch die Spanier viele Berichte und Hinweise auf die Zivilisationen der Vor-Inka-Zeit vernichtet wurden. Alle noch vorhandenen Unterlagen und Berichte über das Inkareich und die seine Entstehung betreffenden Sagen und Legenden beschränken sich auf das Material, das von den spanischen Historikern zur Zeit der Eroberung gesammelt wurde. Wenn es damals irgendwelche niedergeschriebenen Überlieferungen über die Chavin- und die anderen Prä-Inka-Zivilisationen gegeben haben sollte, sind diese jetzt für immer verloren. Alles, was uns verblieben ist, sind die großen Pyramiden, die die Forscher immer wieder vor Rätsel stellenden Reste großer und glorreicher Zivilisationen, die unerklärlicherweise mitten in ihrer Blütezeit plötzlich verschwanden.

3.

Die Mayas in Mexiko

Soweit die Archäologen feststellen konnten, ist die Entwicklung der großen alten peruanischen Zivilisationen parallel verlaufen mit dem Wachstum erstaunlich ähnlicher Zivilisationen in jenem Teil Mittelamerikas, der heute als Mexiko bekannt ist. Obwohl verhältnismäßig wenig über diese Zivilisationen bekannt ist, sind zwei Tatsachen unbestreitbar: in beiden Kulturen wurden außerordentlich massive und komplizierte Pyramidenbauten errichtet, und beide Kulturen stützten sich bei der Planung und beim Bau ihrer architektonischen Schöpfungen in hohem Maße auf astronomische Berechnungen. Keine dieser Feststellungen kann als sehr überraschend bezeichnet werden, wohl aber der Glaube der Archäologen, daß beide Kulturen total voneinander isoliert gewesen seien. Ihrer Ansicht nach kann mit zufriedenstellender Sicherheit gesagt werden, daß keine der beiden Kulturen von der Existenz der anderen wußte.

Die mittelamerikanische Zivilisation kann nicht weiter als bis 1500 vor Chr. zurückverfolgt werden. Bekannt als Maya-Zivilisation hat sie aufgrund ihres hohen Entwicklungsstandes und ihrer Vielschichtigkeit die Phantasie und Imaginationskraft der Entdecker und der Gelehrtenwelt erregt. Mystiker haben die Theorie aufgestellt, daß die Mayas ursprünglich von den versunkenen Kontinenten Atlantis und Mu kamen. Weniger phantastisch ist die Ansicht der Archäologen und Geschichtsforscher, die die beiden Amerikas als Ursprungsregionen betrachten und dem Volk der Mayas zutrauen, sich von sich aus zu einem höheren Zivilisationsgrad emporgearbeitet zu haben.

Es wird heute angenommen, daß die früheste der Maya-Zivilisationen die der Olmeken war, eines Volkes, das in dem Gebiet lebte, das heute als das südliche Vera Cruz und Tabasco bezeichnet wird. Archäologische Ausgrabungen in dieser Gegend haben Steinköpfe und Steintafeln mit religiösen und kalendrischen Inschriften zutage gefördert. Die religiöse Kunst der Olmeken war bemerkenswert wegen ihrer Darstellungen und Nachbildungen seltsamer Wesenheiten, deren Gesichter entweder kindlich-primitiv wirken oder groteske, teils tigerähnliche Züge aufweisen.

Die religiöse Hauptfigur der Olmeken war ein alter Mann, der gewöhnlich in sitzender Stellung mit gebeugtem Haupt dargestellt wurde. Auf seinem Kopf oder seiner Schulter trägt er eine Schale, die vielleicht ein Gefäß zur Verbrennung von Weihrauch sein soll. Dieser Gott wurde in aufeinanderfolgenden mittelamerikanischen Zivilisationen verehrt und angebetet. Die Azteken, von denen wir später noch sprechen werden, nannten ihn Huehueteotl, den alten Gott, oder Xiuhtecuhtli, den Herrn des Feuers. Da seine Verehrer in einem vulkanischen Gebiet lebten, waren diese Bezeichnungen den besonderen gegebenen Verhältnissen angepaßt. Es ist auch vermutet worden, daß diejenigen, die ihn »den alten Gott« nannten, ihn mit dem Alter der Berge identifizierten, in denen sie lebten.

Einer der beachtenswertesten aller altmexikanischen religiösen Plätze verdankt, wie man glaubt, seine Entstehung den Olmeken. Es ist dies der massive, ovale, aus luftgetrockneten Ziegeln bestehende Hügel von Cuicuilco, der sich am Rande der vulkanischen Bergkette von Ajusco am südlichen Ende des Tales von Mexiko erhebt. Dieser künstliche Erdhügel hat etwa 113 Meter Durchmesser; er hat eine breite Rampe, die sich vom Boden der Umgebung 20 Meter hoch bis zur Spitze des Bauwerkes erhebt. Sie ist belegt mit rundgespülten Flußsteinen, vielleicht um die Erosion durch die jahreszeitlich

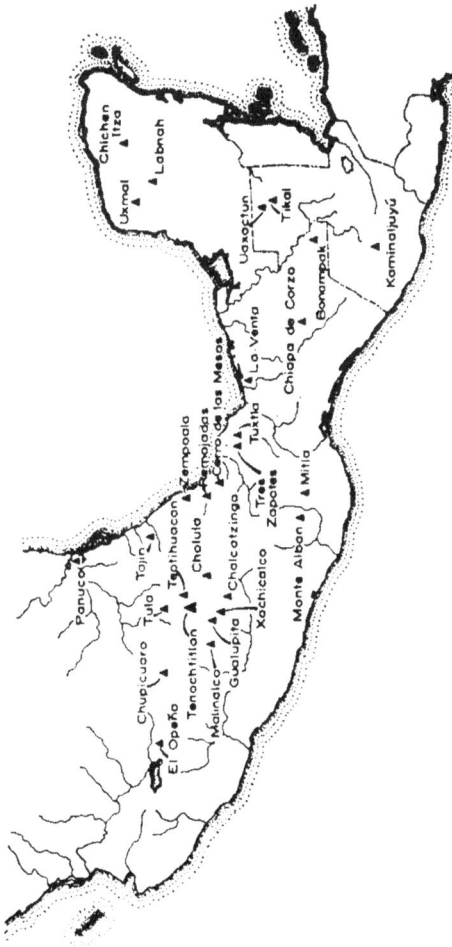

Abb. 2: Karte des alten Mexiko

bedingten Regenfälle zu vermindern, vielleicht auch nur, um als Naturteppich besonders eindrucksvoll zu wirken. Das Volk von Cuicuilco errichtete auf der Gipfelfläche dieser Erhebung keinen Tempel, sondern nur einen schlichten, offenen Altar, der sowohl den Elementen als auch der Betrachtung durch die Bevölkerung ausgesetzt war.

Wegen seiner weichen Linienführung und der fehlenden scharfen Kanten und Winkel scheint dieser Hügel die spontane Anrufung eines mächtigen religiösen Geistes ausdrücken zu wollen. Im Gegensatz dazu der Altar. Er hat rechtwinklige, schräge Wände und zwei Stufen mit vasenförmigen Geländerstangen. Die Seiten des Altars sind glatt und mit luftgetrockneten Ziegeln belegt, was an die Art des Verputzes bei jener Architektur erinnert, die später in ausgeprägterer Weise bei religiösen Bauwerken in anderen Teilen der Welt zu finden ist.

Das Volk von Cuicuilco erneuerte seine religiösen Bauwerke mehrere Male. Zweimal erneuerten sie den Altar, indem sie einen anderen direkt über dem bereits vorhandenen errichteten. Sie gaben ihm sogar eine neue äußere Verkleidung, wobei sie scharfkantige Lavablöcke anstelle der runden Flußsteine verwendeten.

Der Beginn der Auflösung der Olmeken-Zivilisation setzte ein, als der Vulkan Xitli ausbrach und ein Drittel des Hügels unter Lavamassen begraben wurde. Augenscheinlich war dieses Ereignis die Ursache, daß die Zivilisation ins Stocken geriet und schließlich ganz verschwand.

Die Zeitspanne der Olmeken-Zivilisation scheint parallel verlaufen zu sein mit der der Zapotec-Zivilisation im Bergland von Oxaca, südwestlich des Olmeken-Gebietes gelegen. Ihr Kunststil und ihre sonstigen hinterlassenen Werke unterscheiden sich beträchtlich von denen der Olmeken. Ihre kalendarischen Berechnungen und Festlegungen erfolgten in ganz charakteristischer Weise im Rahmen eines Systems, in dem ein 52-Jahres-Zyklus die Hauptrolle spielte. Die Zapoteken waren ein sehr fortgeschrittenes Volk, wie ihr religiöses Haupt-Kult-Zentrum von Monte Alban erkennen läßt. Dieses bedeckte einen kleinen Berg, der nivelliert und terrassiert und zu einer gigantischen Plattform umgestaltet wurde. Auf ihr wurden verschiedene Gebäude wie Tempel und Ballspielhöfe angelegt. Wie die Olmeken und andere alte amerikanische Zivilisationen verschwand auch die der Zapoteken plötzlich und aus unerklärlichen Gründen.

Um annähernd 600 v. Chr. tauchte eine großartige Zeremonial-Zivilisation auf, die von Teotihuacan. Gelegen im Tal von Teotihuacan, wird sie traditionsgemäß *Platz der Götter* genannt. Sie bedeckt ein Gebiet von 3,2 x 5,6 Kilometer, auf dem sich imposante Bauwerke befinden. Der Boden dieses Bereiches war mehrere Male gepflastert. Offenbar handelte es sich weder um eine gewöhnliche Stadt noch um ein einfaches, aus Tempeln und Häusern bestehendes religiöses Zentrum.

Die Architekten entwarfen und errichteten diese ihre Hauptstadt, indem sie südlich der mächtigen Mondpyramide einen Stadtbezirk nach dem andern bauten. Eigentlich handelte es sich gar nicht um eine Pyramide im hergebrachten Sinne des Wortes, sondern mehr um einen abgestumpften Kegel, dessen Oberfläche zur Errichtung einer Pyramide bestimmt war. Die Oberfläche der Plattform war in geschickter Weise terrassenförmig angelegt. Von einem rechteckigen Vorhof aus führte eine breite Treppenflucht zur Südseite der Plattform empor. Den »Platz des Mondes« flankierend gab es weitere Gebäude, deren Bereich sich mehrere hundert Meter nach Westen und Osten erstreckte, wobei zwei weitere kleinere Stadtteile zur Symmetrie der ganzen Anlage beitrugen.

Zwei eindrucksvolle Gebäudereihen beträchtlicher Größe gehen von der Südseite des Mondplatzes aus. Die Ausgrabungen eines davon und die darin gefundenen Gegenstände lassen die Vermutungen zu, daß es sich um einen »Tempel der

Landwirtschaft« gehandelt haben dürfte. Kleinere Gruppen von Erdhügeln liegen in östlicher Richtung. Direkt nach Süden zu erstreckt sich eine große, noch nicht ausgegrabene Gruppe von Gebäuden und Tempeln, genannt die »Säulengruppe«. In ihrer Nähe wurden einige Artefakte, Kultgegenstände und alte Werkzeuge gefunden.

Die »Pyramide der Sonne« überragt an Größe und Bedeutung alle anderen Bauwerke von Teotihuacan. Genau wie die Mondpyramide ist ihre Spitze abgestumpft. Sie mißt an ihrer Basis nahezu 215 x 215 Meter und erhebt sich in vier Terrassen bis zu einer Höhe von über 61 Metern. Die Oberfläche der Pyramide ist von ihren Erbauern terrassenförmig angelegt worden, um beim Beschauer den Eindruck einer noch größeren Massigkeit zu erwecken. Die Außenflächen waren mit Natursteinen und einem Pflaster abgedeckt; die Pyramide selbst besteht aber aus luftgetrockneten Ziegeln.

Die Pyramide der Sonne erweckt im Betrachter die Illusion einer unendlichen Höhe und ein entsprechendes Raumgefühl. Die raffiniert berechneten Flächen zwischen den Terrassen sind so angeordnet, daß ein am unteren Ende des großen Treppenaufganges Stehender die oben auf der Pyramide befindlichen Leute nicht sehen kann. Wenn diese große Treppe während einer der religiösen Zeremonien benutzt wurde, muß die Wirkung überwältigend gewesen sein. Die Zuschauer am Fuß der Pyramide konnten nur die Einzelheiten der Prozession von Priestern und Würdenträgern wahrnehmen und feststellen, daß diese im Verlauf des Ersteigens der Treppe verschwanden, sich für die unten Versammelten quasi in der Unendlichkeit des Universums auflösten und daß dadurch die Konzentration auf den unsichtbaren Gipfel der Pyramide »unter dem Auge Gottes« gefördert wurde.

Die Sonnenpyramide steht auf einer weiten Fläche und ist aus quadratischen Zellen zusammengesetzt. Die Wände bestehen aus luftgetrockneten Ziegeln, die Zwischenräume sind mit Bauschutt ausgefüllt. Die Ruinen lassen vermuten, daß die Behausungen der Priester wahrscheinlich im Pyramideninnern unter der Plattform gelegen haben. Kleinere Gruppen von Erdhügeln, die in südlicher Richtung liegen, sind gefunden worden, in denen sich mehrere Wohnungen von Priestern befanden; ebenso ein kleiner Tempel, der einen Platz umschließt. In einer dieser Gebäudegruppen sind die Fußböden aus Glimmergestein, dessen religiöse Bedeutung unbekannt ist.

Jenseits eines Flusses, der im Süden endet, liegt eine weitere prachtvolle Plattform, deren Außenwände mit behauenen Steinblöcken belegt sind. Der einstmals die Pyramide krönende Tempel ist heute verschwunden. Es scheint, als sei dieser Bau zu Ehren des Regengotts Tlaloc errichtet worden, obwohl man ihn den »Tempel Quetzalcoatls« nennt.

Die Heilige Stadt Teotihuacan war offensichtlich ganz bewußt dazu angelegt, die Illusion von Massigkeit, Wucht und Bedeutungsgröße hervorzurufen. Sie war so angelegt, daß Gebäudegruppen eine Nord-Süd-Achse flankierten, ab und zu unterbrochen durch Stadtteile mit Häusern, die entlang einer Ost-West-Achse standen. Von welcher Seite und welchem Gesichtswinkel man sich auch Teotihuacan näherte, das Auge des Ankommenden wurde von irgendeinem imposanten und interessanten Punkt oder Bauwerk fasziniert, ebenso vom Arrangement des Stadtbildes und seiner Wuchtigkeit. Der Verkleinerungseffekt aus der Entfernung wurde so vermieden. Innerhalb der Stadtgebiete isolierten die den Besucher umgebenden Mauern ihn von den übrigen Stadtteilen und betonten die Größe und Bedeutung der in den einzelnen Bezirken liegenden Nebentempel.

Nicht einmal die Pyramiden von Ägypten wurden so sorgfältig und auf Wirkung berechnet geplant, um die Seele des einzelnen Menschen zu beeindrucken und sie von der Macht des heiligen Ortes erheben zu lassen. Man kann sich der immer wieder auftauchenden Ideenverbindung nicht entziehen, daß, je größer der Tempel, um so mächtiger der Gott gewesen sein muß, für den er gebaut wurde.

Einige Zeit nach der Entstehung von Teotihuacan fand eine mysteriöse Erneuerungsaktion bzw. ein großer Umbau statt.

Jedes Gebäude, angefangen von der Pyramide des Mondes im Norden bis zum Tempel des Quetzalcoatl wurde renoviert. Die Fassaden wurden neu abgedeckt, und Räume wurden ausgefüllt, um Plattformen für neue Pyramiden zu schaffen. Nicht einmal die gigantischen Massen der Sonnen- und Mondpyramide entgingen den Veränderungen und bekamen neue Treppen und Fassaden. Seltsamerweise wurden am Quetzalcoatl-Tempel die größten Veränderungen vorgenommen. Dieser Tempel wurde zum Kernstück für eine hohe Plattform, die von einer gewaltigen Mauer getragen wurde, die wiederum von einem breiten Wall umgeben war. Dieser Wall trug an drei Seiten vier kleinere Plattformen. An der vierten Seite, am östlichen Teil des Walles hinter dem Hauptbau, wurden drei solcher Tempelgrundmauern erstellt.

Obgleich die Erneuerung anscheinend das ganze religiöse Zentrum umfaßte, ist kein auffallender Wechsel im Stil der Töpfer- und Steinmetzarbeiten feststellbar, der die Vermutung stützen könnte, daß die Umbauerei vielleicht von einer anderen Kultur verursacht worden war, die sich durch einen militärischen Sieg in den Besitz Teotihuacans gesetzt hatte. Statt dessen tragen diese architektonischen Veränderungen alle Zeichen einer religiösen Reformation, die von dem alten Symbolismus nichts mehr wissen wollte und einen neuen Kult an dessen Stelle setzte.

In der Nachbarschaft von Teotihuacan, einige Kilometer von der heiligen Stätte entfernt, wurden riesige Wohnhäuser für die Bevölkerung erbaut, die fünfzig bis sechzig Räume umfaßten, die um Innenhöfe herum gruppiert und durch Gänge miteinander verbunden waren. Das Material, aus dem diese Wohnungen bestanden, waren luftgetrocknete Ziegel und Steintrümmer, die mit Mörtel verputzt waren. Die Bewohner erfreuten sich augenscheinlich eines bequemen und sicheren Daseins. Es gab auch einen Altar an zentraler Stelle. Die religiösen Riten waren offenbar nicht nur auf die religiöszeremoniellen Stätten beschränkt. Teotihuacan hatte einen starken und nachhaltigen Einfluß auf alle in seiner Nachbarschaft wohnenden Völker. Beweise dafür finden sich im Tal von Toluca in Morelos und reichlich auch in Puebla, wo – in Cholula – die Architekten und Baumeister aus Teotihuacan einen ganzen Tempelkomplex von enormer Ausdehnung erbauten. Ausgrabungen an dieser Stelle haben bis jetzt noch keine Bildwerke oder Skulpturen finden lassen, aber die Archäologen haben immerhin einen Tempel entdeckt mit einem Freskogemälde, das den Schmetterlingsgott zeigt, ein mythologisches Wesen, das in der Teotihuacan-Religion eine wichtige Rolle spielte.

Die großartige Stadt Teotihuacan wurde noch zwei weitere Male umgebaut. Diese Umgestaltungen und teilweisen Erneuerungen hingen wahrscheinlich mit den sich ändernden religiösen Zeremonien beim Beginn bzw. Ende eines 52-Jahres-Zyklus zusammen. Der dritte Umbau wurde anscheinend in Eile durchgeführt unter Wiederbenutzung des größten Teiles der Originalbauwerke, wobei neue Götter eingeführt und verehrt wurden und sich gleichzeitig das Ende von Teotihuacan als heilige Hauptstadt ankündigte.

Das erste Volk, das in den Annalen des Tales von Mexiko erwähnt wird, sind die Tolteken von Tula oder »die Meister der Baukunst«. Dieses Volk erschien um etwa 900 n. Chr. auf der Bildfläche, aber seine Bräuche und Werke sind derart vom Schleier des Mysteriösen bedeckt, und das, was sich auf ihr Dasein bezieht, ist so verwirrend und unlogisch, daß es eine Zeit gab, da seine Existenz von den Archäologen überhaupt in Frage gestellt wurde.

Die Tolteken sind als hervorragende Architekten, Zimmerleute, Mechaniker und sehr geschickte Landwirte beschrieben worden. Sie bauten ihre massiven Pyramiden, Paläste und Wohnhäuser aus Steinen und Mörtel und benutzten das Temascal, eine Art Dampfbad. Sie zählten ihre Jahre und richteten sich dabei nach dem heiligen 260-Tage-Kalender.

Die geschichtlichen Überlieferungen und die gegenständlichen Reste der Kultur der Tolteken sind ebenso dürftig wie das, was über ihre soziologischen und religiösen Verhältnisse bekannt ist. Eine der Mythen, die von einem Ixtlilxochitl stammen, beginnt mit der Schöpfung der Welt und den vier Sonnen bzw. Zeitaltern, durch die und während der sich das Leben entwickelte und erhalten hat. Das erste Zeitalter war das der Wasser-Sonne, war eine Schöpfung des höchsten Gottes Tloque Nahuaque. Nach 1716 Jahren oder dreiunddreißig 52-Jahres-Zyklen wurde alles Bestehende durch Blitze und Wasserfluten zerstört. Das zweite Zeitalter, das der Erden-Sonne, sah die Welt von Riesen bevölkert, die sich Quinametzin nannten und die durch Erdbeben fast gänzlich vernichtet wurden. Die Wind-Sonne war die Sonne des dritten Zeitalters, in dem die Stämme der Olmeken auf Erden lebten. Von diesen Olmeken wurden die noch aus dem zweiten Zeitalter übrig gebliebenen Riesen ausgerottet; und sie gründeten Cholula und breiteten sich bis nach Tabasco aus. Ein mysteriöses Wesen, von einigen Quetzalcoatl, von anderen Huemac genannt, tauchte während dieser Zeitspanne auf und brachte dem Volk ethische Lehren und eine Zivilisation. Da aber die Menschen die von ihm erteilten Lehren nicht beachteten und beherzigten, zog sich Quetzalcoatl wieder nach Osten zurück, von wo er gekommen war. Bei seinem Weggang prophezeite er die Vernichtung der Welt durch gewaltige Winde und durch die Verwandlung der Menschen in Affen. All das, was die Geschichte erzählt, soll wirklich geschehen sein. Das vierte Zeitalter, unser gegenwärtiges, wird das der

Feuer-Sonne genannt und wird durch eine allgemeine große Brandkatastrophe enden. Das ist der Bericht der Tolteken, wie er von Ixtlilxochitl überliefert worden ist.

Die Kultur der Tolteken war sehr weit verbreitet. Obwohl nur kurzlebig, war sie es, die in ihrem Gebiet das Tribut-System einführte, das später von den Azteken übernommen wurde. Ihr Einfluß erstreckte sich über ganz Mittelamerika und trat besonders stark in Yukatan in Erscheinung. Die Tolteken, gleich der Bevölkerung anderer Zivilisationen, haben Bauwerke errichtet, die dann von nachfolgenden Kulturen wieder verändert oder überbaut wurden, und deshalb ist es schwierig zu bestimmen, welche Pyramiden und welche anderen Gebäude zu welcher Periode gehören. Es wird allgemein angenommen, daß die meisten der mexikanischen Pyramiden von den Teotihuacan-Leuten gebaut worden sind oder manche möglicherweise zu den Zeiten noch früherer Zivilisationen.

Die letzte und größte der Maya-Zivilisationen war die der Azteken, die, wie die Archäologen glauben, von Cholula im Staat Puebla ausging. Dort gibt es, was den Kubikinhalt betrifft, das größte Bauwerk der Welt.

Nach Ansicht der Archäologen war Cholula ursprünglich bewohnt von einem unbekannten vorgeschichtlichen Volk, das später unter die Herrschaft der Teotihuacan-Zivilisation geriet. Zu dieser Zeit mag es gewesen sein, daß die Einwohner einen großen Gebäudekomplex errichteten, der zeremoniellen Zwecken diente und aus einer verwirrenden Menge von Pyramidentempeln, Plattformen und Treppen bestand, zusammengesetzt aus Bruchsteinen und Bauschutt und von einem Pflaster bedeckt. Anscheinend waren es Neuankömmlinge, die, vielleicht mit Hilfe der bereits ansässigen Bevölkerung, die gewaltige Aufgabe in Angriff nahmen, den ganzen Stadtbezirk in eine einzige große Plattform zu verwandeln, möglicherweise traditionsgemäß zu Ehren Quetzalcoatls.

Dieses Mammut-Bauunternehmen erforderte das Ausfüllen jedes Gebäudes und Hofes mit Luftziegeln. Oben auf der Plattform errichtete man Altäre und Quartiere für die Geistlichen. In einem der Altäre waren zwei Menschen beigesetzt, denen eine Totengabe, bestehend aus irdenem Geschirr, mitgegeben worden war, was an die Beerdigungsbräuche der Azteken erinnert. Die Archäologen vermuten deshalb, daß in Puebla der eigentliche Ursprung und die geistigen Quellen der Azteken-Zivilisation zu suchen sind.

Die Azteken-Zivilisation erreichte etwa um das Jahr 1400 unserer Zeitrechnung ihre höchste Blüte durch das Volk der Tenochcas, der im Gebiet von Mexiko-City ansässigen Azteken. Aber die Tenochcas waren nicht die Gründer der Zivilisation und trugen auch außer der Einführung eines Opferritus nicht viel zur allgemeinen Entwicklung bei.

Gleich den Angehörigen aller großen alten Zivilisationen verfügten auch die Azteken über außerordentlich gute astronomische Kenntnisse. Die Entdeckung des großen Kalendersteins, von einem Aztekenherrscher namens Axayacatl im Jahre 1479 geschaffen, überzeugte die Archäologen davon, daß die Azteken in bezug auf die Wissenschaften weiter waren als andere Zivilisationen. Dieser Kalenderstein, dessen Inschriften auf einem außerordentlich komplizierten mathematisch-astronomischen System basieren, war unverständlich bis zur Entdeckung der Kalenderbeschreibungen, mit deren Hilfe nicht nur das Verstehen der Bedeutung des Steines möglich war, sondern die auch bei der Entschlüsselung der Azteken-Hieroglyphen beste Dienste leisteten.

Der große Kalenderstein wiegt über 20 Tonnen, hat ca. 4 Meter Durchmesser und ist aus einem einzigen massiven Steinblock herausgehauen. In der Mitte der Vorderseite des Steines ist der Sonnengott Tonatiuh abgebildet, flankiert von vier ornamentalen Umfassungen, in denen die vier vergangenen Weltzeitalter dargestellt sind. Das Mittelstück repräsentiert somit unsere gegenwärtige Ära, umgeben von den Namen der zwanzig Tage des Azteken-Monats. Diese vier Rahmen sind wiederum umgeben von einer Leiste voller Glyphen, die auf die Begriffe »Jade« und »Türkis« hinweisen und die Himmel symbolisieren. Dieses Glyphenband ist umrahmt von den Sternzeichen, die durchdrungen werden von den Strahlen der Sonne und ebenfalls eine symbolische Bedeutung haben dürften. Zwei große feurige Schlangen, die den Lauf der Jahreszeiten symbolisieren, umgeben den äußeren Rand des Steines und treffen sich Auge in Auge an der Basis des Blokkes. Man sollte meinen, daß der Kalenderstein für die Anthropologen und Geschichtsforscher eine große Hilfe bei der Rekonstruktion der historischen Abläufe im Gebiet von Mittelamerika sein könnte. Es gibt aber zahlreiche unterschiedliche Ansichten darüber, wie die am Stein ersichtlichen Angaben mit der christlichen Zeitrechnung in Übereinstimmung zu bringen sind. Allerlei Berechnungen sind angestellt worden, um den Aztekenkalender mit der christlichen Zeitrechnung in Einklang zu bringen, doch jedesmal stellte sich eine etwa 260 Jahre umfassende Differenz zwischen den Aztekendaten und der christlichen Chronologie heraus. Dieser Unterschied hat natürlich viele einander widersprechende Interpretationen in den Zeitbestimmungen der mittelamerikanischen Geschichtsabläufe zur Folge gehabt.

Die eigentliche Urquelle der Zivilisationen und die Zeiten ihres Auftauchens sind für die Archäologen, Anthropologen und Geschichtsforscher immer noch eine mysteriöse Angelegenheit, denn diesen Wissenschaften stehen fast keine geschichtlichen Dokumente und Berichte zur Verfügung, meist nur Bruchstücke von Töpfereierzeugnissen und sonstige Artefakte, die lediglich zur Konstruktion vager Theorien geeignet sind. Es bleibt die Hoffnung, daß in Mittelamerika weitere Entdeckungen gemacht werden – ähnlich denen des Kalendersteins und der dazugehörigen Texte –, die ein wenig mehr Licht werfen auf die Glaubensvorstellungen, die Lebensweise, Absichten und Ziele der Menschen, die diese Monumente bauten. Solange solche Entdeckungen noch nicht gemacht worden sind, wird das Mysterium der mittelamerikanischen Pyramiden bestehen bleiben.

4.

Die alten Ägypter,
die Pyramidenbauer der Welt

Die Zeit des Pyramidenbauens begann in Ägypten in der dritten Dynastie und endete mit der sechsten. Die Datierungen der einunddreißig Dynastien der ägyptischen Pharaonen laut Manethos *Die Geschichte Ägyptens* sind im allgemeinen von den Ägyptologen akzeptiert worden. Diese einunddreißig Dynastien sind in neuen Hauptperioden unterteilt worden in Anpassung an die hauptsächlichsten Veränderungen, die in der ägyptischen Geschichte vor sich gingen.

Diese neun Hauptperioden der Herrscherdynastien lassen sich annähernd wie folgt datieren:

Die Dynastie-Perioden

(nach I. E. S. Edwards: *Die Pyramiden von Ägypten*)

3100-2686 v. Chr.	früheste Dynastie-Periode	1. und 2. Dynastie
2686-2181 v. Chr.	Altes Reich	3. bis 6. Dynastie
2181-2133 v. Chr.	Erste Zwischenperiode	7. bis 10. Dynastie
2133-1786 v. Chr.	Mittleres Reich	11. bis 12. Dynastie
1786-1567 v. Chr.	Zweite Zwischenperiode	13. bis 17. Dynastie
1567-1080 v. Chr.	Neues Reich	18. bis 20. Dynastie
1080-664 v. Chr.	Spätes Neues Reich	21. bis 25. Dynastie
664-525 v. Chr.	Saite-Periode	26. Dynastie
525-332 v. Chr.	Spätperiode	27. bis 31. Dynastie

Während der Pyramidenzeit wurden ungefähr 80 Pyramiden gebaut. Viele der gegenwärtig bekannten Pyramiden haben sich im Laufe der Jahrtausende mehr oder weniger in versandete Trümmerhaufen verwandelt; aber die Archäologen können feststellen, daß sie einst richtige Pyramiden gewesen sind.

Fast alle Pyramiden wurden am Rande der Wüste westlich des Nils in der Nachbarschaft von Memphis errichtet. Es ist so gut wie sicher, daß Memphis der Regierungssitz von Menes gewesen ist, des ersten Herrschers über Ägypten. Ursprünglich bestand Ägypten aus zwei Königreichen. Das obere Reich erstreckte sich von Assuan bis Memphis, das untere von Memphis bis zum Deltagebiet. Nach der Vereinigung der beiden Reiche durch Menes führten die Pharaonen den Titel »König von Ober- und Unterägypten«.

Die Entwicklung einer offiziellen Religion begann im Pyramidenzeitalter. Man nimmt an, daß sie sich von einem Kult herleitete, dessen Ursprung unbekannt ist, und von einem Tempel mit einer mächtigen Priesterschaft. Der allerheiligste Gegenstand in diesem ersten Tempel war das »Benben«, aller Wahrscheinlichkeit nach ein konisch geformter Stein, der als Symbol diente für den ersten Berg oder das erste Festland, die bei der Schöpfung des Universums aus den Urfluten auftauchten. Von diesen Priestern glaubte man, daß sie im Dienst von neun Gottheiten standen, die als die großen Enneaden von Heliopolis bezeichnet wurden.

Die Verehrung zweier dieser Gottheiten entwickelte sich zu Kulten, die starken Einfluß auf die Pyramidenbauer ausübten: Der eine war der Sonnenkult, der andere der Osiriskult. Keiner von beiden blieb jedoch in seiner ursprünglichen Form und in seiner theoretischen Grundkonzeption lange erhalten.

Re (die Sonne) war zuerst ein Gott des Lebens, Osiris dagegen hauptsächlich der Gott der Toten und der Region der Toten. Beide Götter hatten eine wichtige Eigenschaft gemeinsam: die des Weiterlebens nach dem Tode. Osiris war, nachdem er ermordet worden war, durch Magie wieder ins Leben zurückgerufen worden. Re, dessen tägliches Verschwinden an dem Horizont man als sein Sterben betrachtete, wurde jeden Morgen bei Sonnenaufgang wieder neu geboren. In diesem durch ihre Götter gegebenem Vorbild sahen die Ägypter die Begründung für ihren Glauben an ihr eigenes Weiterleben nach dem Tode. Aber die Fortsetzung des Lebens nach dem Ablegen des Körpers war keineswegs ein natürlich erfolgender Vorgang, sondern war etwas, das nur erlangt werden konnte durch genaue Beachtung und Befolgung jenes Rituals, bei dem die Verstorbenen mit all jenen materiellen Hilfsmitteln ausgestattet wurden, die die Götter für ihr eigenes Weiterleben benötigt hatten. Wie die Ägyptologen sagen, war das die Grundanschauung, aus der heraus sich die Notwendigkeit der Schaffung einer Grabstätte und einer Bestattungsweise ableitete, die in jeder wesentlichen Hinsicht einem vorgegebenen Muster entsprach. Trotz der Genauigkeit und Sorgfalt in den praktischen Dingen, die beim Tod und bei der Bestattung eines Toten beachtet wurden, haben die alten Ägypter niemals eine klare und exakte Konzeption bezüglich des nachtodlichen Lebens entwickelt.

Sie glaubten, daß jeder Mensch aus einem Körper und einem Geist bestand und daß der Geist dann lebendig blieb, wenn der tote Körper in gutem Zustand erhalten und mit den nötigen Lebensmitteln und Gerätschaften versorgt wurde. Für sie war die nachtodliche Existenz eine Art Spiegel der irdischen Welt. Wo sich die Geister der Toten nach ihrem Erdenleben aufhielten, war unbekannt; man stellte sich vor, daß sie in eine Art Unterwelt hinübergegangen waren, deren Zugang sich im Boden der Grabstätte befand, in der der Tote beigesetzt wurde.

In den vordynastischen Zeiten waren die Toten in Fötalstellung in ovalen oder rechteckigen im Sand ausgehobenen Gruben begraben worden, eingewickelt in eine aus Gras oder Schilfrohr geflochtene Matte, in dieser Stellung auf die Seite gelegt. Nach dem Beginn der dynastischen Ära wurde es üblich, über den Gräbern der Könige und Würdenträger sogenannte »Mastabas« zu errichten. Das waren aufgesetzte Überbauungen aus getrockneten Erd- oder Schlammziegeln, unter denen sich das eigentliche Grab befand.

Jede Mastaba war eine möglichst getreue Nachgestaltung eines Hauses oder eines Palastes. Das war wahrscheinlich der Grund für die Annahme, daß das Grab der Ort war, in dem sich die Toten aufhielten. Eine interessante Mastaba wurde 1950 von W. B. Emery entdeckt. Man hielt sie für aus der Regierungszeit König Ahas der ersten Dynastie stammend. Unter der Mastaba befand sich eine flache, rechtwinklige, aus fünf Abteilen bestehende Grube. Das mittlere Abteil scheint für die Aufnahme des Körpers bestimmt gewesen zu sein, die anderen wahrscheinlich für die Lagerung der dem Toten gehörenden persönlichen Dinge. Die Mastaba selbst über dieser Grube war in siebenundzwanzig rechtwinklige Zellen eingeteilt, in neun Reihen zu je drei Zellen. Die Außenwände des Überbaues waren von der Basis an bis zu der abgestumpften Spitze etwas nach innen geneigt. Verbindungsgänge zwischen den einzelnen Räumen scheint man für unnötig gehalten zu haben, da man dachte, daß der Geist des Abgeschiedenen ungehindert jedes materielle Hindernis zu durchdringen vermochte.

Bis zum Ende der zweiten Dynastie wurden die Mastabas aus Ziegeln gebaut; in ihrem Innern aber befanden sich Räume aus behauenen Steinen. Erst in der dritten Dynastie begann man die Mastabas völlig aus Steinen zu bauen. Die erste Grabstätte, die ganz und gar aus Steinen besteht, ist die bekannte Stufenpyramide. Man hält sie für eine Konstruktion des Architekten Imhotep zur Regierungszeit des Königs Djo-

Abb. 3: Lage der Pyramiden zwischen Assuan und Nildelta

ser. Diesem Architekten wird die Erfindung des Bauens mit Steinen zugerechnet. Imhoteps Name fand sich bei Ausgrabungen auf dem Sockel einer Statue außerhalb des Grabmals von Djoser. Man hält das für eine indirekte Bestätigung der Tatsache, daß er mit dem Bau des Grabmals zu tun hatte. Die Leistungen Imhoteps wurden unter den Ägyptern legendär. Man betrachtete ihn nicht nur als einen Architekten, sondern zugleich als den Vater der Medizin, als einen vollendeten Astronomen und Magier. Von späteren Generationen der Ägypter wurde er zum Gott erhoben. Die Griechen betrachteten ihn als gleichwertig mit ihrem eigenem Gott der Heilkunde.

Der Platz, den Imhotep wählte, um die Pyramide zu errichten, war eine erhöhte Fläche, von der aus man auf die Stadt Memphis hinabschauen konnte. Dieses Gelände hatte eine Ausdehnung von 548 x 305 Metern; seine Längsseite war entlang einer Nordsüdachse ausgerichtet. Die Stufenpyramide war das einen großen Komplex von Gebäuden und Höfen beherrschende und überragende Hauptbauwerk, sehr ähnlich den in Peru und Mexiko gefundenen Pyramidenkomplexen. Das ganze bebaute Gebiet war von einer massiven Steinmauer umschlossen.

Die Djoser-Pyramide ist ein massives Bauwerk, das sich in sechs Stufen über 60 Meter erhebt und dessen Grundfläche rund 125 x 110 Meter beträgt. Gleich den Maya-Pyramiden ist auch die Djoser-Pyramide mehreren Veränderungen unterzogen worden. Die eigentliche Grundstruktur der Pyramide ist ein fester quadratischer Bau mit einem steinernen Kernstück, das außen mit behauenen Kalksteinen abgedeckt ist. Dieser erste Mittelbau scheint eine Mastaba von 8 Metern Höhe und ungefähr 63 x 63 Meter Fläche gewesen zu sein, ausgerichtet auf den Hauptpunkt.

Der Unterbau der Pyramide besteht aus einem 28 Meter tiefen Schacht, der zu einem Labyrinth von Räumen und Gängen führt. Einige davon sind zur Zeit der Erbauung entweder gar nicht fertiggestellt worden oder sind mißlungene spätere Erweiterungsversuche. Am Fuß des Schachtes befindet sich die eigentliche Grabkammer, 1,70 Meter hoch und breit, 3 Meter lang. Sie besteht völlig aus rosafarbenem Granit aus Assuan. Am Nordende ist eine Öffnung in der Decke, durch die der Körper des Toten hinuntergelassen wurde. Nachdem das geschehen, wurde das Loch mit einem großen Granitblock verschlossen, der 1,80 Meter lang war und über drei Tonnen wog.

Die Mauer rings um den Komlex der Stufenpyramide war mit behauenen Tura-Kalksteinen verkleidet. Sie war 10 Meter hoch, ihre Gesamtlänge betrug über 1,6 Kilometer.

Spätere Generationen des ägyptischen Volkes betrachteten den Komplex der Stufenpyramide mit Hochachtung. Den Beweis dafür liefern die Hieroglyphen, die in einigen der Durchgänge und in Höfen der Nebengebäude in die Wände eingraviert sind und die Bewunderung erkennen lassen, die die ägyptischen Besucher empfanden, als sie den Pyramidenkomplex tausend Jahre nach seiner Erbauung besuchten.

Es fällt schwer zu glauben, daß der Grad der architektonischen Perfektion, den die Djoser-Pyramide zeigt, ohne einen langen vorausgehenden Entwicklungsprozeß erreicht werden konnte. Es ist aber keinerlei Beweis dafür zu erbringen, daß die Anwendung von Steinen in irgendwelchen früheren Bauten mit der Konstruktion der Stufenpyramide vergleichbar wäre, ausgenommen einige wenige isolierte Gebäudeteile.

Da jedoch für den Bau der Stufenpyramide nur kleine Blöcke benutzt wurden im Gegensatz zu den riesigen Steinquadern bei späteren Bauten, wird angenommen, daß die Technik der Steingewinnung, der Handhabung und des Transports derart großer Stücke damals noch nicht gemeistert wurde. Diese Schlußfolgerung wird vom Gesichtspunkt der

Archäologen aus als zwingend angesehen. Es hat eben den Anschein, als sei Imhotep trotz seiner Genialität und Erfindungsgabe nicht imstande gewesen, die später bei der Errichtung der weitaus komplizierteren Bauten erforderlichen meisterlichen Techniken zu finden und praktisch anzuwenden. Deswegen vertreten einige Ägyptologen die Theorie, daß man zu dieser Zeit aus unbekannten Gründen auf die Verwendung großer Steinblöcke verzichtete und sich bei der Errichtung der Stufenpyramide mit kleineren Steinen zufriedengab.

Innerhalb des Komplexes, der die Stufenpyramide umgibt, ist nur sehr wenig erhalten geblieben; und ebenso wenig erwartete die Archäologen, die sich zu den verschiedenen Kammern und Gängen Zutritt verschafften und sie durchforschten. Grabräuber oder sonstige Plünderer scheinen tatsächlich jeden Gegenstand von irgendwelchem Wert weggebracht zu haben. Alles, was sie übrig ließen, waren mit Platten und Reliefs bedeckte Wände und Mauern, einige leere Särge und ein paar Stücke menschlicher Knochen.

Die Nachfolger des Königs Djoser folgten seinem Vorbild, das er mit der Errichtung eines Grabmals in Form einer Pyramide gegeben hatte, obwohl sie keinen so großen Wert darauf legten, um die Pyramiden herum einen so gewaltigen Komplex mit anderen Bauwerken, Höfen usw. anzulegen.

Sekhemkhet, einer der auf Djoser folgenden Könige, wählte als Baustelle einen dicht neben der Stufenpyramide liegenden Platz. Das Gelände lag an der südwestlichen Ecke des Djoser-Komplexes und hatte etwa zwei Drittel von dessen Länge und Breite. Ursprünglich war für die Pyramide eine Grundfläche von 120 x 120 Metern geplant und eine Höhe von ca. 70 Metern, verteilt auf sieben Abstufungen. Da aber die Regierungszeit dieses Königs nur sechs Jahre dauerte, wurden viele begonnene Arbeiten gar nicht zu Ende geführt. In späteren Zeiten wurde dieses unvollendete Bauwerk als eine Art Steinbruch benutzt, und es ist heute unmöglich zu bestimmen,

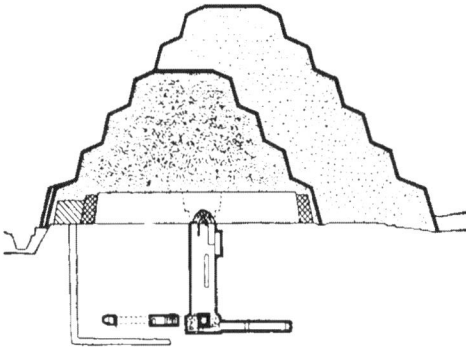

Abb. 4: Plan der Stufenpyramide

welche genaue Höhe die ursprüngliche Pyramide hätte haben sollen.

Sekhemkhets Pyramide war, was ihr Inneres anbetrifft, eine Parallele zu der von König Djoser, besaß labyrinthartig angelegte Korridore, Räume, »blinde« Türen und ebensolche Galerien. Bei den Ausgrabungsarbeiten an dieser Pyramide kurz nach 1950 wurde festgestellt, daß der Hauptkorridor, der vom vertikalen Schacht ausging, noch völlig unzerstört war. In drei Abteilungen führte der Schacht zu dem Kammerkorridor, dessen Zugang zur eigentlichen Grabkammer noch mit dikken, steinernen Sperrmauern blockiert war. Nichts deutete darauf hin, daß hier Grabräuber am Werke gewesen waren. Als die Teilnehmer der Forschungsgruppe unter der Leitung von Zakaria Goneim – im Auftrag der ägyptischen Regierung, Abteilung für Altertümer – in die Grabkammer eindrangen, fanden sie einen verschlossenen und versiegelten Sarkophag vor, auf dem ein Kranz lag. Dieser Sarkophag, aus einem einzigen Alabasterblock herausgehauen, war sehr ungewöhnlich. Anstelle eines durchgehenden geschlossenen Deckels hatte das eine Ende des Sarkophags eine verschiebbare Platte, die durch ein Seil über eine Art Rollen- oder Flaschenzugsystem betätigt werden konnte. Die noch vorhandene Verputzmasse, mit der diese bewegliche Fläche bedeckt war und sie in den Gleitrillen festhielt, ließ erkennen, daß sich hier seit der Zeit der Beisetzung und dem zeremoniellen Verschluß der Kammer an dem Sarkophag niemand zu schaffen gemacht hatte. Als der Sarkophag dann schließlich geöffnet wurde, war er – leer! Wie es möglich war, daß sich alle Anzeichen im Schacht, im Korridor und in der Grabkammer als irreführend erwiesen und wie die Mumie hatte verschwinden können, war ein Rätsel, das zu lösen die Archäologen vor eine schwierige Aufgabe stellte. Natürlich ist mehr als eine Theorie angeboten worden. Eine davon ist, daß der Körper und seine kostbaren Grabbeigaben mit Einverständnis der für die Beisetzung verantwortlichen Priester und Würdenträger gestohlen worden war. Eine andere Erklärung ist, daß es sich bei der ganzen Grabkammer um eine bewußt angelegte Attrappe handelt, um die wirkliche Lage der Mumie zu tarnen, die irgendwo anders in einem geheimgehaltenen Raum entweder innerhalb der Pyramide oder in einem anderen Bau untergebracht wurde.

Eine dritte Stufenpyramide, die man dem wenig bekannten König Khaba zuschreibt, liegt in Zawiyet el-Aryan. Es ist eigentlich keine echte Stufenpyramide, sondern eher eine Art Schichtpyramide. Ihr Überbau bedeckt ein Areal von 84 x 84 Metern. Obgleich das Bauwerk niemals ganz vollendet wurde, hält man es für wahrscheinlich, daß der Architekt sie mit sechs oder sieben Stufen geplant hatte.

Der Unterbau weicht in Kleinigkeiten von den bisher erwähnten zwei Pyramiden etwas ab, aber die Umgebungsbauten sind im wesentlichen den anderen gleich. Das Fehlen eines Sarkophags und aller Grabausstattungen und -beigaben läßt den Schluß zu, daß die Pyramide niemals benutzt wurde und daß das ganze Bauwerk sich niemals in fortgeschrittenerem Zustand befunden hat.

In allen drei Pyramiden sind die Bestattungs- bzw. Grabräumlichkeiten nahezu identisch, wurden lediglich in unterschiedlichen Erhaltungszuständen gefunden. Das könnte bedeuten, daß der auf Djoser zurückgehende Pyramidenkomplex für so klassisch-vorbildlich gehalten wurde, daß sich die zwei späteren Architekten entschlossen, ihn möglichst genau zu kopieren, daß sie sich lediglich die Freiheit nahmen, den Überbau ein wenig zu verändern. Es könnte auch sein, daß eine festgelegte Vorschrift oder eine Art Meisterplan existiert hat, nach dem sich die Architekten von vornherein beim Bau von Stufenpyramiden zu richten hatten. Man weiß nicht, welche Theorie nun wirklich den Tatsachen entspricht, doch die letztere Erklärung wird weniger akzeptiert. Die Meisterplantheorie verfügt aber augenscheinlich über ein bestätigendes Beweisstück. Es ist dies die Gestalt von vier kleinen Stufenpyramiden, die einige hundert Meilen nilaufwärts in der Nähe von Theben liegen. Über die Entstehungsgeschichte dieser kleinen Pyramiden ist nichts Genaueres bekannt. Eine davon, die in El-Kula gelegene, wurde 1949 einer Untersuchung unterzogen. Es wurde festgestellt, daß die Lage der Pyramide merkwürdig war. Anstatt daß die Seitenflächen nach den vier Himmelsrichtungen orientiert waren, wie es bei den meisten anderen Pyramiden üblich war, war es bei dieser kleinen Pyramide so, daß die vier Ecken in die vier Himmelsrichtungen wiesen.

Die Pyramide von El-Kula hat nur drei Stufen, und ihre Grundfläche bedeckt ein Areal von annähernd 19 x 19 Metern. Unterbauungen wurden bei diesen Pyramiden nicht gefunden, außer unter der einen bei Nagada gelegenen. Der Unterbau dieser Vierstufenpyramide besteht ganz einfach aus einem roh in den Fels geschlagenen Loch direkt unter dem

Zentrum der Pyramide. Da sich an der Außenseite der Pyramide keine Zugangsöffnung befindet, wird angenommen, daß diese Grabstätte so angelegt worden ist, um nach erfolgter Bestattung der Leiche jeden Zutritt unmöglich zu machen. Das heißt: die Archäologen glauben, daß erst, nachdem der Körper des Toten in dem ausgehobenen Loch beigesetzt worden war, das ganze über der Erdoberfläche befindliche Bauwerk errichtet wurde. Als allerdings die Ägyptologen bei den Ausgrabungen ins Innere der Pyramide vordrangen, fanden sie in dem Loch keinerlei Körper noch irgendwelche Reste von ihm. Dennoch hielten die Ägyptologen an ihrer Theorie fest, daß der Zweck des Erdlochs mitten unter der Pyramide speziell der gewesen sei, eine von außen unerreichbare Grabstätte zu schaffen. Bis zum heutigen Tag ist das Mysterium um diese vier seltsamen Pyramiden ungelöst. Könnte es sein, daß diese für die anderen größeren Pyramiden in der Umgebung von Memphis bei der Bauplanung als Modell gedient hatten? Oder sind diese kleineren Pyramiden von einer Gruppe verstoßener Leute gebaut worden, die dann später in die Gegend von Theben umsiedelten?

Wie die Archäologen behaupten, muß etwa um die Zeit des Überganges von der dritten zur vierten Dynastie eine grundlegende Veränderung in bezug auf die Errichtung von Stufenpyramiden vor sich gegangen sein. Die Stufen bzw. Absätze wurden jetzt ausgefüllt, wodurch glatte und ebene Außenwände entstanden, die so nach innen geneigt anstiegen, daß sie am Scheitelpunkt der Pyramide zusammentrafen, so daß das Ganze zu dem wurde, was wir heute als die eigentliche klassische Pyramidenform betrachten.

Die Ägyptologen glauben, daß sie den Grund für den Übergang der Bauweise von der Stufenpyramide zur späteren eigentlichen Pyramidenform durch ihre Untersuchung der arg beschädigten Pyramide von Meidum, die ungefähr dreißig Meilen südlich von Memphis liegt, gefunden haben. Der gegenwärtige Zustand des Bauwerkes erinnert mehr an einen rechtwinkligen Turm, als an eine Pyramidenkonstruktion.

Man vermutet, daß die Meidum-Pyramide nach dem Vorbild der Djoser-Pyramide gebaut und während ihrer Erbauung mehreren Umwandlungen unterzogen wurde. Nach sorgfältigem Studium einiger Zeichnungen und Gravuren auf Steinen und auch aufgrund anderer an diesem Ort gemachten Beobachtungen kamen die Ägyptologen zu dem Schluß, daß diese Pyramide zuerst mit zwei, dann mit drei und schließlich mit vier Stufen gebaut worden ist. Später dann wurde die Form noch einmal verändert: es erfolgte eine Vergrößerung zu einer siebenstufigen Pyramide, die aber auch nicht bestehen blieb, sondern der eine Erweiterung auf acht Stufen folgte. Die Neigungswinkel der Stufen betrug 75 Grad, und die endgültige Pyramidengrundfläche mag annähernd 144 x 144 Meter betragen haben. Über die genaue Höhe, die die Pyramide einstmals gehabt hat, ist man sich nicht klar.

Offenbar war der siebenstufige Entwurf als endgültige Ausführung vorgesehen, dem sich aber dann doch noch ein weiterer Umbau auf acht Stufen anschloß. Schließlich wurden später aus noch unbekannten Gründen die Stufenabsätze mit Steinen aus der Umgebung ausgefüllt und der ganze Bau mit glatten Deckplatten aus Tura-Kalkstein belegt. Dadurch wurde die Stufenpyramide in eine geometrisch korrekte Pyramide verwandelt.

Der jetzt noch sichtbare Überbau der Pyramide läßt die dritte und vierte Stufe der Siebenstufenphase erkennen sowie alle fünften und sechsten Absätze des achtstufigen Endzustandes. Wesentliche Teile der unteren Mauern der letzten Form sind an dieser Meidum-Pyramide bis heute erhalten geblieben.

In der Nordfläche der Pyramide befindet sich der Eingang zu einem Korridor, der abwärts führt bis zu einer Tiefe von 58 Metern und durch das felsige Grundgestein hindurchgeschlagen wurde. Er endet auf einer planierten Fläche von 9,4 x 9,4 Metern, von der aus ein senkrechter Schacht nach oben in die Begräbniskammer führt. Doch 1882, als die Grabkammer das erste Mal betreten und untersucht wurde, fand sich keine Spur mehr von einem Sarkophag. Man vermutet, daß er schon in alten Zeiten von Grabräubern gestohlen wurde, die das Pyramideninnere durch ein in die Südwand geschlagenes Loch erreichten.

Die Pyramide von Meidum hat innerhalb eines bestimmten Bereiches auch Nebengebäude. Es ist noch eine kleinere Pyramide vorhanden, eine Leichenhalle oder ein Tempel für Begräbnisrituale, und noch ein drittes Gebäude. Von all dem ist kaum mehr übriggeblieben als ein paar Steinhaufen, aus denen die Ägyptologen hoffen, doch noch einige Informationen gewinnen zu können. Es wurden keine aus dieser Zeit stammenden Inschriften gefunden, die einen möglichen Hinweis auf den Erbauer und den König hätten geben können, denen die Pyramide von Meidum zugeschrieben werden könnte. Immerhin liefert möglicherweise eine Inschrift an den Wänden des Totentempels einen gewissen Anhaltspunkt. In der 18. Dynastie, etwa tausend Jahre später, wurde diese Pyramide für ein Werk Seneferus gehalten. Die Ägyptologen quälen sich damit ab, mit einigermaßen Sicherheit die Schwierigkeiten auszuräumen, denen sie sich bei der Frage gegenüber sehen, wer diese Pyramide für Seneferu gebaut hat. Ohne irgendwelche schriftlichen Unterlagen müssen sie sich bei der Datierung der Pyramidenentstehung auf bloße Schätzungen verlassen. Sie können die Erbauung schließlich nur einem Pharao zuschreiben, dessen Regierungszeit in die betreffende Periode fiel. Es wurde vermutet, daß ein einziger Pharao für den Bau mehrerer Pyramiden verantwortlich sein könnte; doch das wurde wiederum von anderen Ägyptologen beanstandet, die darauf hinwiesen, daß eine solche Idee unlogisch ist. Einige Hinweise sind gefunden worden, in denen auf mehrere Pyramiden Seneferus Bezug genommen wird. Die Wahrscheinlichkeit ist groß, daß nicht nur die Pyramide von Meidum für den König Seneferu gebaut wurde, sondern auch zwei andere Pyramiden 45 Kilometer nördlich Meidums in Dahshur. Eine davon ist als Bent-Pyramide bekannt geworden.

Diese Bent-Pyramide, die auch als gefälschte, rhomboidale oder abgestumpfte Pyramide bezeichnet wird, liegt südlich von der zweiten Gruppe und ist mit Sicherheit dem Seneferu zugeschrieben worden. Es sieht aus, als sei sie ursprünglich als geometrisch korrekte Pyramide geplant gewesen, doch aus irgendwelchen unbekannten Gründen ist der Bau schnell vorangetrieben worden, bis auf einmal ganz damit Schluß gemacht wurde, noch ehe die geplante Höhe erreicht worden war. Diese Schlußfolgerung wurde aus dem Umstand abgeleitet, daß sich etwa von der halben Höhe der Pyramide an der Neigungswinkel von rund 54 Grad 31 Minuten auf 43 Grad 21 Minuten vermindert. Man hat auch festgestellt, daß die Pyramide nicht sonderlich genau nach den Himmelsrichtungen ausgerichtet ist. Auf einer Grundfläche von ca. 190 x 190 Metern stehend, hätte die Bent-Pyramide eigentlich eine Höhe von ca. 102 Metern erreichen müssen. In bezug auf ihr Äußeres ist sie die besterhaltene von allen Pyramiden. Bei keiner der anderen ist die äußere Abdeckung in so gutem Zustand heute noch vorhanden. Was ihr Inneres angeht, so ist sie insofern einzigartig, als sie zwei verschiedene Eingänge hat, einen in der Nord- und den anderen in der Westseite. Der nördliche Zugang führt über eine Strecke von 73 Metern abwärts direkt in einen vestibülähnlichen Vorraum von 5 Metern Breite und über 12 Meter Höhe. Direkt über diesem Vorzimmer-Korridor ist ein zweiter Raum von 5 x 6 Metern Fläche und über 17 Meter Höhe. Der zweite Eingang an der Westwand führt rund 65 Meter abwärts, läuft dann weitere 20 Meter eben aus und endet direkt in der zweiten Kammer.

In den Räumen und Gängen wurden nicht viele Gegenstände gefunden. Nur die Überbleibsel einer Eule und einige Skelette von Fledermäusen wurden entdeckt, und zwar zusammengewickelt in einem Holzkasten in der Aushöhlung des oberen Raumes. Auch hier in diesen beiden Räumen wurden bei den Ausgrabungen keine Sarkophage gefunden, sehr zum Mißvergnügen der Forscher. Die 36,5 Meter entfernt im Süden liegende Nebenpyramide hat eine Grundfläche von 55 x 55 Metern und muß bei ihrer Fertigstellung über 32 Meter hoch gewesen sein. Sie hat an der Nordseite ebenfalls einen Eingang, von dem ein Korridor ausgeht, der zu einer kleinen Kapelle hinabführt, in deren Boden in der Mitte ein Loch ist. Unmittelbar über der Kapelle ist eine etwa 6 Quadratmeter große Kammer. Nebenpyramiden wie diese finden sich gewöhnlich innerhalb des Komplexes der Hauptpyramiden. Man glaubt im allgemeinen, daß sie einem von zwei Zwecken gedient haben. Entweder waren sie für die Königinnen bestimmt oder es wurden in ihnen die inneren Organe der Leichen der Könige beigesetzt. Die Pyramide von Meidum lieferte den Generalplan für alle später errichteten Pyramiden-Komplexe. Sie besteht, wie alle Nachfolgebauten, aus einer Hauptpyramide, einer Kapelle, einer kleineren Pyramide und einem Tempel für die Begräbniszeremonien, alles zusammen von einer Mauer umschlossen. Eine Straße, die am Eingang zu dem Totentempel begann, führte zu einem in einem Tal gelegenen Tempel am Ufer des Nils. Dieser Ufertempel war ausschließlich für den Zweck bestimmt, den Körper des toten Pharaos, der in einem Boot herangebracht wurde, sozusagen in Empfang zu nehmen. In Zeiten der Nilüberschwemmung konnte das Boot auch direkt am Tempel anlegen. Außerdem war auch ein Kanal gegraben, der den Fluß mit der Tür des Tempels verband, so daß in Zeiten der Trockenheit das Boot mit dem toten Pharao vor dem Tempel ankern konnte, auch wenn das Ufer vom Tempel ein Stück entfernt war (siehe

Abb. 6). Nördlich der Bent-Pyramide steht eine andere, die als nördliche Steinpyramide von Dahshur bekannt ist. Seltsamerweise hat diese Pyramide denselben Neigungswinkel wie die obere Hälfte der Bent-Pyramide, nämlich 43 Grad 36 Minuten; ihre Basisfläche mißt 219 x 219 Meter. Der an der Nordseite befindliche Eingang führt einen Korridor hinab in ein zweigeteiltes Vorzimmer und weiter zu einer Hauptkammer mit über 15 Metern Höhe. Die wirklichen Besitzverhältnisse bei dieser Pyramide sind unbekannt, aber sie wird provisorisch dem Seneferu zugeschrieben. Das würde bedeuten, daß dieser Pharao die Wahl zwischen drei Pyramiden hatte, in denen seine Leiche beigesetzt werden konnte. Die Kunst, majestätische Pyramiden zu bauen, erreichte in den Pyramiden von Giseh ihren Höhepunkt (näher besprochen im fünften Kapitel), von dem an ein ständiges Nachlassen der Pyramidenbaukunst zu beobachten ist. Die vielen Pyramiden der fünften und sechsten Dynastien waren keineswegs so kom-

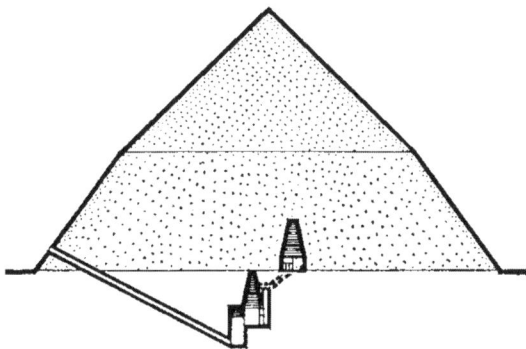

Abb. 5: Plan der Bent-Pyramide

pliziert und großartig konstruiert, was ihre Größe und Qualität anbelangt. Die Steine und das andere Baumaterial, die für die Nachfolgepyramiden benutzt wurden, waren von so schlechter Qualität, daß viele dieser späteren Königspyramiden jetzt nicht mehr sind als Trümmerhaufen. Trotzdem wurde noch in der fünften und sechsten Dynastie ein künstlerisches Geschick entwickelt, das die diesbezüglichen Leistungen früherer Dynastien überstieg. Aber als die sechste Dynastie zu Ende ging und zugleich das »Alte Reich« abschloß, wurden die künstlerischen und handwerklichen Geschicklichkeiten immer geringer, und die Tempel und Grabstätten des Pyramidenzeitalters wurden geplündert und zerstört. Ein Wiederaufleben der Pyramidenbauerei setzte während der zwölften Dynastie ein. Die hier errichteten Pyramiden waren reicher geschmückt und verziert, aber von geringerer Qualität als die früheren. Vom Bau der ersten Stufenpyramide in der dritten Dynastie bis zu der letzten Großpyramide der dreizehnten Dynastie werden im ganzen nur dreißig Pyramiden von den Ägyptologen als bedeutend angesehen, sowohl historisch als auch architektonisch. Das Fehlen von Mumien ist ein unerklärliches Phänomen, wenn man glaubt, wie es die meisten Ägyptologen tun, daß annähernd tausend Jahre lang Pyramiden gebaut und sorgfältig durchgeführte Erdbewegungen und Tunnelbauten zu dem einzigen Zweck gemacht worden sind, um die Körper toter Pharaonen in Sarkophagen aufzunehmen. Offensichtlich wird die ganze Angelegenheit irgendwie unverständlich, wenn man davon ausgeht, daß die vielen Tunnel und Verbindungsgänge nur als »Sicherung der Grabstätte vor Räubern« angelegt worden sind, daß aber dann bei der Öffnung unversehrter Grabkammern keine Mumien gefunden wurden. Es gibt allerdings auch Fälle, wo Grabkammern gefunden wurden, in deren einer Seite ein Loch durchgebrochen war. Die Ägyptologen glauben, daß diese Löcher von Grabräubern geschlagen worden sind. Wenn dem so

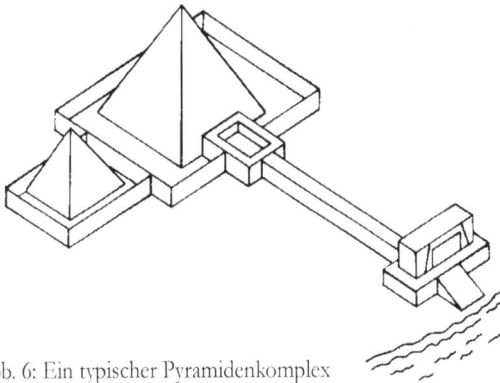

Abb. 6: Ein typischer Pyramidenkomplex

wäre, müßten diese Räuber eine außergewöhnliche Geschicklichkeit im Tunnelbau gehabt haben, müßten über einen Plan
mit der Lage der Kammern innerhalb der Pyramide verfügt
haben und sie müßten auch eine schier unersättliche Gier nicht
nur nach den kostbaren Schmuckstücken und den anderen
Grabbeigaben gehabt haben, sondern auch nach dem toten
Körper selbst. Gegenwärtig kann man drei verschiedene Ansichten hinsichtlich dieser Sache unterscheiden. Die erste behauptet, daß die Grabräuber die Mumien entfernten, um
damit den früheren Pharao zu schänden und seine Leiche
schließlich ganz zu vernichten. Die Mumien sind eben nicht
mehr da und für die Nachwelt ein für allemal verloren. Die
Vertreter der zweiten Ansicht glauben, daß die gefundenen
Grabkammern in Wirklichkeit nur Schein- oder Attrappen-
kammern sind und die jeweils echte Beisetzungskammer
noch an anderer Stelle innerhalb der Pyramide zu finden sei.
Diese Erklärung ist plausibler, denn auch die alten Ägypter

werden schon gewußt haben, daß sogar die riesigen Pyramiden mit all ihren geschickt angelegten Sicherungen für entschlossene Räuber und Diebe keine unüberwindlichen Hindernisse darstellen. Vielleicht waren die Erbauer so klug, daß sie Räume mit versiegelten Sarkophagen und einigen kostbaren Grabbeigaben ausstatteten, um eingedrungene Diebe glauben zu machen, sie hätten die Hauptkammer gefunden. Das würde die Tatsache erklären, daß die angeblichen, zum Schein eingerichteten Beisetzungskammern von den modernen Archäologen sofort bei ihrem ersten Eindringen gefunden wurden, dann aber völlig leer, und auch den noch versiegelten Sarkophag ohne jeden Inhalt. Es ist durchaus denkbar, daß die Pharaonen damals genau Bescheid wußten über die Möglichkeiten und Absichten der kriminellen Elemente unter der Bevölkerung und daß sie es deshalb mit Erfolg fertigbrachten, die Welt zu täuschen und damit zugleich ein Mysterium zu schaffen, das bis zum heutigen Tag ungelöst geblieben ist. Die dritte Gruppe von Gelehrten glaubt schließlich, daß die Pyramiden, insbesondere die Große Pyramide von Giseh (siehe die Kapitel 6 und 7), von vornherein gar nicht als Grabstätten gebaut wurden, sondern als Einweihungszentren. Diese Forscher halten es für unangebracht, Theorien aufzustellen, warum einige Sarkophage noch versiegelt, aber leer gefunden wurden. Wie wir gesehen haben, sind die Mysterien um die Pyramiden vielfältigster Art, und selbst die Experten sind sich nicht einig darüber, zu welchem Zweck die Pyramiden überhaupt errichtet worden sind, welcher Methoden man sich bei der Planung und beim Bau bediente und wie das Fehlen von Mumien in offensichtlich unversehrten unversiegelten Sarkophagen zu deuten ist.

5.

Die Superpyramiden von Giseh

Von all den antiken sieben Weltwundern ist lediglich die Große Pyramide von Giseh heute noch vorhanden. Gleich den anderen Pyramiden von Ägypten stellt die Große Pyramide die Ägyptologen fortgesetzt vor Fragen und Probleme. Es fällt ihnen schwer, sich über die angewandten Baumethoden klar zu werden und herauszufinden, welchen Zwecken diese Bauten gedient haben. Dieses »Wunder aus alten Zeiten« steht in einem Gelände, das nur einen kurzen Kamelritt von der Stadt Kairo entfernt liegt. Die »pieces a resistance« bestehen aus einem Komplex von Bauwerken: aus drei grandiosen Pyramiden, einer kolossalen Sphinx, mehreren kleineren Pyramiden und einigen wenigen Grabstellen. Die größte Pyramide ist bekannt als »die Große Pyramide« oder die Cheops-Pyramide. Cheops ist die griechische Form von Khufu, des Namens jenes Pharaos, der der Sohn Seneferus war und dessen Nachfolger auf dem Thron. Hinsichtlich ihrer Größe und ihrer qualitativen Ausführung ist diese Große Pyramide der Höhepunkt der ganzen Pyramidenbauepoche. Zahlreiche Versuche sind gemacht worden, die Größe dieser Pyramide zu schildern und sie mit anderen berühmten Bauwerken zu vergleichen. Man nimmt an, daß sie ursprünglich 146,7 Meter hoch war, aber die zerstörenden und erodierenden Einflüsse der vielen Jahrhunderte haben bewirkt, daß sie jetzt nur noch eine Höhe von 137 Meter hat. Die Seitenlängen an der Basis betrugen – nach I. E. S. Edwards in seinem Buch *Die Pyramiden von Ägypten* – nach sorgfältigen Ausmessungen im Osten 230,39 Meter, im Westen 230,36 Meter, im Norden 230,26 Meter und im Süden 230,45 Meter. Obwohl nicht zwei Seiten in ihrer Länge absolut gleich sind, beträgt die Differenz zwischen der kürzesten und längsten Seite nur 19 cm. Die vier dreieckigen Seitenflächen haben einen Neigungswinkel von ungefähr 52 Grad vom Fundament an. Der gesamte Bau war ursprünglich genau in der Nord-Süd-Linie ausgerichtet.

Was die Höhe der Pyramide anbelangt, so besteht einer der mysteriösen Aspekte darin, daß viele Archäologen und Forscher sorgfältige Untersuchungen und Messungen vorgenommen haben, aber verschiedene Höhenangaben machten. Nach einer Quelle war die ursprüngliche Höhe 152 Meter, nach einer anderen 147,5 Meter. Einige sagen, die Grundfläche betrage 230,4 x 230,4 Meter, andere behaupten, sie sei 211,2 x 211,2 Meter groß und die Dreiecksflächen hätten einen Neigungswinkel von 51 Grad, 19 Minuten und 14 Sekunden. Gegenwärtig betragen die Abweichungen von der genauen Nord-Süd-Richtung schätzungsweise: Nordseite 2' 18" Süd auf West; Südseite 1'57" Süd auf West; Ostseite -

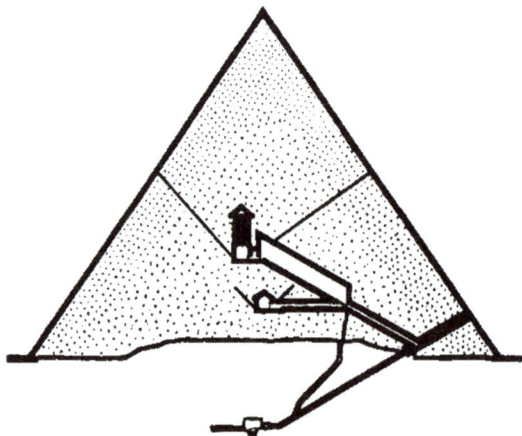

Abb. 7: Plan der Großen Pyramide

5'30" West auf Nord; Westseite 2'30" West auf Nord. Die
Genauigkeit dieser Lageorientierung bedeutet, daß die vier
Ecken nahezu perfekte rechte Winkel gewesen sind. Die heu-
tigen exakten Messungen ergaben: Nordwestecke 89°59'58";
Nordostecke 90°3'2"; Südwestecke 90°0'33"; Südostecke
89°56'27".

Das sich auf die Ausrichtung der Großen Pyramide beziehende Mysterium ist noch unerklärbarer.

Die neuste diesbezügliche Theorie besagt, daß es sich nicht
um Ungenauigkeiten der Erbauer handelt, sondern um eine
von der Kontinentalverschiebung verursachte Erscheinung.
Die folgende gekürzte Wiedergabe eines von C. S. Pawley
und N. Abrahamsen stammenden Artikels versucht darzulegen – wenn auch in etwas unglaubwürdiger Weise, daß die
Pyramiden die Kontinentaldrift erkennen lassen.

Geben die Pyramiden Hinweise auf die Kontinentalverschiebung?

Das Mysterium der Richtungsorientierung der Großen
Pyramide von Giseh ist seit vielen Jahrzehnten ungelöst geblieben. Die Hauptausrichtung ist 4 Minuten West auf Nord.
Es wird das Argument vorgebracht, daß es sich bei den
Abweichungen nicht um Irrtümer oder Fehler der Erbauer
handelt, sondern um eine Folge von Bewegungen viele Jahrhunderte hindurch. Moderne Theorien bezüglich der Kontinentaldrift sind zwar mit solch großen Bewegungen nicht
recht einverstanden, aber andere Ursachen der Polwanderung
geben sogar noch kleinere Veränderungswerte. Die Kontinentalverschiebung ist somit die wahrscheinlichste und geeig-
netste Erklärung, wenn sie auch zunächst etwas unglaubwürdig klingt. Obwohl fünfzig Jahre hindurch entsprechende
Messungen durchgeführt worden sind, ist zu bedenken, daß

sich die geophysikalischen Messungen der Meeresbodenveränderungen auf Zeiträume von Jahrmillionen beziehen.

Giseh liegt etwa auf 30° Ost, 30° Nord. Von hier aus, so könnte man sagen, ist der Pol gegenüber der Zeit vor 4500 Jahren (vom Zentrum der Erde aus gesehen) bis heute um $3,5' \pm 0,9'$ entlang 60° westlicher Länge in Richtung auf Grönland weitergewandert und unter Berücksichtigung einer unbekannten Komponente entlang 30° östlicher Länge. Zur Zeit der Pyramidenerbauung dürfte der Polarstern die Wega gewesen sein. Auf einer Höhe von 30° über dem Horizont befindlich, müßte die Wega als Ausrichtungspunkt ideal gewesen sein, und es wäre der Mühe wert, an Ort und Stelle ein Experiment durchzuführen, da nur so alle denkbaren Fehlerquellen erkannt und ausgeschaltet werden können.

Es ist heute dokumentarisch nachweisbar, daß sich der wahre Pol jährlich um 0,0032″ entlang 60° westlicher Länge bewegt[1]. Das würde im Laufe von 4500 Jahren insgesamt 0,24′ ausmachen, was viel zu wenig ist und falsch wäre. Einige Variationen glaubt man auf das Schmelzen des Eises auf Grönland und in der Antarktis zurückführen zu können. Andere Veränderungen der Polstellung sind ihrer Natur gemäß periodisch schwankend und haben nur eine sehr geringe Schwingungsweite [2].

Die Kontinentaldrift kann die Ursache sein, daß sich, vom sich bewegenden Standort aus gesehen, die genaue Nordrichtung etwas verändert. Die beiden amerikanischen Kontinente sind von Afrika und Europa abgetrennt worden durch die Anhebung und Verschiebung des Meeresbodens. Dieser Bewegungsvorgang hat einen Angelpunkt südwestlich von Island und beträgt zwischen Südamerika und Afrika etwa 5 cm pro Jahr. Wenn wir nur die letztgenannte Bewegung zugrunde

[1] W. Markowitz/B. Guinot (Hrsg.): *Continental Drift.* Dordrecht 1968.
[2] J. Coulomb/G. Jobert: *The Physical Constitution Of The Earth.* Edinburgh 1963.

legen und annehmen, daß diese Bewegung gleichbleibend ist, dann würde sich in 4500 Jahren der Standort der Pyramiden etwa um 0,1' im genannten Sinne verändert haben. Afrika und die arabische Halbinsel bewegen sich voneinander weg, als liege ihr Drehpunkt nahe dem nördlichen Ende des Roten Meeres. Dies läßt auf eine Bewegung der Pyramiden in entgegengesetzter Richtung schließen, doch ist die hierbei in Frage kommende Strecke viel zu klein. Die beiden Kontinentalbewegungen sind in Abbildung 8a dargestellt.

Erdbeben sind möglicherweise auch eine mechanische Ursache, die Verschiebungen lokaler Bedeutung zur Folge haben können. Der Mittelmeerraum und das Rote Meer sind als Erdbebengebiete bekannt, aber es wäre ein einzelnes Beben von beispielloser Gewalt erforderlich gewesen, um die Verschiebung der Pyramiden aus ihrer ursprünglichen Lage auszulösen. Diesbezügliche geologische Untersuchungen durch Experten wären sicherlich der Mühe wert, denn alle einschlägigen Vorgänge müssen in ihren Auswirkungen verstanden werden, zum Beispiel auch die Folgen des Erdbebens, das im Jahre 908 v. Chr. stattgefunden haben soll.

Beobachtungen der Polbewegung umfassen einen Zeitraum, der das Beurteilungsvermögen der modernen Wissenschaft übersteigt. Die Kontinentalverschiebungstheorie basiert auf Messungen, die erst in letzter Zeit vorgenommen wurden, und es bestehen sehr gegenteilige Ansichten darüber, ob sich diese Verschiebung in gleicher Weise ständig fortsetzt oder ob sie sprung- oder schubartig vor sich geht. Zu diesen Auseinandersetzungen können die die Pyramiden betreffenden Feststellungen einen Diskussionsbeitrag liefern, allerdings unter Anwendung geophysikalischer Ausdrücke und Zeitbegriffe.

Flinders Petrie[3] war es, der als erster in unserer Zeit eine ins einzelne gehende gründliche Untersuchung der Pyramiden

---

[3] F. Petrie: *Wisdom Of The Egyptians*. London 1940.

Abb. 8a

von Giseh[4] vornahm. Aber es scheint, als seien seine Feststellungen von den Wissenschaftlern außerhalb der Archäologie übersehen worden. Er zog den Schluß, daß der Durchschnitt von sechs Richtungsbewegungen bei der Cheops-Pyramide (siehe Abb. 8b) und bei der Chephren-Pyramide etwa 4° West von der wahren Nordrichtung beträgt mit einem Unsicherheitsfaktor von 1°. Das wertete er als Hinweis darauf, daß sich der Pol der Erde um diese Entfernung verschoben haben muß.

Petrie ist der Ansicht, daß die Ost- und Westseiten von jeder Pyramide als unabhängig voneinander betrachtet werden müssen, weil die Pyramiden bei ihrer Erbauung auf den erhöhten Mittelpunkt eines Felsenuntergrundes zentriert waren. Der Eingang zur Cheopspyramide hat die Form eines Schachtes mit zwei unterschiedlichen Neigungswinkeln; jeder Teil ist unabhängig vom andern in bestimmter Weise ausgerichtet. Da diese beiden Korridorteile aus sorgfältig behaue-

---

[4] I. E. S. Edwards: *The Pyramids Of Egypt. 2.* Auflage, New Orleans 1961.

nen und gut erhaltenen Felsblöcken bestehen, sind ihre Orientierungsausrichtungen noch recht genau, differieren nur um 1°.

Das ist der Ursprung von Petries Bewertung der Richtungsabweichung. Seine Schätzung liegt durchaus innerhalb der Grenzen jener Augenmaß-Genauigkeit, mit der die Erbauer gearbeitet haben müssen.

Eine davon unabhängige Festlegung bezüglich der Genauigkeit, mit der die Erbauer arbeiteten, ergibt sich bei der Ausmessung der Nord- und Südseiten beider Pyramiden. Für eine genaue Angleichung an die Ost-West-Richtung gibt es keine direkte astronomische Methode, so daß die Baumeister gezwungen waren, rechte Winkel zu konstruieren. Das taten sie mit einer Genauigkeit von 1,5°.

Eine genaue Ausrichtung nach Norden muß ursprünglich beabsichtigt gewesen sein, denn es gibt keine Möglichkeit, diese Ausrichtung nach einem abseits vom Polarstern liegenden Punkt vorzunehmen. Ein dicht neben dem Himmelspol befindlicher Stern müßte bei seiner Bewegung einen kleinen Kreis beschreiben, und dieser Kreis hätte sich aufgrund des Vorrückens des Frühlingspunktes (der Tag-und-Nacht-Gleiche) im Laufe einer Generation in seiner Größe verändert. Der Gedanke, daß die Nordausrichtung nach den Magnetlinien erfolgte, kann fallengelassen werden, weil die magnetischen Veränderungen während einer Generation sehr groß waren, obwohl der Magnetpol der Erde nahe dem eigentlichen geographischen Pol liegt. Auf jeden Fall kann nicht angenommen werden, daß die alten Ägypter den Magneteisenstein kannten, zumal dessen Benutzung nicht geeignet gewesen wäre, eine Genauigkeit von 1' zu erreichen. Petrie weist darauf hin, daß die astronomische Parallaxe durch Beobachtungen und Aufzeichnungen in Abständen von sechs Monaten hätte gefunden und den Berechnungen zugrunde gelegt werden können; es dürfte aber wahrscheinlich auch möglich ge-

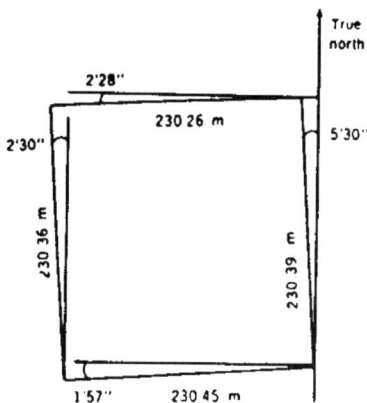

Abb. 8b: Die Große Pyramide von Cheops

wesen sein, die Richtungsangabe mit der gewünschten Genauigkeit innerhalb einer Nacht zu finden.

Es gibt keine anderen Relikte in Ägypten, die bestätigende Angaben und Meßergebnisse zu liefern vermögen. Die anderen Pyramiden sind kleiner und von geringerer Genauigkeit; und diese anderen Häuser und sonstigen Gebäude sind entweder nach der Sonne oder anderen Sternen ausgerichtet. Die zwei Pyramiden von Giseh, bei denen wir diese einzigartigen Maßverhältnisse finden, wurden zur Zeit des Höhepunktes der Pyramiden-Bauperiode errichtet, und es überrascht deshalb nicht, daß sie allein eine solche Genauigkeit aufweisen.

Wenn wir in dieser Hinsicht die Aussagekraft der Pyramiden als überzeugend betrachten, mögen wir fragen, welche einschlägigen Informationen aus anderen archäologischen Funden abgeleitet werden können. Es gibt einige außerordentlich präzise, wenn auch noch unerklärbare Markierungen auf einem Plateau in Peru, die man dem Volk von Nasca zuschreibt. Bei diesen Markierungen besteht allerdings die Ge-

fahr der Zerstörung. Die Stellen mit Resten von Megalith-
bauten in England und der Bretagne sind auch vielverspre-
chende Studienobjekte, aber erst müssen wir von der Stich-
haltigkeit der Argumente überzeugt werden, daß diese Stätten
wirklich der Sonnen- und Mondbeobachtung gedient haben[5].
Die besten dieser Argument mögen zwar ausreichend richtig
sein, was Zweifel daran aber nicht ausschließt. Die Pyramiden
liefern augenscheinlich den Rekord an Genauigkeit, und es
wäre wirklich schade, wenn diese einzigartigen Fakten im
hektischen Wissenschaftsgetriebe der Vergessenheit anheim
fielen.

G. S. Pawley   N. Abrahamsen
Universität Edinburgh,   Universität Aarhus,
Schottland   Dänemark

---

[5] A. Thom: *Megalithic Lunar Observations.* New York 1971.

Wenn man die Große Pyramide aus der Entfernung betrachtet, hat man den Eindruck, als sei sie in ihrer materiellen Struktur unversehrt. Geht man aber näher heran, sieht man, daß das Bauwerk doch infolge der Einwirkungen der Elemente und durch zerstörende Hände sehr gelitten hat. Etwa ein Dutzend Steinschichten und der oberste Abschlußstein, die möglicherweise aus Granit bestanden, sind verschwunden. Der gesamte äußere Belag aus Tura-Kalkstein – mit Ausnahme einiger Stücke an der Basis – ist von den Dreieckflächen entfernt worden. In der Nordwand befindet sich eine große Öffnung, die gleich unterhalb des eigentlichen Eingangs in die Steinmasse geschlagen worden ist. Überlieferungen der Moslems besagen, daß dieses Loch aus dem letzten Teil des neunten Jahrhunderts stammt, aus einer Zeit, in der man glaubte, daß verborgene Schatzkammern im Innern der Pyramide zu finden seien. Auch liegt die Annahme nahe, daß die Pyramide zu einem schier unerschöpflichen und bequem erreichbaren Steinbruch wurde, der das Steinmaterial liefern konnte, das für Brücken, Mauern, Häuser und zahlreiche andere Bauten in der Nachbarschaft von Giseh und Kairo gebraucht wurde.

Die moderne Wissenschaft ist noch auf ein weiteres Pyramiden-Mysterium gestoßen: Die Archäologen waren außerstande, exakt die Menge der behauenen Steine zu berechnen, aus denen der Bau besteht. Es gibt Schätzungen, die besagen, daß zu der Zeit, als die Pyramide noch vollständig war, der aus Steinmaterial der näheren Umgebung bestehende Kern und der äußere Belag aus Tura-Kalkstein insgesamt aus 2300000 einzelnen Blöcken zusammengesetzt waren, jeder mit einem Gewicht von durchschnittlich zweieinhalb Tonnen bis zu einem Maximalgewicht von fünfzehn Tonnen. Andere Gewichtsschätzungen bewegen sich zwischen zwei bis siebzig Tonnen pro Stück, und die Zahl der Steinblöcke soll maximal so um die 2 500 000 liegen. Man glaubt, daß das Innere des Mittelstücks aus einem Kern von Felsmaterial besteht, dessen Größe nicht genau bestimmt werden kann. Kein Bauwerk auf der ganzen Welt, das so oft und so gründlich gemessen und durchforscht wurde wie die Cheopspyramide, hat solch große Unterschiede in den Messungsergebnissen gezeigt. Das einzige anerkannte und unbestrittene Faktum ist, daß die behauenen Granit- und Kalkblöcke so perfekt zusammengefügt sind, daß die Abstände zwischen den einzelnen Steinen nie mehr als 0,5 Millimeter betragen.

Die Archäologen betrachten die Korridore und Kammern der Großen Pyramide im Zusammenhang mit der Entwicklung des gesamten Auf- und Ausbaues. Der Eingang zum Innern der Pyramide befindet sich in der Nordwand in einer Höhe von 16,7 Metern senkrecht über der Grundlinie. Er liegt genau in der Mitte der Nordwand. Vom Eingang führt ein Korridor, dessen Lichte 1 Quadratmeter beträgt, schräg abwärts zu einer unvollendet gebliebenen Kammer mit einem Neigungswinkel von ein wenig über 26 Grad. In dem zerfurchten Boden ist ein quadratisches Loch, und die Wände der Kammer sind so rauh und holprig, daß sie an einen Steinbruch erinnern. In der Südmauer der Kammer befindet sich eine noch nicht ganz fertiggestellte Öffnung, hinter der ein blind endender Gang beginnt. Das Vorhandensein dieser unvollendeten Passage hat die Archäologen zu dem Glauben veranlaßt, daß, wenn der Originalbauplan ausgeführt worden wäre, sich über der ersten Kammer eine zweite befunden hätte, die durch den Gang in Verbindung miteinander gestanden hätten. Als Herodot etwa um die Mitte des fünften Jahrhunderts vor Chr. Ägypten besuchte, wurde ihm erzählt, daß sich unter der Pyramide auf einer Art Insel Gewölbekonstruktionen befänden, die von Wasser umgeben wären, das durch einen Kanal vom Nil hergeleitet war. Auf dieser Insel sei der Körper von Cheops beigesetzt. Bis heute ist von all diesen Dingen keine Spur gefunden worden, und die Archäologen halten es für unwahrscheinlich, daß so etwas jemals existiert hat.

Eine andere, vielleicht ein wenig mehr plausible Theorie bezüglich des Korridors und der unvollendeten Kammer ist, daß sie absichtlich so leer und unbehauen gelassen wurden, um von vornherein eventuell eindringende Räuber glauben zu machen, daß kein reicher Pharao im Innern der Pyramide beigesetzt worden sein kann. Diese Annahme wird in gewisser Weise bestätigt durch das Vorhandensein eines anderen Schachtes, der vom Eingang zu der unvollendeten Kammer etwa 18,3 Meter zu dem absteigenden Korridor hinunterführt. Auch dieser Schacht könnte als eine weitere Irreführung für in Zukunft eindringende Räuber und Plünderer gedacht gewesen sein. Die aber am meisten akzeptierte Theorie ist, daß dieser Schacht nichts anderes war als ein Luftzuführungskanal für die in der unvollendeten Kammer tätigen Arbeiter.

In dem abwärts führenden Korridor befindet sich nach 19 Metern die Öffnung, die zu dem aufsteigenden Teil des Ganges führt, der in bezug auf Breite und Höhe dem absteigenden Teil entspricht. Der aufwärts führende Korridor ist ungefähr 40 Meter lang, und sein Neigungswinkel stimmt, bis auf Bruchteile eines Grades genau, mit dem des abwärts führenden Korridors überein. Wo der aufsteigende und der absteigende Korridor zusammentreffen, befinden sich drei große, granitene, hintereinander angeordnete Blöcke, die offensichtlich den Zugang zum aufsteigenden Teil des Korridors versperren sollten. Möglicherweise haben sich hinter diesen drei Granitblöcken noch eine Menge Kalksteinhindernisse befunden. Arabische Historiker berichten, daß im neunten Jahrhundert vor Chr. auf Befehl des Kalifen Ma'mum (der Sohn Harun al-Rashids, berühmt geworden durch die Märchensammlung *Tausendundeine Nacht)* die Tunnelarbeiter die Richtung ihres Vordringens änderten, als eine große Kalksteinplatte, deren Halterung nicht recht erkennbar war, herunterstürzte. Während dieser Arbeiten in einer neuen Richtung stieß man auf drei große Granitblöcke, hinter denen sich ein Durchgang befand, der mit mehreren Kalksteinblöcken verbarrikadiert war. Ein bemerkenswerter Umstand in bezug auf diese Blöcke war, daß sie in Höhe und Dicke sowohl in das obere als auch das untere Ende des Durchganges genau hineinpaßten.

So groß war das zur Bearbeitung und zum Einbau dieser Granitblöcke erforderliche technische und handwerkliche Geschick der Bauleute, daß die Frage, wie sie das fertigbrachten, immer noch ein ungelöstes Mysterium ist. Nicht weniger mysteriös ist, wo diese riesigen Blöcke vor der Beisetzung des Pharaos gelagert wurden, oder auch, wenn die Sperrblöcke vor der Bestattung schon an Ort und Stelle waren, wie der Körper des Toten trotz der vorhandenen Blockierungen des Eingangskorridors in die Beisetzungskammer hat gebracht werden können. Viele Theorien sind angeboten worden, um diese offenen Fragen zu beantworten, aber alle sind sie zu unglaubwürdig, als daß sie ernsthaft in Betracht gezogen werden könnten. Bis heute sind die Sperrblöcke an ihren Plätzen verblieben, ein stummes Zeugnis ablegend für die Genialität des Architekten der Pyramide.

Ein Raum, der sich am Ende des Durchgangs befindet, der vom höchsten Punkt des aufsteigenden Korridors abzweigt, ist von den Arabern die »Kammer der Königin« genannt worden. Man hat berechnet, daß er exakt im Mittelpunkt zwischen der Nord- und Südwand der Pyramide liegt, direkt unter dem (heute fehlenden) Gipfelstein. In dieser Königinnen-Kammer sind Hinweise erkennbar, die darauf schließen lassen, daß die Arbeiten vor der Fertigstellung eingestellt wurden. Ihre Ausmaße betragen 5,2 x 5,5 Meter, die Decke ist spitz- bzw. giebelförmig zulaufend und hat eine Höhe von über 6 Metern. In der Ostmauer ist eine 1 Meter tiefe, 4,6 Meter hohe und 1,5 Meter breite Nische, die anscheinend dazu bestimmt gewesen ist, eine Statue aufzunehmen, die aber offenbar niemals ihren geplanten Standort erreichte. Von der Königinnen-Kammer gehen zwei blind endende Schächte aus, einer von der Nord-, der andere von der Südseite aus.

Viele Pyramidenforscher glauben, daß diese Schächte einstmals der Ventilation dienten, gleich dem in der unvollendeten Kammer, doch ist die größere Wahrscheinlichkeit die, daß sie ein Teil des Tunnellabyrinths waren, das etwaige Räuber vom Erreichen der Königskammer abhalten sollte. Eine dritte Theorie behauptet, daß diese Schächte astronomischen Zwecken gedient hätten, die bei den Berechnungen während des Baues der Pyramide erforderlich gewesen seien.

Die Fortsetzung des aufsteigenden Korridors ab der 40-Meter-Marke ist in ihrer Form eine der weltberühmt gewordenen architektonischen Glanzleistungen der Pyramidenbauer. Es ist die Große Galerie. Sie ist über 30 Meter lang und fast 9,1 Meter hoch. Beide aus poliertem Kalkstein bestehende Wände erreichen eine Höhe von 2,3 Meter. Am Fußende jeder Mauer geht ein schmaler Laufsteg von 0,5 Meter Höhe und 0,5 Meter Breite die ganze Länge der Galerie entlang. Die beiden Wandstege sind durch einen Übergang von 1 Meter Breite miteinander verbunden. Die Galerie ist mit einer Neigung von 26 Grad konstruiert worden mit der Bestimmung, einen akkumulativen Druck unterhalb der Überdachung zu erzeugen, der bewirkt, daß jeder einzelne Stein gleichzeitig zur Stützung der Seitenmauern dient. Am unteren Ende der großen Galerie findet sich jetzt eine Öffnung, die durch Entfernung der Steine entstanden ist, die früher den Fußboden der Passage mit dem aufsteigenden Korridor verbanden und auch die Mündung des horizontalen Ganges bedeckten, der zur Königin-Kammer führt. Beim Entfernen des untersten Steines in der Öffnung wurde ein Schacht entdeckt, der bis zur Westmauer des absteigenden Korridors hinabführt. Hinter einem sich 0,9 Meter vom Boden erhebenden Stein, der sich am oberen Ende der großen Galerie befindet, ist der Zugang zu einem engen, niedrigen Durchgang, der weniger als 1,2 x 1,2 Meter im Lichten mißt und zu der Königskammer führt. Nach etwa einem Drittel der Strecke erweitert sich dieser mit poliertem Kalkstein verkleidete Gang zu einer Art Vorzimmer aus poliertem roten Granit.

Der Durchgang setzt sich dann fort, wieder in seiner ursprünglichen Weise von 1,2 x 1,2 Meter, in Gestalt eines Ganges zur Königskammer.

Diese Königskammer ist ganz aus polierten roten Granitblöcken gebaut, ist 5,2 x 10,4 Meter groß und 5,8 Meter hoch. In den Nord- und Südmauern sind Schächte, die denen in der Königinkammer und der unvollendeten Kammer gleichen. Diese Schächte haben früher offenbar den gesamten Kernbau durchzogen und die äußere Pyramidenoberfläche erreicht. Nahe der Westwand steht ein deckelloser, rechteckiger Sarkophag aus Granit. Die Ägyptologen bestehen mit Nachdruck darauf, daß dieser Sarkophag dereinst den Körper des Pharao enthielt, der wahrscheinlich noch in einem zweiten, aus Holz bestehenden inneren Sarg lag. Das mysteriöse an diesem Sarkophag ist, daß seine Breite um 2,45 cm größer ist als die Weite des zur Kammer führenden aufsteigenden Korridors. Weil er logischerweise nicht durch diesen Korridor transportiert worden sein kann, haben die Archäologen gefolgert, daß der Sarkophag schon während des Bauens der Kammer an seinen jetzigen Platz gebracht worden sein muß.

Es hat sich gezeigt, daß die flache Decke der Königskammer architektonisch gesehen nicht exakt parallel ist. Diese Decke, aus neun Kalksteinplatten zusammengesetzt, hat schätzungsweise ein Totalgewicht von 400 Tonnen. Drei weitere Deckensteine, ganz exakt bearbeitet, sind von den anderen abgeteilt. Der fünfte und letzte Abdeckungsstein läuft spitz zu. Man hat sich gedacht, daß der Zweck dieser besonderen Deckenkonstruktion der gewesen ist, die Gefahr auszuschließen, daß die Decke der Kammer unter dem Gewicht der sie umgebenden gewaltigen Steinmassen oder durch elementare Naturkräfte zusammenbricht. Man ist zu dieser Schlußfolgerung gekommen, weil jede einzelne der massiven Granitplatten in der Decke einschließlich der zur Entlastung bestimmten abgeteilten Platten geborsten ist, wahrscheinlich infolge eines Erdbebens. Aber direkt zusammengebrochen ist nichts.

Man glaubt, daß die Große Pyramide zuerst von Eindringlingen und Plünderern während der Anfangszeit der ersten Zwischenperiode, etwa im Verlauf der siebenten Dynastie, heimgesucht worden ist. Aber auch noch andere Beraubungs- und Zerstörungsversuche sind erfolgt; und jedes Mal wurde die Große Pyramide wieder instand gesetzt und der Eingang verborgen bzw. getarnt. Diese Sicherungsmaßnahmen waren die Ursache, daß die Archäologen Jahrhunderte später beim Eindringen in die Pyramide so große Schwierigkeiten hatten.

Die zweite Pyramide von Giseh ist die nach dem König Chephren benannte (der bei den Ägyptern Khaef-Re hieß). Diese Chephren-Pyramide erscheint in der Tat etwas größer als die Cheopspyramide, was ganz einfach daran liegt, daß sie auf einem etwas höher liegenden Gelände steht. Zur Zeit ihrer Erbauung war die Grundfläche nahezu 216 x 216 Meter groß, die Höhe betrug 144 Meter. Heute betragen diese Abmessungen kaum mehr als 210 x 210 Meter und 137 Meter Höhe.

Der andere Grund, der beim Beschauer die Illusion einer größeren Höhe erweckt, ist der, daß bei der Chephrenpyramide, obwohl ihre Grundfläche kleiner ist als die der Cheopspyramide, der Neigungswinkel der Außenwände etwas steiler ist, nämlich 52°20'. Dadurch erreicht das ganze Bauwerk eine Höhe, die nur 3 Meter geringer ist als die der Großen Pyramide.

Das Äußere der Chephrenpyramide ist in mancherlei Hinsicht bemerkenswert und einzigartig. Ihre äußere Abdeckung besteht aus zwei verschiedenen Arten von Steinen, und das meiste davon ist heute noch intakt. Diese guterhaltenen Teile liegen nahe dem Gipfel der Pyramide und sind aus Tura-Kalkstein, während der Belag an der Basis aus rotem Granit besteht.

Überraschenderweise existieren an der Nordseite der Pyramide zwei Zugänge zum Unterbau. Einer befindet sich in der Nordwand, der andere unmittelbar darunter über dem Grundgemäuer der Pyramide. Beide von diesen zwei Eingängen ausgehenden Korridore führen mit dem gleichen Neigungswinkel abwärts. Der obere Korridor, der mit rotem Granit ausgelegt ist, läuft eben aus und führt in einen Raum, der 14,2 Meter lang, 5 Meter breit und 6,9 Meter hoch ist. Interessanterweise ist dieser Raum mit seiner kürzesten Seite direkt nord-südlich ausgerichtet. Dieser ganze Raum, mit Ausnahme der Decke, ist aus dem gewachsenen Fels unterhalb der Pyramide herausgehauen. Die Decke dieser Kammer, die ein Teil der eigentlichen Pyramidenstruktur ist, ist giebelförmig aus Kalksteinplatten zusammengesetzt, und zwar in dem gleichen Winkel wie die äußeren Pyramidenwände. Anzeichen dafür, daß versucht worden ist, Lüftungsschächte ähnlich denen der Cheopspyramide anzulegen, sind erkennbar, doch wurden diese Arbeiten nicht durchgeführt. Nahe der Westseite der Kammer befindet sich ein prachtvoll polierter, rechteckiger Sarkophag aus Granit, der bis zu seinem Deckel in den Boden eingelassen ist. Als diese Kammer 1818 das erste Mal von Archäologen betreten wurde, war der Sarkophag ohne Deckel. Man fand letzteren an einer anderen Stelle in zwei Stücke zerbrochen. Selbstverständlich wurde keine Mumie vorgefunden. Der untere Korridor läuft nach einer absteigenden Strecke, genau wie der obere, eben aus, macht aber dann einen Knick nach oben und endet im Boden des horizontalen Teils der oberen Kammer. Das horizontale Stück des unteren Korridors enthält eine Eingangsrampe in Richtung Westseite, die zu einer Kammer führt, die nur 10,4 x 3,1 x 2,4 Meter Rauminhalt hat. Man vermutet, daß dieser Raum ursprünglich dafür bestimmt gewesen ist, als Beisetzungskammer zu dienen, daß man sich aber aus irgendwelchen Gründen entschloß, den größeren Raum für die Unterbringung des Sarkophages zu benutzen.

Die dritte Pyramide der Giseh-Gruppe wird dem Pharao Mykerinos zugeschrieben. Es existieren allerdings keinerlei glaubwürdige und verläßliche Unterlagen, die geeignet wären, Licht auf das Leben und den Charakter dieses Mykerinos zu werfen. Das einzige Bauwerk innerhalb des ganzen Pyramidenkomplexes des Mykerinos, das als nahezu vollständig bezeichnet werden kann, ist die Pyramide selbst; alle Nebengebäude befinden sich in unterschiedlichen Stadien der Vollendung. Die Mykerinos-Pyramide bedeckt weniger als ein Viertel der Grundfläche der Cheopspyramide und hatte ursprünglich eine Höhe von 66,5 Meter. Heute ist sie nur noch 62,2 Meter hoch.

Wie die Chephren-Pyramide hat auch die des Mykerinos in ihrem obersten Teil eine aus Tura-Kalkstein bestehende Abdeckung, während das untere Stück eine Verschalung aus rotem Granit hat. Das Innere dieser Pyramide ist in bezug auf seine Anlage nicht sonderlich bemerkenswert; es ist in mancher Hinsicht dem der Großen Pyramide ähnlich. Es gibt Beweise für die Existenz eines Korridors, der ursprünglich als Haupteingang gedacht gewesen sein dürfte, dessen Ausbau aber nie zu Ende geführt wurde. Statt dessen wurde ein zweiter, tiefer gelegener Korridor angelegt. Man hält es für möglich, daß der blind auslaufende Korridor vielleicht dazu bestimmt gewesen ist, zu einer anderen Kammer zu führen, deren Ausbau aber gar nicht erst begonnen wurde, weil der Pharao Mykerinos vorzeitig starb.

Der Eingangskorridor führt in einen Vorraum, der sich in Gestalt eines großen rechteckigen Raumes fortsetzt, dessen Längsachse ost-westlich ausgerichtet ist. Am Ende dieses Raumes befindet sich eine Kammer, die vermutlich für die Aufnahme des Körpers des Pharao bestimmt war. Sie besteht vollständig aus Granit – ihre Mauern, der Boden und das giebelförmig zulaufende Dach. Die Unterseite der Decke ist abgerundet, um dem Ganzen das Aussehen einer Art von Tonnengewölbe zu geben. Der britische Oberst Howard Vyse war der erste, der die Mykerinos-Pyramide während seiner Ausgrabungen 1837/38 öffnete. Er fand einen noch versiegelten, rechteckigen, dekorativ getäfelten und mit Steinmetzarbeiten verzierten Basaltsarkophag, ferner einige menschliche Knochen sowie einen hölzernen Sargdeckel, auf dem der Name Mykerinos geschrieben stand. Oberst Vyse entschloß sich, den augenscheinlich niemals vorher geöffneten Sarkophag in diesem Zustand nach England zu transportieren. Unglücklicherweise strandete das Schiff an der spanischen Küste – der Sarkophag war verloren.

Dieser Schiffsuntergang war der Anlaß zu der Geschichte vom sogenannten »Fluch der Pharaonen« und den »magisch geschützten Mumien«, die von Zeit zu Zeit immer wieder einmal die Runde durch die Zeitungen und Massenmedien macht. Es liegt keinerlei Hinweis darauf vor, ob der Sarkophag leer war oder nicht. Es war sehr schwierig, die Besitzer der vielen Neben- und Kleinpyramiden herauszufinden, die sich in der nahen Umgebung der drei Hauptpyramiden befinden. Man vermutet, daß die Erbauer dieselben waren, die ursprünglich auch die großen Pyramiden errichteten. Die Schwierigkeit liegt auch in der Tatsache begründet, daß sich viele Würdenträger, nachdem die Pyramidenkomplexe gebaut waren, unter den vorhandenen Gewölben, in den Kammern und Kleinpyramiden nach ihrem Tode beisetzen ließen, entweder direkt innerhalb des Pyramidenkomplexes oder dicht daneben, damit sie des Segens teilhaftig wurden, den sie sich durch die Nähe ihrer Idole erhofften. Vielleicht glaubten sie auch, dadurch im Jenseits wieder mit ihren verehrten Pharaonen vereinigt zu werden.

Man hält es für möglich, daß während der Lebenszeit Chephrens die Sphinx aus einem Monolithen herausgehauen worden ist, den die Erbauer der Großen Pyramide nicht mehr verwenden konnten, der als Rest übriggeblieben war. Die Sphinx ist – und darin stimmen die meisten Autoritäten überein – ein liegender Löwe mit menschlichem Kopf. Im Zustand der Vollendung hatte er wahrscheinlich einen Bewurf oder Verputz und war mit den königlichen Farben bemalt. Das Symbol der Königswürde ist zum Ausdruck gebracht durch den Bart am Kinn, die Kobraschlange auf der Stirn und die königliche Haartracht. Allein die Breite des Gesichts beträgt maximal 4,3 Meter. Diese Kolossalfigur ist im ganzen über 20 Meter hoch und mehr als 73 Meter lang; ihr Gewicht wird auf Tausende von Tonnen geschätzt.

Obgleich sich die Figur jetzt in einem sehr verfallenen Zustand befindet, nimmt man an, daß das menschliche Antlitz ursprünglich das des Pharaos Chephren darstellen sollte oder daß es während dessen Regierungszeit so verändert wurde, daß es dem seinigen möglichst ähnelte.

Der Traum von Tuthmosis IV. aus der 18. Dynastie ist für die Nachwelt auf einem Stein aus rotem Granit festgehalten, der oben zwischen den Tatzen der Sphinx angebracht ist. Diese Inschrift ist entziffert worden. Aus ihr geht hervor, daß eines Tages, als Tuthmosis noch Prinz war, er sich auf einem Jagdausflug entschloß, bei der Sphinx eine Ruhepause einzulegen. Er fiel in ihrem Schatten in Schlaf und hatte einen Traum, in dem ihm die Sphinx, die zu dieser Zeit als eine Darstellung des Sonnengottes Harmachis betrachtet wurde, versprach, ihn mit der Doppelkrone von Ägypten zu belohnen, wenn er den Sand rings um die Figur wegschaffen ließ und der Sphinx wieder ihr ursprüngliches majestätisches Aussehen zurückgab. Der Rest der Inschrift ist derart verwaschen und unleserlich, daß daraus nicht zu ersehen ist, inwieweit das Versprechen erfüllt worden ist. Höchstwahrscheinlich ist es aber erfüllt worden, denn unter Tuthmosis IV. ist die Sphinx tatsächlich restauriert worden.

In der Mythologie der Ägypter hat der Löwe als Bewacher geheiligter Plätze immer eine Rolle gespielt. Das könnte zurückgehen bis auf die Priester von Heliopolis, in deren Glaubensvorstellungen, einem Sonnenkult, der Löwe die Aufgabe hatte, die Tore zur Unterwelt zu bewachen. Der Löwe, der von der Sphinx symbolisiert wird, hat auch hier die Funktion eines Wächters, denn sein menschliches Antlitz wurde als das einer früheren Sonnengottheit, bekannt als Atum, angesehen. Als das Gesicht der Sphinx umgestaltet wurde, um es dem des Pharaos Chephren anzugleichen, ist es wahrscheinlich, daß dieser Pharao mit dem Sonnengott identifiziert wurde und die ihn darstellende Sphinx die Aufgabe hatte, in seiner göttlichen Eigenschaft die Giseh-Pyramiden zu bewachen und zu schützen.

Es gibt einige Fachleute, die glauben, daß Tunnel oder Korridore existieren, zu denen irgendwo von der Sphinx aus ein geheimer Zugang vorhanden ist, der die drei Hauptpyramiden und deren verborgene echte Bestattungskammern verbindet. Aber es ist kein geheimer Eingang bzw. Korridor gefunden worden, und die allgemein akzeptierte Ansicht ist, daß so etwas gar nicht existiert.

Riesige Pyramiden, fehlende Mumien, fast nichts an Schmuck- oder Einrichtungsstücken (nur ein paar unbedeutende, wahrscheinlich von Grabräubern zurückgelassene Sachen), nicht vorhandene Gipfelsteine, leere Sarkophage, unerklärbare, bewunderungswürdige technische Leistungen — das sind die Fakten bzw. Anhaltspunkte, denen man sich seit mehr als fünfhundert Jahren gegenübersieht und die man als das erstaunlichste Mysterium aller Zeiten bezeichnen kann. Und, um die Sache noch rätselhafter zu machen: Wie aus den auf uns überkommenen Berichten aus der Periode des Alten Reiches hervorgeht, haben schon die Menschen der aufeinander folgenden ägyptischen Dynastien vor denselben Mysterien gestanden wie wir heute.

Im nächsten Kapitel werden wir uns die Theorien vornehmen, die uns von den modernen Ägyptologen in bezug auf den Zweck und die Bauweise der Pyramiden vorgelegt werden.

Abb. 9: Skizze des Pyramidenkomplexes von Giseh

6.

Vom Fundament bis zum Schlußstein:
Wie und warum wurden die Pyramiden gebaut?

Vorhandene Berichte und Dokumente werfen nur wenig Licht auf die Lebens- und Verhaltensweisen, auf die Sitten und Gebräuche der Pharaonen des Alten Königreiches, und so gut wie nichts ist über die Methoden bekannt, nach denen die Pyramiden und die in ihrem Bereich liegenden Nebengebäude während der Pyramidenbauperiode errichtet wurden. Die Ägyptologen können eigentlich nur gelehrte Vermutungen über die Baumethoden und die Absichten der Pyramidenbauer anstellen. Gründliche Untersuchungen jedes Bauwerks und der noch vorgefundenen Werkzeuge und Geräte in Verbindung mit deren Anwendungsmöglichkeiten und dem gegenwärtigen Erfahrungswissen bezüglich des Maurerhandwerks haben die Archäologen veranlaßt, allerlei Theorien über die Pyramiden und ihre Konstruktions- und Baumethoden zu entwickeln. Leider werden heutzutage diese Theorien als Tatsachen akzeptiert, obwohl es keinerlei sicheren, unwiderlegbaren Beweis dafür gibt, daß die aus der Periode des Alten Reiches stammenden und zum Teil noch älteren Bauten wirklich in der Art und Weise errichtet worden sind, wie es die Ägyptologen behaupten.

Die meisten Pyramiden sind am Westufer des Nils auf etwas erhöht liegendem Gelände gebaut worden, so daß alle bebauten Komplexe beim Ansteigen des Nilwassers nicht überflutet werden konnten, dennoch aber so nahe dem Ufer lagen, daß die Arbeiter es rasch zu erreichen vermochten und die auf dem Wasserweg aus den Steinbrüchen herangeschafften Felsblöcke in Empfang nehmen konnten. In Zeiten des

Nilhochwassers sind die Pyramiden von Dahshur rund 1,6 Kilometer vom Stromufer entfernt, die Giseh-Pyramiden sogar nur 400 Meter; die Pyramide von Meidum liegt noch näher am Flußufer.

Ein anderer Grund, der offenbar für die Wahl des Nil-Westufers als Bauplatz eine maßgebende Rolle gespielt haben dürfte, ist wohl der, daß die natürlichen Felsformationen unter den Baustellen unbedingt fest und ohne Verwerfungen sein mußten, weil sonst die Gefahr bestanden hätte, daß der ganze Komplex in sich zusammenstürzte, möglicherweise schon während der Bauarbeiten. Die alten Ägypter müssen zu ihrer Zeit die besten Geologen der Welt gewesen sein, noch besser als die unsrigen heute, wenn sie zu der Feststellung in der Lage waren, daß das Westufer des Nils das geeignete Gelände für die Errichtung der Pyramidenkomplexe war. Das Maß an technischem Wissen und Können, das erforderlich war, um die unterirdischen Felsstrukturen des riesigen Geländes richtig beurteilen zu können, ist immens gewesen und verlangte phantastisch gute Kenntnisse auf vielen Gebieten, nicht nur in bezug auf die Beurteilung geologischer Gegebenheiten.

Es gibt Ägyptologen, die der Ansicht sind, daß die alten Ägypter die Pyramidenkomplexe deshalb am Westufer des Nils errichteten, weil sie wünschten, dem Sonnenuntergang so nahe wie möglich zu sein. Da aber für sie der Sonnenuntergang das Sterben symbolisierte, erscheint uns diese Idee ziemlich weit hergeholt. Wenn sie die Positionen für ihre Pyramiden nach symbolischen Gesichtspunkten gewählt hätten, wäre es für sie sinnvoller gewesen, sie am Ostufer des Nils zu bauen (das die Geburt symbolisiert), wodurch die Pharaonen ihrer Wiedergeburt näher und auch das Volk der Geburt oder Wiedergeburt seiner Götter näher gewesen wäre. Wir können nur den Schluß ziehen, daß die alten Ägypter die Standorte für die Pyramiden nicht nach symbolischen

Gesichtspunkten wählten, sondern aus rein praktischen Erwägungen. Nachdem die Baustelle festgelegt worden war, hatten die Bauleiter dafür zu sorgen, daß viele Tausende Quadratmeter Gelände von Sand und Steinen, die das solide Felsfundament bedeckten, freigemacht wurden. Der Felsgrund mußte sodann geebnet und geglättet werden. Die Nivellierung des Baugeländes war so genau, daß die Große Pyramide weniger als 1,3 cm von der Waagerechten abweicht. Eine Ungenauigkeit von 1,3 cm ist bei 233 Metern Länge völlig unbedeutend. Eine derart geringfügige Abweichung von der exakten Waagerechten findet sich auch bei den meisten heute errichteten Gebäuden.

Man glaubt, daß der Bauplatz durch die Handarbeit Hunderter, ja Tausender von Leuten vorbereitet wurde und daß die Nivellierung bewerkstelligt wurde, indem man Gräben oder Rinnen in den Felsgrund schlug, diese mit Wasser füllte und durch dessen Aufstauung die genaue Waagerechte ermittelte. Der Fels wurde sodann so weit abgetragen, bis seine Oberfläche mit dem Wasserspiegel übereinstimmte. Dann wurde das Wasser aus den Gräben abgelassen und diese mit solidem Steinmaterial gefüllt. Der nächste Schritt war, die Fläche so genau zu vermessen, daß die Pyramidenbasis ein perfektes Quadrat bildete und daß jede Seite exakt nach den Himmelsrichtungen orientiert war. Um das Fundament der Nord-Süd- oder der Ost-West-Achse anzupassen, genügte es, daß die Architekten und Baumeister die Lage einer Seite festlegten; daraus ergaben sich dann automatisch die drei anderen Seiten. Einige Aspekte dieser Ausrichtungsmaßnahmen stützen sich lediglich auf Vermutungen, denn es ist nicht das Geringste an irgendwelchen Instrumenten aus der Zeit der Erbauung gefunden worden, das derartigen Zwecken hätte dienen können. Sogar der Kompaß scheint damals unbekannt gewesen zu sein.

Wie es scheint, überstiegen die Kenntnisse der alten Ägypter in bezug auf Astronomie das, was die Angehörigen der modernen Zivilisationen praktisch zu leisten fähig sind. Die Astronomen unserer Tage sind in ziemlicher Verlegenheit, wenn man von ihnen eine Erklärung der Methoden und Praktiken verlangt, die die Alten benutzten, um ihre astronomischen Feststellungen und Leitlinien zu finden. Es kann lediglich vermutet werden, daß die Erbauer über das Dreiecklineal und über das Maurerlot verfügten. Diese zwei Instrumente sind Voraussetzung dafür, daß überhaupt Gebäude errichtet werden können, deren Ecken rechtwinklig sind und deren Wände senkrecht sind oder den Neigungswinkel haben, den man wünscht.

Während die Vorbereitungen für die Errichtung der Pyramide vor sich gingen, wurde in den Steinbrüchen von Tura, das am Ostufer des Nils in den Muqattam-Bergen liegt, daran gearbeitet, die für die Pyramiden erforderlichen Kalksteinblöcke herauszuhauen. Weiter nilaufwärts, nahe Assuan, lagen die Steinbrüche, die die für die Pyramiden benötigten Granitblöcke lieferten. Die Methode, wie diese gewaltigen Steinblöcke aus dem Fels herausgehauen worden sind, kann von den Archäologen ausschließlich von einigen der Werkzeuge abgeleitet bzw. vermutet werden, die von ihnen entdeckt wurden. Diese ägyptischen Archäologen behaupten, daß die Steinbrucharbeiter die riesigen Blöcke aus in den massiven Fels geschlagenen Tunneln herausmeißelten, Spaltkeile benutzten, gruben und hackten, sodann die Blöcke zurechthauten, polierten und schließlich zu nahezu perfekten Quadern formten. Dies alles sei, so sagen sie, unter Benutzung kupferner Werkzeuge geschehen, die von geschickten Schmieden gehärtet worden waren und mit denen die verlangte außerordentliche Genauigkeit der Blöcke erreicht wurde. Von diesen so gut gehärteten Werkzeugen ist aber niemals etwas gefunden worden. Anscheinend ist es auch für jeden Schmied unserer Zeit unmöglich, Kupferwerkzeuge in einem Maße zu härten und zu schleifen, daß es damit möglich wäre, hartes Felsgestein zu bearbeiten oder zu schneiden. Diese Annahme der Archäologern ist nur unter größtem Vorbehalt zu akzeptieren angesichts der Tatsache, daß es selbst heute noch schwierig ist, die Schärfe der feinsten und kostspieligsten Spezialschneidwerkzeuge nach ihrer Herstellung und Verwendung zu erhalten, auch wenn sie nur dazu bestimmt sind, viel weniger harte Dinge als Steine zu schneiden. Selbst die für die Ölbohrungen hergestellten Spezialbohrer aus qualitativ besten und dauerhaftesten Legierungen haben nur eine beschränkte Lebensdauer und müssen durch häufiges Nachschärfen gebrauchsfähig gehalten werden.

Nachdem nun die Blöcke heraus- und zurechtgehauen worden waren, bestand das nächste Erfordernis darin, sie zur Baustelle zu transportieren. Die in dem einen Steinbruch tätigen Arbeiter mußten die Blöcke per Schiff stromaufwärts transportieren, während die anderen es in dieser Beziehung etwas leichter hatten, da sie die Felsquadern stromabwärts zu bewegen hatten. Diese Schiffstransporte waren, wie die Experten behaupten, nur in Zeiten des Nilhochwassers möglich, da nur dann die Ladungen nahe genug an die Baustelle herangebracht werden konnten. Dieser Umstand muß aber die Schiffer vor ein weiteres schwieriges Problem gestellt haben, denn schließlich hat jeder Hochwasser führende Fluß naturgemäß eine reißende Strömung, so daß es praktisch ausgeschlossen erscheint, auf ihm zu navigieren.

Ein weiteres gewaltiges Problem, dem sich die für den Schiffstransport Zuständigen gegenübersahen, muß die Beschaffung und den Einsatz der Boote oder Lastkähne betroffen haben, die diese großen Gewichte über Wasser zu halten vermochten, denn schließlich wogen die Steinquadern durchschnittlich zweieinhalb Tonnen, die für einige Nebengebäude erforderlichen sogar über zweihundert Tonnen. Die Transportschiffe müssen deshalb außerordentlich groß gewesen sein, um solche Lasten überhaupt aufnehmen zu können. Doch von diesen Transportschiffen ist nichts jemals gefunden worden, noch existiert darüber irgendein Bericht oder eine Überlieferung mündlicher oder schriftlicher Art.

Die Schiffer standen vor der Aufgabe, die Lastkähne sowohl zu beladen als auch zu entladen. Man kann sich vorstellen, welche umfangreichen Vorrichtungen und Gerätschaften diesen Leuten zur Verfügung gestanden haben müssen, um sie zu befähigen, monumentale Blöcke von 200 Tonnen Gewicht zu bewegen, zu heben und sie so perfekt auf den Schiffen zu verstauen, daß diese nicht kenterten. Dann wiederholte sich das Ganze beim Entladen der riesigen Steinblöcke am Zielort, an der Baustelle. Die Nilufer waren während der Zeit der Überschwemmungen infolge der sich ständig verändernden Sandbänke sehr unzuverlässig und voller heimtückischer Unberechenbarkeiten. Selbst wenn es gelungen war, die Lastkähne nahe an den Bauplatz heranzubringen, sind sicherlich lange kranähnliche Vorrichtungen erforderlich gewesen, um die 200-Tonnen-Blöcke anzuheben und vom Schiff herunterzubringen und dann auf den vollgepackten Sandflächen zu lagern. Die Anlege- und Entladestellen dürften eine ganze Strecke vom eigentlichen Lagerplatz entfernt gewesen sein. Dies setzt die Annahme voraus, daß sehr fester Sand mit einer massiven Steinunterlage vorhanden gewesen sein muß, der imstande war, sowohl die viele Tonnen schweren Blöcke als auch die Kräne und sonstigen Hilfsvorrichtungen zu tragen, die für die Entladung und den Transport der Blöcke zum Lagerplatz nötig waren. Die technischen Fertigkeiten der daran beteiligten Ägypter in bezug auf den Transport und die Be- und Entladung der Riesenblöcke ist durchaus vergleichbar mit unseren modernen technischen Spezialeinrichtungen. Dies zeigte sich in den sechziger Jahren unseres Jahrhunderts, als der Assuanstaudamm seiner Fertigstellung entgegenging. Die vereinigten Anstrengungen vieler

Ingenieure aus aller Welt unter Verwendung ausgeklügelter Vorrichtungen waren erforderlich, um so viele Tempel, Paläste und Statuen wie möglich vor der Überflutung durch das Wasser des Stausees zu bewahren und diese kolossalen Meisterwerke der Nachwelt zu erhalten. Doch selbst unter Zuhilfenahme der modernsten technischen Ausrüstungen und unter Aufwendung alles Wissens und Könnens der besten und geschicktesten Ingenieure und Bausachverständigen war es unmöglich, viele der Monolithen zu bewegen, geschweige denn zu heben. Die Riesenblöcke mußten in kleinere Stücke zerteilt werden, damit sie abtransportiert und an anderer Stelle wieder zu dem ursprünglichen Gebilde zusammengesetzt werden konnten. Und weil die Fachleute unserer Tage nicht anders konnten, als die Steinblöcke zu zerschneiden, die von den alten Ägyptern offensichtlich als Ganzes transportiert und eingebaut worden waren, konnte nur ein sehr kleiner Teil der eigentlich erhaltungswürdigen Bauwerke vor der Überflutung durch das Stauwasser der Assuantalsperre gerettet werden.

Genauso schwierig, wie für die Schiffer die Verladung und der Transport der Blöcke auf dem Wasserweg gewesen ist, ja noch problematischer und mühseliger muß die Bewältigung der Aufgabe gewesen sein, die riesigen Steine über Land zu bewegen, auf einem Boden, der alles andere als fest war. Es ist möglich, daß dazu Räderfahrzeuge benutzt wurden. Auf einem Bild, das in der Grabstelle von Kaemheset in Sakkara gefunden wurde, ist eine Art mit Rädern versehenes Leiterfahrzeug dargestellt. Dieses Bild reicht aber nicht aus, um die Theorie von der Benutzung von Räderwagen zu beweisen.

Bilder und Gravuren an den Wänden von Gräbern aus der 18. Dynastie zeigen Arbeiter, die dabei sind, Statuen und schwere Steinblöcke auf Transportschlitten mit langen Seilen auf einer hölzernen Rollbahn oder Rampe zu ziehen oder zu schieben. Es wird vermutet, daß die Arbeiter, um die Reibung zu vermindern, Wasser oder Öl unter die Schlitten gossen. Diese Art von Erklärung, wie die Blöcke dereinst transportiert worden sind, wirft jedoch mehr neue Fragen auf, als sie zu beantworten vermag. Fest steht, daß Bau- und Nutzholz zu den Zeiten der Pyramidenerbauung sehr rar war. Alles, was an Holz zur Verfügung stand, waren die Stämme von Palmen, und die Ägypter, für die damals die Palmen wichtige Nahrungslieferanten waren, dürften kaum bereit gewesen sein, diese zu fällen, um aus den Stämmen Straßenbeläge zu machen. Und wenn die erforderlichen Balken und Bretter von weither herangeholt worden sind oder aus anderen Ländern importiert wurden – es gibt keinerlei Oberlieferungen oder Unterlagen, aus denen hervorginge, daß derartige Importe stattfanden; erst mehr als tausend Jahre nach Abschluß der Pyramidenbauperiode scheint es der Fall gewesen zu sein: Was für eine Art von Holz war es und von wo wurde es herangeholt? Ein weiterer dunkler Punkt bzw. Trugschluß bei dieser Holzbahn-Theorie ist folgender: Wenn der lockere, sandige Untergrund mit Holz belegt worden ist, um dadurch eine einigermaßen ebene und glatte Transportfläche für die Felsblöcke zu schaffen, dürfte es nötig gewesen sein, diesen Holzbelag häufig zu erneuern oder zu reparieren, denn der gewaltige Druck der gewichtigen Monolithen, die ständig über diese Holzrollbahn gefahren oder geschoben wurden, muß die einzelnen Stämme und Balken wahrscheinlich schon bald zersplittert und zerbrochen haben. Diese Reparatur- und Erneuerungsarbeiten dürften außerordentlich zeitraubend und kostspielig gewesen sein.

Die vorstehend aufgeworfenen Fragen, wie die Blöcke gebrochen, zurechtgehauen, transportiert und wie das Gelände planiert wurden, sind jedoch nur von zweitrangiger Bedeutung angesichts des Mysteriums, das heute die heftigsten Kontroversen unter den Ägyptologen auslöst: Wie sind die Erbauer fähig gewesen, die inneren und äußeren regelmäßigen Formen der Pyramiden zu planen und beim Bau konsequent beizubehalten? Viele die Konstruktion der Großen Pyramide betreffenden Theorien sind aufgestellt worden, doch kein Beweis für die Richtigkeit der einen oder anderen hat sich im Laufe der archäologischen Forschungen und Ausgrabungen finden lassen.

So groß sind die Gegensätze in bezug auf diese Frage, daß sich 1970 die Redaktion der Zeitschrift des amerikanischen Museums für Naturgeschichte entschloß, in der November- und Dezemberausgabe Raum zu geben für eine Debatte zwischen verschiedenen Ägyptologen über mögliche Konstruktionsmethoden, die beim Bau der Großen Pyramide benutzt worden sein können.

Einer dieser Ägyptologen, Olaf Tellefsen, behauptet, daß die alten Ägypter zum Bau der Großen Pyramide weder Rampen noch Schlitten benutzten und daß nicht mehr als 3000 Bauarbeiter nötig gewesen seien, um die Pyramide fertigzustellen. Ingenieur Tellefsen gründet sein Argument auf die Beobachtung von drei Männern, die große Steine an das Nilufer transportierten. Die Leute benutzten dazu ein ganz primitives technisches Hilfsmittel, einen langen Hebelarm. Dieser Arm war ungefähr 5,6 Meter lang und auf einem ca. 1,9 Meter hohen Stütz- oder Angelpunkt gelagert. Am Ende des längeren Armstückes war eine Plattform angebracht, auf die so viele Felsstücke als Gegengewicht gelegt wurden, bis ihr Gewicht den schätzungsweise zwei Tonnen schweren zu transportierenden Block etwas anzuheben oder zu kippen vermochte. Dann war es für die Männer nicht mehr schwierig, durch Einsatz ihrer eigenen Körperkraft den Steinblock so zu bewegen, daß er in die gewünschte Lage über die vorbereiteten Rollwalzen zu liegen kam. Die als Gegengewicht dienenden kleineren Steine wurden dann nach und nach weggenommen, bis sich der große Block auf die Walzen senkte. War es soweit, begannen zwei der Männer, den Block mit Hilfe hölzerner Hebelstangen vorwärtszuschieben, während der dritte die Rollen auswechselte. Tellefsen zog den Schluß, daß er Augenzeuge eines technischen Verfahrens geworden war, das die drei Männer von ihren Vorfahren aus ferner Vergangenheit sozusagen ererbt hatten. Er stellte sich bildhaft vor, wie auf diese ganz einfache Weise ganze Pyramidenkomplexe mittels dieses Hebelarmprinzips gebaut worden sind. Es fiel ihm auch nicht schwer, sich vorzustellen, daß dieses Hebelarmprinzip so abgewandelt worden war, daß die Bauleute imstande gewesen sind, die Steinquadern nicht nur vertikal, sondern auch seitlich zu bewegen. Tellefsen ging bei seinen Ausführungen nicht auf das Heraushauen der Blöcke in den Steinbrüchen ein, nicht auf deren Bearbeitung und ihren Transport; ebensowenig stellte er Überlegungen an über die Länge der Zeit, die die alten Ägypter gebraucht haben müßten, wenn sie die Pyramide nach dem beschriebenen Prinzip errichtet hätten. Er versucht ganz einfach, aufgrund einer eigenen Beobachtung eine Erklärung dafür zu finden, wie dereinst der Bauprozeß vor sich gegangen sein könnte. Er behauptet ferner, daß die von Herodot hinterlassene Beschreibung, wie die Ägypter die Große Pyramide bauten, sich nur auf den Transport und die Anbringung der äußeren Abdeckungssteine bezogen hätten, nicht auf das übrige Bauwerk.

Kent Weeks und I. E. S. Edwards, zwei bekannte Ägyptologen, lehnen Olaf Tellefsens Theorie strikt ab und halten an der Rampen- und Schlittenmethode fest. Nach Weeks gibt es ernstzunehmende Gründe, die Theorie von der Benutzung von Rampen und Transportschlitten beim Pyramidenbau zu bevorzugen. Er stützt seine Behauptung auf die Grabmalereien aus der Zeit der 18. Dynastie, auf denen zu sehen ist, wie mittels einer Rampe die Aufrichtung von Säulen in einem Tempelhof bewerkstelligt wurde. Ferner beruft er sich auf die Entdeckung von Resten solcher Rampen an verschiedenen Grabstellen, auch in Giseh selbst. Diese Rampen, von denen einige auch in der Nähe der Pyramiden gefunden wurden, hatten eine Schräge von ungefähr 15 Grad, was Weeks »einen durchaus praktisch brauchbaren Winkel, um auf ihm Blöcke hochzuschieben«, nennt. Er zitiert auch einen aus dem Alten Reich stammenden Bericht, in dem erzählt wird, daß dreitausend Mann erforderlich gewesen sind, um einen Sarkophagdeckel vom Steinbruch an das Nilufer zu schaffen. Es wird geschätzt, daß Ägypten während der Periode des Alten Königreiches eine Bevölkerungszahl von etwa 1,5 bis 2 Millionen hatte. Weeks meint, daß die Behauptung Herodots, daß über 400000 Menschen beim Bau der Großen Pyramide beschäftigt gewesen seien, etwas übertrieben ist, denn das würde bedeuten, daß rund ein Drittel der gesamten vorhandenen Bevölkerung direkt mit dem Pyramidenbau zu tun gehabt hat. Weeks glaubt, daß eine Zahl von schätzungsweise 100 000 Arbeitern der Wahrheit näher kommt.

Der konservativste der drei Ägyptologen, I. E. S. Edwards, hält an den Theorien fest, zu denen sich auch die früheren Ägyptologen bekannt haben. Er stellt fest, daß, da diese Theorien sich auf konkrete archäologische Funde stützen, es zwecklos sei, darüber hin und her zu diskutieren, solange nicht neue archäologische Beweise vorgelegt werden können, die zu einer Revision der traditionellen Auffassungsweise in bezug auf die anstehenden Probleme zwängen.

Edwards stellt auch fest, daß es keine Beweise dafür gibt, wie groß die Bevölkerungszahl Ägyptens zur Zeit der Erbauung der Großen Pyramide gewesen ist. Es sind einfach nicht genug Informationen verfügbar, die es erlauben, sich diesbezüglich auch nur in Spekulationen zu ergehen. Er meint auch, daß das Sichbeziehen auf die Schriften Herodots nicht von Bedeutung ist, denn »seine Aussagen haben nicht das gleiche Gewicht wie die von Zeitgenossen der Pyramidenbauperiode stammenden Beweise«.

Es scheint uns, als müßten wir, wenigstens teilweise, Olaf Tellefsens Ansicht zustimmen, daß die Ägyptologen sich etwas zu krampfhaft an die Rampen- und Schlittentheorie klammern. Die Argumente, die sie als Beweise anbieten, sind durchaus strittig und fraglich und zwingen keineswegs zur Annahme der Überzeugung, die sie selbst haben, zumindest nicht so weit, wie diese Leute tatsächlich glauben, nämlich daß die von den alten Ägyptern beim Pyramidenbau benutzte Rampenmethode eine unbestreitbare Tatsache sei. In Wirklichkeit existieren keine Beweise, die irgendeine Behauptung der Ägyptologen stützen können, die sie in Wort und Schrift vorbringen und die sich auf den Bau der Pyramiden in den verschiedenen Dynastien, auf die Pharaonen und ihre Zivilisationen beziehen.

Wir sind zu dem Glauben gelangt, daß alles, was bisher über die Geschichte Altägyptens geschrieben wurde, Theorie ist und sich nicht auf Beweise stützen kann, die direkt aus der betreffenden Periode stammen. Mit anderen Worten: Die Bilder von der Erbauung der Pyramiden und dem Transport von Statuen an den Wänden der aus der 18. Dynastie stammenden Grabkammern sind ebensowenig maßgebend und beweiskräftig für das wirkliche Geschehen in der vierten Dynastie, wie die makellosen Stahlfiguren an den Gebäuden des 20. Jahrhunderts zu den zeitgenössischen Schöpfungen des 12. Jahrhunderts in Beziehung gesetzt werden können. Daß Rampen nahe den Pyramiden entdeckt worden sind, beweist keineswegs, daß sie zum Bau aller am Platz befindlichen Pyramiden benutzt worden sind. Wenn einige der Pyramiden in der 4. Dynastie und andere in der 18. Dynastie gebaut worden sind, ist es sehr gut möglich, daß die Rampen nur beim Bau der Pyramiden der späteren Dynastie gebraucht wurden. Es ist auch möglich, daß die Rampen, sofern sie überhaupt gebraucht wurden, nur bei der Entfernung der äußeren Abdeckungssteine Verwendung fanden, die für die Errichtung anderer Bauwerke bestimmt waren. Es ist wichtig, sich daran zu erinnern, daß an vielen archäologischen Ausgrabungsstätten Relikte aus mehreren Jahrtausenden gefunden worden sind. Besonders seit der Entdeckung des Umstandes, daß die Carbon-14-Datierungsmethode nicht zuverlässig ist, scheint es ziemlich unverantwortlich, mit eindeutiger Sicherheit eines der gefundenen Dinge einer bestimmten Zeit oder einer bestimmten Dynastie zuordnen zu wollen. Es kann nicht stark genug betont werden, daß es absolut keine Beweise gibt, die wirklich aus der Zeit der Erbauung der Großen Pyramide stammen und die Aussage erlauben, daß bei ihrer Errichtung Rampen und Schlitten benutzt wurden. Die Fundstücke aus späteren Zeiten können nur akzeptiert werden als eben dieser betreffenden Zeitspanne zugehörig; es bleibt nichts anderes übrig, als sich den Kopf darüber zu zerbrechen, ob sie auch in früheren Zeiten und Dynastien benutzt wurden oder nicht.

Interessant ist die Feststellung, daß, obgleich die Archäologen offensichtlich dazu neigen, der 18. Dynastie die gleichen Bautechniken wie den ersten fünf Dynastien zuzuschreiben, die gleichen Autoritäten darauf hinweisen, daß die Pyramiden der späteren Pharaonen in bezug auf technisches und handwerkliches Können entschieden minderwertiger sind im Vergleich zu denen des Alten Königreiches. Eigentlich recht merkwürdig, daß diesen Ägyptologen nicht der Widerspruch bewußt wird, der darin liegt, daß sie die gleichen Bautechniken für die so weit auseinanderliegenden Dynastien voraussetzen, obwohl sich ganz offensichtlich die Qualität ihrer Bauerzeugnisse so stark voneinander unterscheidet.

Es gibt noch eine ganze Reihe anderer ungelöster Mysterien, auf die man stößt, wenn man sich gründlicher mit der Konstruktion der Großen Pyramide beschäftigt. Eins dieser Rätsel betrifft das Material, das zur Abdeckung der Außenflächen der Pyramiden des Alten Reiches verwendet wurde. Die darüber bestehenden Meinungsverschiedenheiten sind entstanden aufgrund einer hieroglyphischen Zeichnung, die an den Wänden jeder Grabkammer in jeder im Alten Reich erbauten Pyramide gefunden wurde. Sie stellt eine weiße Pyramide dar mit einer schwarzen Basis, rötlich-braun gesprenkelten Seiten und einem blauen oder gelben oberen Schlußstein. Einige Ägyptologen meinen, diese Hieroglyphe bedeute, daß die Oberfläche der Pyramiden farbig bemalt wurde, um vielleicht nach der Anbringung des Außenbelages dem Ganzen noch ein gefälligeres Aussehen zu geben. Andere wiederum glauben, daß der weiße Teil der Hieroglyphe den von Natur aus weißen Tura-Kalkstein der äußeren Verschalung darstellen soll. Es gibt auch noch andere Spekulationen, die im Gegensatz zu dem allgemein akzeptierten Glauben besagen, daß eine andere Art von Steinen, eine getüpfelte oder gesprenkelte, zur Verkleidung der Seitenflächen benutzt worden sei und daß nur die Basis und der Schlußstein angemalt waren.

Der einzige auf uns überkommene Bericht über den Bau der Großen Pyramide findet sich in den Schriften des griechischen Historikers Herodot, der Ägypten im 5. Jahrhundert vor Chr. besuchte, also etwa zur Zeit der 21. Dynastie, nicht weniger als 2000 Jahre nach Fertigstellung des monumentalen Bauwerks. Wie die Historiker sagen, ist die Große Pyramide innerhalb von zwanzig Jahren von 400 000 Arbeitern gebaut worden. Diese Arbeiter waren in vier Gruppen zu je 100 000 Mann eingeteilt. Jede Gruppe arbeitete an der Baustelle vier Monate im Jahr. Wenn wir diese Zahlen als richtig annehmen – es gibt dafür keine andere Quelle als Herodot, in dessen Schriften man das nachlesen kann –, müssen wir den Schluß ziehen, daß die ägyptischen Beamten und Bauleiter sich schwierigen Problemen gegenüber sahen, nämlich denen der Versorgung dieser Menschenmassen mit Nahrung, Unterkunft, sanitären Einrichtungen usw. Selbst wenn es im ganzen nur 200 000 Menschen gewesen sein sollten, von denen jeweils die Hälfte sechs Monate arbeitete, dürfte das Problem nicht viel geringer gewesen sein. Es gibt aber keinerlei Beweise für die Existenz derartiger Anlagen und Einrichtungen, die vorhanden gewesen sein müssen, um eine so große Zahl von Arbeitern unterzubringen und mit allem Lebenswichtigen zu versorgen. Bleibe nur die Annahme übrig, daß die Bauarbeiter nicht direkt am Arbeitsplatz untergebracht waren, sondern täglich von ihren Wohnungen zur Arbeitsstelle kamen. Da für die Heranbringung der vielen Leute nur der Fußmarsch, der Wasserweg oder die Benutzung von Reittieren in Frage kam, kann der Antransport der Arbeiter kaum so schnell wie heute vor sich gegangen sein. Eine vernünftige Schätzung der Zeit, die ein Arbeiter benötigte, um von seiner Privatwohnung aus die Baustelle zu erreichen, dürfte so um die drei Stunden herum liegen; das ergäbe sechs An- und Abmarschstunden pro Tag. Wenn wir eine Arbeitszeit von 10 oder 12 Stunden annehmen, hätten die Pyramidenarbeiter täglich nur acht Stunden übrig gehabt, um zu schlafen, sich die Mahlzeiten zuzubereiten und alles andere zum Leben Nötige zu tun, sich vor allem auch von der außerordentlich erschöpfenden Schwerarbeit zu erholen.

Es gibt unter den Autoritäten noch weitere Meinungsverschiedenheiten bezüglich der am Pyramidenbau beteiligten Arbeiter; es dreht sich um die Behauptung, daß die Arbeiter nach Fertigstellung der Pyramide umgebracht worden seien, so daß sie nicht in der Lage waren zu verraten, wo sich die Gänge befanden, die zur Grabkammer führten. Wenn das der Fall gewesen wäre, hätten Massengräber gefunden werden müssen. Bis jetzt ist aber nichts dergleichen gefunden worden. Natürlich wären auch noch andere Methoden, sich der Leichen zu entledigen, denkbar, zum Beispiel gigantische Scheiterhaufen. Aber weder irgendwelche Berichte noch sonstige Beweisstücke existieren, die eine solche Annahme bestätigen. Schon der gesunde Menschenverstand sagt einem, daß solche Massenhinrichtungen, gelinde gesagt, höchst unpraktisch und sinnlos gewesen wären, denn sie wären einer Vernichtung des größeren Teiles der ägyptischen Bevölkerung gleichgekommen, ja sogar einem beträchtlichen Prozentsatz der damals lebenden Weltbevölkerung. Wenn die Pharaonen wirklich in dieser Weise Massenmorde begangen hätten, dann hätten sie mindestens 15 oder 20 Jahre warten müssen, bis die Zahl der Bevölkerung wieder so weit angestiegen war, daß es genug Leute gab, mit denen eine neue Pyramide gebaut werden konnte. Aber – wie die Archäologen selbst zugeben – sind mehrere Pyramiden nacheinander mit nur wenigen Jahren Abstand gebaut worden. Das alles ergibt ein interessantes Paradoxon: Leute, die erst vor kurzem hingerichtet wurden, können keine neuen Pyramiden bauen.

Eine andere Sache, bei der die Archäologen ihre Bereitwilligkeit gezeigt haben, ein ihnen durch Hörensagen bekannt gewordenes Gerücht als Tatsache zu akzeptieren, bezieht sich auf die Zeitspanne, die der Bau einer Pyramide in Anspruch nahm. Herodots Behauptung, daß der Bau der Großen Pyramide zwanzig Jahre gedauert habe, ist eine nicht bewiesene Aussage. Er macht außerdem keinerlei Angaben über die Zeitspannen, die die Erbauung der kleineren Pyramiden erforderten. Dennoch haben sich die Archäologen eifrig auf die »zwanzig Jahre« Herodots gestürzt und diese Zeit sozusagen als Richtmaß für die Erbauung auch aller anderen Pyramiden genommen.

Der Zweck, dem die Pyramiden zu dienen hatten, ist für die Ägyptologen nicht in derselben Weise problembeladen wie die Frage nach der Methode ihrer Erbauung. Sie sind davon überzeugt, daß die Pyramiden als Grabstätten dienten, in denen die Körper der verstorbenen Pharaonen beigesetzt wurden. Vor der Vereinigung von Ober- und Unterägypten waren die Begräbnisbräuche voneinander völlig verschieden gewesen. Die Oberägypter begruben ihre Toten auf Friedhöfen,

114

die nahe dem Rande der Wüste lagen. Diese Gräber waren üblicherweise mit Ziegeln ausgelegt, hatten hölzerne Dächer und waren nach außen gekennzeichnet durch aufgeschüttete Sandhügel. Die Beisetzung der Leichen in Unterägypten jedoch erfolgte unter dem Fußboden eines der Räume des Wohnhauses. Dieser Umstand veranlaßte die Ägyptologen zu dem Glauben, daß, nachdem die beiden Teile Ägyptens vereinigt worden waren, die Beisetzungsbräuche Unterägyptens allgemein übernommen wurden Lind daß folglich ein klar erkennbarer Übergang vorliegt bis zur Errichtung von richtigen großen Pyramidengrabstätten. Eine andere solche einfache Wandlung der Begräbnissitten konnte gewesen sein, daß von da an die Pyramiden als Monumente dienten anstelle der vordem als Markierungszeichen benutzten Sandhügel. Die Übergangsphase vom Hügelgrab (der Mastaba-Grabstätte) zur Stufenpyramide ist aus dem Beschwörungs- oder Anrufungstext Nr. 267 jener Pyramideninschrift ableitbar, der an den Wänden von Kammern und Korridoren von Pyramiden aus der späten fünften und der frühen sechsten Dynastie gefunden wurde. Dieser Beschwörungstext lautet »... ein Treppenaufgang zum Himmel ist für ihn (den Pharao) bereitet, auf dem er zum Himmel emporsteigen möge.« Aufgrund dieser Inschrift wird vermutet, daß der Pharao dachte, er – oder wahrscheinlich sein spiritueller Körper – könnte die himmlischen Gefilde über eine Treppenflucht erreichen.

Daraus scheint sich offenbar die Notwendigkeit ergeben zu haben, einen symbolischen Treppenaufgang zu bauen, was dann in Gestalt von Stufenpyramiden auch geschah.

Eine Theorie, die einen Grund angibt für die Entwicklung der Stufenpyramide zur eigentlichen Pyramide, ist, daß ein Ägypter (Angehöriger einer die Sonne anbetenden Gruppe) an einem Tag mit bewölktem Himmel ein Bild zeichnete oder malte, das vier durch die Wolken hindurchstoßende Sonnenstrahlen darstellte, die einen Winkel bildeten, der die

Form einer Pyramide ergab. Diese Zeichnung soll dann später als Grundlage für die Planung der nicht abgestuften Pyramiden gedient haben. Diese originelle und geistreiche Idee wird allerdings von der Mehrheit der Sachverständigen nicht ohne weiteres akzeptiert.

Interessant ist, daß dieser etwas ungewöhnliche Aspekt der Pyramidenkonstruktion nicht den Beifall der Archäologen gefunden hat, daß es aber keinerlei andere Theorien gibt, die das Motiv zu klären vermöchten, das zum Bau der ersten wirklichen Pyramide geführt hat.

Es sei an dieser Stelle darauf hingewiesen, daß im gesamten Gebiet des Mittleren Ostens eine Philosophie herrschte, die die Errichtung großer Bauwerke verlangte, die dazu dienten, die Verehrer und Anbeter ihren Göttern näherzubringen. In Mesopotamien zum Beispiel wurden große Türme aus Ziegeln (Zikkurats genannt) gebaut, die genau für diesen Zweck bestimmt waren. Es gibt sogar einige Leute, die glauben, daß der biblische »Turm zu Babel« nichts anderes war als ein solcher babylonischer Zikkurat.

Spekulationen über den Zweck der Pyramiden gibt es selbstverständlich nicht nur in den Reihen der Archäologen und Historiker des zwanzigsten Jahrhunderts. Die Araber bringen die Pyramiden in Verbindung mit Berichten und Überlieferungen, die sich auf die Sintflut beziehen. Danach soll der Bau der Pyramiden die Folge eines Traumes sein, in dem der Träumer vor einer zu erwartenden großen Flut gewarnt wurde, der alles Wissen und Können der Ägypter zum Opfer fallen werde. Da seinerzeit Träumen große Beachtung und Ehrfurcht entgegengebracht wurde, sei diese Traumwarnung sehr ernst genommen worden, und es seien Gewölbe in Gestalt von Pyramiden gebaut worden, um die kostbaren Wissensschätze vor der Vernichtung durch die Fluten zu bewahren.

Eine andere Spekulation, die vor Beginn des fünften Jahrhunderts unserer Zeitrechnung im Schwange war, besagt, daß die Pyramiden jene Getreidesilos gewesen seien, in denen Joseph das Getreide für die kommenden sieben mageren Jahre aufbewahrte. Dieser Glaube blieb das ganze Mittelalter hindurch lebendig und wurde in bildhafter Form zum Ausdruck gebracht in den Dekorationsmalereien der Sankt-Markus-Kirche in Venedig.

Es war in den 1850er Jahren, als John Taylor seine Spekulation veröffentlichte, nach der die Pyramiden von einer nichtägyptischen Rasse unter der direkten Leitung von Gott gebaut worden sind.

Die heute vorherrschende Theorie ist die, daß die Pyramiden von Ägypten als Grabstätten gebaut worden sind. Die Ägyptologen sind fest und unerschütterlich von der Richtigkeit dieser ihrer Annahme überzeugt, und das trotz der Tatsache, daß Archäologen, die die gleichartigen Pyramiden in Süd- und Mittelamerika untersucht haben, ebenso fest davon überzeugt sind, daß diese amerikanischen Pyramiden als Tempel gebaut worden sind.

Wir glauben, daß die Verfechter der verschiedenen Theorien sich mehr oder weniger derart in ihren eigenen Theorien verfangen haben und so eifrig damit beschäftigt sind, sie gegen alle Angreifer zu verteidigen, daß sie unfähig geworden sind, auch andere Theorien und Hypothesen in Erwägung zu ziehen, die keineswegs weniger vernünftig sein müssen als ihre eigenen. Wir sind der Ansicht, daß, solange die Ägyptologen ihre Streitereien über die beim Bau der Großen Pyramide benutzten Methoden fortsetzen und sich die Anhänger jeder der verschiedenen Schulen zäh und blindlings an ihre eigenen Theorien klammern, – wie kleine Kinder, die ihren alten, geliebten, wenn auch schon recht abgegriffenen Teddybär nicht hergeben wollen, das Mysterium um die Große Pyramide und um die anderen – sofern es überhaupt eins ist – niemals gelöst werden wird.

Im zweiten Teil unserer Abhandlung werden wir die vielen gegenwärtig akzeptierten Theorien, warum und zu welchem Zweck die Große Pyramide gebaut wurde, einer gründlichen Betrachtung und Prüfung unterziehen.

Zweiter Teil

Schatzkammer der Vergangenheit, Urquelle für die Zukunft: Die Energie der Pyramide

7.

Pyramidenenergie

Unter all den Meinungen und Argumenten über die Große Pyramide von Giseh gibt es einen Punkt, in dem die Archäologen, Ägyptologen und andere Wissenschaftler und Gelehrte übereinstimmen: daß die Pyramide von Cheops irgendwann zwischen 2689 und 2181 vor Chr. erbaut worden ist. Wie wir in den vorangehenden Kapiteln dargelegt haben, gibt es keinen unbestreitbaren Beweis bezüglich der genaueren Zeitspanne, in der die Pyramide errichtet wurde, von wem sie gebaut wurde und zu welchem Zweck. Die meisten Leute sind geneigt, diese auf Vermutungen beruhenden Angaben als Tatsachen hinzunehmen.

Doch unter den an die Cheops-Theorie Glaubenden gibt es einige Außenseiter: Medien, Seher, Visionäre, Sensitive und andere Personen, die allgemein als Mystiker oder Okkultisten bezeichnet werden. Viele aus diesen Gruppen glauben, daß die Große Pyramide weitaus älter als 5000 Jahre ist und nicht als Grabstätte, sondern für andere Zwecke gebaut und benutzt wurde. Edgar Cayce, der »Schlafende Prophet von Virginia Beach«, eines der größten und berühmtesten Medien der Welt, sagte in einem seiner »Readings« (so nennt man die sofort mitstenographierten, im Trancezustand erfolgten Aussagen und Diagnosen dieses Tieftrancemediums), daß die Pyramide von Giseh in Wirklichkeit vor mehr als 10000 Jahren von Nicht-Ägyptern gebaut wurde. Laut Cayce ist die Große Pyramide nicht errichtet worden, um für verstorbene Pharaonen als Grabstelle oder Grabmonument zu dienen, sondern als Schatzkammer für das Wissen über die Geschichte der Menschheit von ihrem Beginn an bis zum Jahr 1998.

Diese geschichtlichen Aufzeichnungen sind angeblich in den Sprachen der Mathematik, der Geometrie und Astronomie festgehalten.

Ein Fachmann für alte Religionspraktiken, Manley P. Hall, stellt in seinem Buch *The Secret Teachings Of All Ages* die Hypothese auf, daß die Große Pyramide von Überlebenden des untergegangenen Kontinents Atlantis gebaut worden sei. Man nimmt an, daß die führenden Wissenschaftler und Weisen der atlantischen Zivilisation wußten, welches drohende Ereignis über ihrem Land schwebte. Um die Wissensschätze ihrer Kultur vor der Vernichtung zu bewahren, verließen sie ihren Kontinent und siedelten in andere Länder um.

Eines dieser Länder, so Manley P. Hall, sei Ägypten gewesen, wo die aus Atlantis gekommenen Emigranten in Gestalt von Pyramiden Schulungs- und Ausbildungsstätten schufen, wie es bei den Tempeln ihres Heimatlandes auch der Fall gewesen war. In diesen Wissenschaftsarchiven verbargen sie ihre Geheimnisse in Form einer symbolischen Sprache, die nur enträtselt und verstanden werden kann von denjenigen, die würdig sind, dieses heilige Geheimwissen entgegenzunehmen und richtig anzuwenden.

In dem Kapitel mit der Überschrift »The Initiation of the Great Pyramid« bemerkt Hall, daß es schon deshalb höchst unwahrscheinlich ist, daß die Pyramiden von den Ägyptern gebaut wurden, weil alle inneren Wände und Mauern keinerlei Inschriften, Zeichnungen, Abbildungen oder andere symbolische Darstellungen aufweisen, wie es zu den Zeiten der späteren Pharaonen in kunstvoller Weise üblich wurde.

Unter den kuriosen und provozierenden Aussagen, die Hall in seinem Buch macht, ist auch die Vermutung zu finden, daß die Große Pyramide noch aus der Zeit vor der Sintflut stammt. Er gründet seine Hypothese auf die Tatsache, daß viele Seemuscheln im Pyramidenfundament gefunden worden sind. Hall nimmt auch an, daß während der Re-

122

gierungszeit des Kalifen von Mamoun, ungefähr um 820 nach Chr., die äußere Abdeckung der Großen Pyramide noch völlig in Ordnung gewesen ist. Er leitet seine Annahme aus der Tatsache ab, daß die Arbeiter des Kalifen eine herrlich schimmernde Oberfläche vorfanden (»Die auf die Verkleidungssteine fallenden Sonnenstrahlen verliehen jeder Seite der Pyramide einen brillierenden Glanz«) ohne die Andeutung irgendeines Eingangs. Daraufhin haben sich wahrscheinlich die Arbeiter entschlossen, einen Eingang zu schaffen, indem sie einen Durchbruch in das Pyramideninnere schlugen. Wie bereits im fünften Kapitel erwähnt, gelang es ihnen schließlich, einen Korridor herauszuhauen, doch es fand sich nichts von den legendären Schätzen, die zu finden der Kalif seine Leute ausgesandt hatte. Übrigens ist die Feststellung interessant, daß sämtliche Verkleidungssteine, mit Ausnahme von zwei Stück, verschwunden sind. Viele Archäologen meinen, daß diese Steinplatten in den Mauern der Moscheen und Paläste in Kairo zu finden sind, natürlich entsprechend zurechtgeschnitten und neu aufpoliert.

Gemäß Hall ist die Große Pyramide uns hinterlassen worden als ein sichtbares Zeichen der Verbundenheit zwischen der ewigen Weisheit und der irdischen Welt. Sowohl die Pyramiden als auch die künstlichen Erdaufhäufungen sind Vorformen des »Heiligen Berges« oder des »Hochsitzes Gottes«. Die quadratische Grundfläche der Pyramide – oder des »Hauses der Weisheit« – bedeute, daß das hier aufbewahrte Wissen fest in der Natur und ihren unwandelbaren Gesetzen begründet ist; die vier Ecken symbolisieren Schweigen, Tiefgründigkeit, Intelligenz und Wahrheit. Die Südseite der Pyramide repräsentiere die Kälte, die Nordseite die Hitze, die Westseite die Finsternis und die Ostseite das Licht. Die Dreiecksform stehe für die Dreifaltigkeit der spirituellen Kraft.

Manley P. Hall hält die Große Pyramide für den »ersten Tempel der Mysterien«, für das erste Bauwerk, das zum Aufbewahrungsort für die geheimen Erkenntnisse, die wirkliche Grundlage allen Könnens und Wissens, bestimmt war. Er glaubt, daß der »Initiierende« (der Einweihende) oder »der Erleuchtete«, gekleidet in eine blaugoldene Robe, in seiner Hand den siebenfachen Schlüssel der Ewigkeit haltend, im Innern der Pyramide wohnte. Männer durchschritten die Eingänge zur Großen Pyramide als Menschen und verließen sie wieder als Götter, ausgerüstet mit dem erleuchtenden Wissen des Altertums der Menschheit. Der dramatische Vorgang des »zweiten Todes« fand in der sogenannten Königskammer statt, wo der Einweihungskandidat symbolisch gekreuzigt und in dem Sarkophag beigesetzt wurde.

Dieses Ritual vermittelte dem zu Initiierenden die Erfahrung der Räumlichkeit (des Raumbegriffes) als Verbindungsweg zwischen der materiellen Welt und den transzendenten Sphären der Natur. Ein Teil des Rituals bestand darin, daß der Sarkophag »angeschlagen« wurde, wobei ein Ton hörbar wurde, für den es in der uns bekannten musikalischen Tonfolge keine Entsprechung gibt. Nach Beendigung dieser geheimnisvollen Riten war der Neophyt wiedergeboren bzw. hatte die »zweite Geburt« erlebt, wodurch er in den Besitz allen Wissens der Welt gelangt war.

Hall ist davon überzeugt, daß der verborgene, jetzt noch unbekannte Einweihungsraum eines Tages entdeckt werden wird. Dieser Glaube wird von vielen Mystikern und Medien geteilt. Jedes Jahr aufs neue werden von angesehenen Medien und Sehern Aussagen gemacht, die darauf hindeuten, daß eines Tages dieser geheime Raum gefunden werden wird und daß dann ungeahnte Wissensschätze wieder denjenigen zur Verfügung stehen werden, die deren wahre, innere Geheimnisse verstehen können.

Es ist wichtig, an dieser Stelle zu erwähnen, daß Atlantis, der untergegangene Kontinent, nach Hall das Heimatland der Erbauer der Großen Pyramide, mehr ist als eine Erfindung

124

oder Einbildung von Mystikern. Eine ziemlich ausführliche Beschreibung von Atlantis findet sich in Platons *Kritias*. Der frühere Name soll Poseidonis gewesen sein. Bei Platon findet sich auch der Hinweis, daß zur Zeit der Hochblüte der Atlantis-Zivilisation die Götter mit den Menschen verkehrten.

Eleanor Merry, die Autorin des Buches *The Flaming Door*, stimmt insofern mit Hall überein, als sie schreibt: »Das Innere der Großen Pyramide war ein ›Haus des Todes‹, wo die auf dem Wege der Initiation erfolgende spirituelle Wiedergeburt stattfand und wo der Mensch seinen physischen Körper verlassen und nach einer Todestrance-Einweihung wieder in ihn zurückkehren konnte, und zwar in einem Zustand höherer Bewußtheit, vertraut mit dem Wissen einer spirituellen Welt.«

Leider bleiben sowohl Hall als auch Merry die ihre kühnen Schlußfolgerungen stützenden konkreten Beweise schuldig. In der Tat gibt es nicht einen einzigen Bericht von irgend jemandem, der das alte Ägypten besuchte und solche Erfahrungen entweder selbst gemacht hätte oder wenigstens Augenzeuge derartiger religiöser Praktiken geworden wäre.

Das einzige, was man als einen aus erster Hand stammenden Erlebnisbericht nennen könnte, ist Dr. Paul Bruntons Schilderung in seinem Buch *Geheimnisvolles Ägypten*, in dem er beschreibt, was er während der einen Nacht erlebte, die er allein in der Königskammer der Großen Pyramide verbrachte. Nachdem sich Brunton beharrlich durch die Hierarchie der ägyptischen Bürokratie hindurchgebohrt hatte, erlaubte man ihm schließlich, eine Nacht im Innern der Großen Pyramide zu verbringen. In früheren Kapiteln haben wir erwähnt, daß die Königskammer an einem bedeutsamen Ort innerhalb der Pyramide gelegen ist. Doch außer dieser besonderen Lage sind es auch die Atmosphäre und die Temperatur der Kammer, die mysteriöse Eigenschaften zu haben scheinen. Brunton sagt: »In der Kammer herrscht eine eigenartige totenähnliche Kühle, die einen bis auf Mark und Bein durchdringt.« Er fügt hinzu, daß viele sagen, wenn man auf den Mantel des Sarkophages schlägt, erklinge ein eigenartiger Ton, den mit irgendeinem bekannten Musikinstrument nachzuahmen unmöglich sei.

Brunton erzählt weiter, daß er beim Betreten der Königskammer eine nahe dem Sarkophag befindliche marmorartige Platte oder Fliese bemerkte, die zufällig genau auf der Nord-Süd-Achse lag. Brunton wußte über die ägyptische Religion gut Bescheid und war auch mit den Entdeckungen der modernen Parapsychologie vertraut. Er hatte sich durch ein dreitägiges Fasten auf die Nacht in der Pyramide vorbereitet. Dadurch, sagte er, habe er sich in einen aufnahmefähigen, sensitiven Zustand versetzt, der es ihm erleichterte, die evtl. eintretenden Phänomene wahrzunehmen, von denen in den Büchern von Hall, Merry und anderen die Rede ist.

Als Brunton sich, mit dem Rücken gegen den Sarkophag gelehnt, hingesetzt hatte, entschloß er sich, seine Taschenlampe auszuknipsen. Die Atmosphäre in der Kammer war, wie er berichtet, ausgesprochen »unirdisch«. Es hing irgend etwas in der Luft. Er konnte die Gegenwart eines unbekannten negativen Etwas spüren. Er fühlte plötzlich einen starken Drang, den Raum zu verlassen und das Unternehmen abzubrechen. Aber er überwand sich und hielt aus, obgleich groteske und unförmige Wesenheiten in der Kammer hin und her huschten und sein sensitives Wahrnehmungsvermögen und seine nüchterne Vernunft auf eine harte Probe stellten. Er mußte seinen ganzen Mut und seine ganze Entschlossenheit zusammennehmen, um gegen das immer stärker werdende Furchtgefühl anzukämpfen. Die Kombination aus Finsternis und der Anwesenheit einer negativ geladenen Macht verstärkten in ihm den Entschluß, keinesfalls noch eine Nacht in der Pyramide zu verbringen.

Dann, ebenso plötzlich, wie die negativ gespannte Atmosphäre gekommen war, verschwand sie auch wieder. Er fühlte daraufhin, wie eine freundlichere, angenehmere Schwingung sich in der Kammer ausbreitete. Auf einmal nahm er deutlich zwei Gestalten wahr, die wie Hohepriester aussahen; dann vernahm er – inwendig in seinem Kopf – die Worte, die der eine Priester zu ihm sprach. Er richtete an Brunton die Frage, warum er hier sei und ob ihm das Leben in der Welt der Sterblichen nicht genüge. Brunton antwortet »Nein, es genügt mir nicht.«

Der Priester erwiderte »auf der Straße des Traumes wirst du weit, von der Ebene des Verstandes weggezogen werden. Einige sind diese Straße gegangen... – und sind geisteskrank zurückgekommen. Geh, solange es noch Zeit ist und folge weiterhin dem Pfad, der für die Füße der Sterblichen bestimmt ist.«

Brunton bestand darauf zu bleiben. Der Priester, der zu ihm gesprochen hatte, wandte sich um und verschwand. Der andere forderte Brunton auf, sich so auf den Sarkophag zu legen, wie es die Einzuweihenden in alten Zeiten auch hätten tun müssen. Das tat Brunton. Plötzlich fiel eine unerklärliche Macht über ihn her. Nach wenigen Sekunden fand er sich außerhalb seines Körpers schwebend. Er war in einer Dimension mit weniger Spannung und Belastung. Er bemerkte eine silberne Schnur, die seinen neuen Körper mit dem auf dem Sarkophag liegenden verband. Ein Gefühl der Freiheit ergriff von ihm Besitz. Später fand er sich in Gegenwart des zweiten Priesters wieder, der ihm erklärte, daß er jetzt mit einer Botschaft zurückkehren müsse: »Wisse, daß in diesem alten Tempel die Berichte über die früheren Menschenrassen verborgen sind zusammen mit dem Pakt, den sie mit dem Schöpfer durch den ersten seiner großen Propheten geschlossen hatten. Wisse auch, daß seit den ältesten Zeiten auserwählte Menschen hierher gebracht und ihnen dieser ›Vertrag mit dem Schöpfer‹ gezeigt wurde, damit sie mit dieser Kenntnis zu ihren Brüdern und Schwestern zurückkehren und das große Geheimnis nicht ganz der Vergessenheit anheim fällt. Gehe auch du mit der eindringlichen Warnung von hier fort, daß, wenn die Menschen sich von ihrem Schöpfer lossagen und ihre Mitmenschen hassen – wie es mit den Prinzen von Atlantis der Fall war, zu deren Zeit diese Pyramide gebaut wurde –, sie sich durch das Gewicht ihrer eigenen Bosheit und Schlechtigkeit selbst vernichten, genau wie es dereinst mit dem Volk von Atlantis geschehen ist.«

Als der Priester zu Ende gesprochen hatte, fand sich Brunton plötzlich wieder in seinem physischen Körper. Er empfand diesen als schwerer und lästiger im Vergleich zu dem, in dem er sich soeben noch befunden hatte. Er erhob sich, zog seine Jacke an und warf einen Blick auf seine Armbanduhr. Es war genau Mitternacht, die Zeit, die oft mit außergewöhnlichen, übersinnlichen Vorgängen in Verbindung gebracht wird. Offenbar hatte sich sein Unterbewußtsein einen Scherz mit ihm erlaubt. Brunton, dem das Kuriose und Humorvolle der Sache bewußt wurde, lachte. Als der Morgen kam, machte er sich auf den Weg zum Ausgang. Nachdem er ins Freie hinausgetreten war, blickte er zur Sonne empor, zu dem alten ägyptischen Gott Ra, und dankte ihm im stillen für die Fülle des Lichtes.

Zugegeben: Paul Bruntons Bericht klingt wie die Beschreibung eines Traumes, der Einzelheiten enthält, die von der Kenntnis alter religiöser Texte abgeleitet sein könnten. Leider dürfte es außerordentlich schwierig sein, Bruntons Experiment selbst zu wiederholen, denn die ägyptischen Autoritäten finden sich nur in den allerseltensten Fällen bereit, die Genehmigung zu einer Übernachtung in der Großen Pyramide zu geben. Ob wir nun Bruntons Geschichte akzeptieren oder nicht, wir müssen zugestehen, daß hier Zusammenhänge erkennbar sind mit den Verjüngungstheorien, wie man sie in vielen verschiedenen Mythen finden kann.

Der Ani-Papyrus, der im Britischen Museum aufbewahrt

wird, enthält die Originalvorstellungen und Ideen, die sich, in Verbindung mit der Großen Pyramide, auf das Thema Sterben und Wiedergeborenwerden, auf die Verjüngung der menschlichen Seele beziehen. Besser bekannt geworden sind diese Texte als *Das ägyptische Buch der Toten*. Man nimmt an, daß dieses Manuskript etwa 1500 vor Chr, geschrieben wurde. Die Übersetzer dieses Papyrus sind, obwohl sie sich hinsichtlich der wirklichen Bedeutung und der genauen Übersetzung nicht ganz sicher sind, wohl aus Bequemlichkeit überein gekommen, das Manuskript als Ritualtext für die Behandlung von Toten zu erklären, die detaillierten Instruktionen für die Verhaltensweise ihrer entkörperten Seele im Lande der Götter bedürfen. Unter anderem ergab sich die Frage, ob diese Textinterpretation wirklich korrekt und zuverlässig ist, denn die Übersetzung des Titels des Papyrus kann auch *Das Buch des großen Erwachens* lauten. Wenn man die ganze Sache in einem andern Licht betrachtet, könnte der Inhalt des Papyrus als die Einweihungsriten angesehen werden, deren sich ein Neophyt zu unterziehen hatte, der sich um Aufnahme in eine geheime Organisation bewarb und der, wenn er angenommen wurde, all das weltumspannende Wissen erwerben wollte, das dem gewöhnlichen Bürger nicht zugänglich war. Wenn die Große Pyramide als Tempel anstatt als Grabstätte bezeichnet und der Ani-Papyrus unter dieser Voraussetzung übersetzt würde, käme eine von der jetzigen völlig verschiedene Version heraus. Wir glauben, daß dieser Text der Schlüssel sein könnte, der erforderlich ist, um die gegenwärtig noch unergründlichen Geheimnisse der Großen Pyramide zu entschleiern.

Viele bekannte religiöse Führer und Philosophen des Altertums, einschließlich Moses, Jesus Christus und Paulus wußten und anerkannten, daß sich ihre Weisheit von den ägyptischen Einweihungen herleitete. Einige der Zeremonien, die bei der Initiation in die niederen Mysterien eine Rolle spielten, werden augenscheinlich noch heute in stark veränderter Form bei den Freimaurern und Rosenkreuzern und in den christlichen Kirchen praktiziert. Zu den Persönlichkeiten, die versteckt darauf hinweisen oder es sogar zugaben, daß sie in die ägyptischen Mysterien eingeweiht waren, gehörten unter anderem Weise wie Platon, Pythagoras, Sophokles und Cicero.

An drei verschiedenen Stellen des Neuen Testamentes (nach der King-James-Ausgabe), bei Matthäus Kapitel 26-28, Markus Kapitel 14-16 und Johannes Kapitel 18-21, wird auf die Ergreifung, Kreuzigung und Wiederauferstehung Christi eingegangen. Im Grundsätzlichen ist der Vorgang folgender: Die Hohenpriester lehnten Christus und seine Lehren ab, weil seine magischen Kräfte den ihrigen weit überlegen waren. Deshalb entschlossen sie sich, ihn Pilatus zu überantworten, dem für solche Dinge zuständigen obersten Richter. Nach einem mit Verhöhnung und Demütigung verbundenen Gerichtsverfahren wurde Christus inmitten von zwei Dieben ans Kreuz geschlagen. Man weiß nicht mit Sicherheit, ob Christus wirklich tot war oder nicht. Jedenfalls wurde er innerhalb von 24 Stunden nach der Kreuzigung abgenommen und in eine Felsengruft gelegt. All das geschah aller Wahrscheinlichkeit nach entweder an einem Freitag oder einem Samstag. Am Sonntag oder auch Montag war die Gruft leer und der Körper des Gekreuzigten verschwunden. Die Ungewißheit über den Tag, an dem Christi Körper in das Grab gebracht wurde, rührt von der Angabe her, daß es einen Tag vor dem Sabbath geschah. Wenn wir annehmen, daß der Sabbath ein Samstag war, dann muß die Kreuzigung an einem Freitag erfolgt sein; wenn wir aber die Möglichkeit einräumen, daß der Sabbath ein Sonntag gewesen ist, dann muß eben der Kreuzigungstag ein Samstag gewesen sein. Der Hinweis auf den »ersten Tag der Woche« könnte sich sowohl auf einen Sonntag als auch auf einen Montag beziehen. Gewöhnlich werden wir veranlaßt zu glauben, daß die Grablegung Christi an einem Freitag erfolgte und daß das Grab am darauffolgenden Montag leer

war. Ein Fremder, vielleicht auch zwei, waren in der Grab-
höhle anwesend, als am Montag die Angehörigen und Verwandten kamen, um dem Toten den letzten Dienst zu erwei-
sen. Die beiden Unbekannten verkündeten den Leidtragenden,
daß Christus auferstanden und zu Gott gegangen sei. Danach,
bei drei verschiedenen Gelegenheiten, erschien Christus mehreren Personengruppen, wahrscheinlich zu dem Zweck, ihnen
letzte Belehrungen zu erteilen, ehe er sie für immer verließ.
Der Ablauf dieser Vorgänge enthält enge Parallelen zu den
Einweihungszeremonien der Neophyten und zu den Möglichkeiten, über die ein spiritueller Meister verfügt, sobald er
mit dem großen Geheimnis vertraut gemacht worden war.
Die Fremden im Grabgewölbe könnten sehr wohl Hohepriester aus dem Pyramidentempel gewesen sein, die gekommen waren, um dem Meister Beistand zu leisten bei der
Rückkehr seines Geistes oder seiner Seele von seiner drei-
tägigen »Astralreise« oder von einer außergewöhnlich tiefen
Meditation.

Eine völlig andere Theorie bezüglich des Baues der Großen Pyramide wird von Max F. Long in seinem Buch *Geheimes
Wissen hinter Wundern* vertreten. Long erzählt von dem engli-
schen Journalisten Reginald Stewart, der angeblich im At-
lasgebirge in Nordafrika auf einen Berberstamm stieß, der
eine Sprache sprach, die viele Worte enthielt, die sehr ähnlich
und teilweise identisch waren mit Ausdrücken der polynesi-
schen Dialekte. Gemäß Stewart enthielt die Geschichte dieses
Stammes die folgenden Angaben über seinen Ursprung. Der
Stamm in den Atlasbergen war einer von zwölf Stämmen,
die in dem Gebiet wohnten, wo sich heute die Saharawüste
erstreckt, die damals aber ein fruchtbares Gebiet war, das
von vielen Flüssen durchzogen wurde. Als diese Flüsse aus-
trockneten, wanderten die zwölf Stämme nach Osten in das
Niltal aus, wo sie die Führung und Beherrschung des ägyptischen Volkes übernahmen und den Bau der Großen Pyrami-

de durchführten, sich bei der Gewinnung, dem Transport und der Zusammenfügung der riesigen Blöcke zur Pyramide ihrer magischen Praktiken bedienend. Dann kam die Zeit, da die Weisen dieser Stämme eine Periode intellektueller Finsternis über die Welt hereinbrechen sahen. Sie befürchteten, daß ihr geheimes magisches Wissen in Gefahr geriet, verlorenzugehen. Um nun diese Geheimnisse ihrer Magie zu erhalten, entschlossen sich die Stämme, in andere Gebiete der Erde umzusiedeln. Elf der Stämme wanderten nach den pazifischen Inseln aus, während sich der zwölfte Stamm aus unbekannten Gründen entschloß, sich nordwärts zu wenden und sich in den Bergen des Atlas niederzulassen. Anscheinend ist der letzte der eingeweihten Magier dieses Berberstammes, der mit den Geheimnissen der alten Magie vertraut war, gestorben, ehe er in der Lage war, sein Wissen und das dazugehörige Übungssystem an einen anderen Menschen weiterzugeben, damit dieser die Tradition weiterführen könne. So ist das Geheimnis der Magie dieses Stammes für alle Zeiten verloren. Das letzte noch vorhanden gewesene Verbindungsglied hat etwa um die Wende zu unserem Jahrhundert der Tod dahingerafft.

Die Große Pyramide wird von einigen als eine Art Kalender der Zeitenläufte und als Aufzeichnung der Geschehnisse aus der Vergangenheit, der Gegenwart und Zukunft der Menschheitsgeschichte betrachtet. In dem Buch *The Great Pyramid. Its Divine Message* legen die Verfasser D. Davidson und H. Aldersmith dar, in welchem Maße die Bauweise der Großen Pyramide im Detail dem entspricht, was in symbolischer Weise in der Heiligen Schrift enthalten ist.

Davidson und Aldersmith wollen biblische Datumsangaben aus den Abmessungen der Gänge und Aushöhlungen innerhalb der Großen Pyramide ableiten und behaupten, daß sie die genauen Daten zahlreicher biblischer Ereignisse zu bestimmen vermochten, zum Beispiel die Geburt Christi (Samstag, dem 6. Oktober im Jahre 4 vor Chr.) und seiner Kreuzigung (am Freitag, dem 7. April des Jahres 30).

Die beiden Autoren erklären auch, daß nach ihrer Überzeugung die Große Pyramide die altägyptischen messianischen Prophezeiungen enthält, die möglicherweise das Weltgeschehen bis zu seinem Ende umfassen.

Davidson und Aldersmith stellen auch interessante Beziehungen fest zum großen Staatssiegel der Vereinigten Staaten, das durch einen Gesetzesakt anläßlich des Kontinentalkongresses am 20. Juni 1782 akzeptiert und dann durch den neuen Kongreß am 15. September 1789 bestätigt wurde. Sie behaupten, daß die Rückseite des Siegels die Cheopspyramide als das »Symbol des steinernen Königreiches« darstellt – mit dem Gipfelstein Christus, den Haupteckstein symbolisierend; unterbrochen unterhalb des Auges Gottes durch eine Querlinie über dem Zentrum der Pyramide, auf diese Weise zu erkennen gebend, daß ohne diesen Gipfel- oder Eckstein das Ganze unvollkommen wäre.

Abb. 10: Großes Staatssiegel der USA

In dem Buch *Secret Teachings Of All Ages* erwähnt Manley P. Hall ebenfalls das Große Staatssiegel der USA und weist darauf hin, daß die Bildung der Regierung unter mystischen Grunde und zu welchem Zweck sie gebaut wurde und wer die Leute waren, die sie planten und errichteten. Ein Aspekt der Pyramidentheorien, den wir noch nicht berührt haben, betrifft die geometrischen Verhältnisse, die in der großen Pyramide enthalten sind. In einem Artikel, den er speziell für das vorliegende Buch verfaßt hat, geht Henry Monteith auf diese faszierende Facette der Pyramidologie ein.

Einflüssen gestanden habe. Hall zeigt, daß nicht nur die Pyramide in das Siegel einbezogen wurde, sondern auch die Symbolik der mysteriösen Zahl 13 lange Zeit hindurch auf beiden Seiten des Siegels zum Ausdruck kam. Die so häufig erscheinende mystische Zahl 13 bezieht sich augenscheinlich nicht nur auf die 13 ursprünglichen Kolonien, die die Vereinigten Staaten bildeten. Hall weist darauf hin, daß die 13 auch auf der Vorderseite des Siegels mehrere Male erscheint: 13 Sterne über dem Kopf des Adlers, 13 Buchstaben in dem Motto »E Pluribus Unum«, 13 Blätter und 13 Beeren an dem Zweig in des Adlers rechter Klaue, 13 Pfeile in seiner Linken, 13 Streifen auf dem Emblem auf seiner Brust. Die Rückseite des Siegels zeigt über der Großen Pyramide das Motto »Annuit Coeptis«, das sich aus 13 Buchstaben zusammensetzt. Und die Pyramide selbst besteht aus 13 Lagen von Steinen. Man kann die Richtigkeit dieser Angaben ohne weiteres nachprüfen, indem man sich die Wiedergabe des Großen Siegels der USA auf einer Ein-Dollar-Note genauer anschaut. Vielleicht vermag ein sorgfältiger Betrachter noch weitere Erscheinungsformen des Dreizehner-Symbols im Siegel zu finden.

Die Kraft der Pyramide hat nicht nur Jahrtausende überlebt, sondern sie scheint tatsächlich ihre Macht wiederzugewinnen. Die Neugründung der ehemaligen Ägyptischen Orthodoxen Kirche erfolgte im November 1963 in Chicago/Ill.; sie hielt am 1. November 1964 ihren ersten feierlichen Gottesdienst ab. Wie in einem Beitrag in der Märzausgabe 1974 des *Fate-Magazins* zum Ausdruck kommt, sei damit eine Wiederbelebung der ältesten monotheistischen Religion der Welt vor sich gegangen, möglicherweise das erste Mal, seit der alte ägyptische Tempel etwa 600 v. Chr. zu existieren aufhörte.

Es dürfte für den Leser erkennbar geworden sein, daß zahlreiche Theorien in bezug auf die verschiedenen Aspekte der Großen Pyramide existieren, angefangen bei der Art und Weise, wie sie gebaut wurde, bis zu der Frage, aus welchem Grunde und zu welchem Zweck sie gebaut wurde und wer die Leute waren, die sie planten und errichteten. Ein Aspekt der Pyramidentheorien, den wir noch nicht berührt haben, betrifft die geometrischen Verhältnisse, die in der großen Pyramide enthalten sind. In einem Artikel, den er speziell für das vorliegende Buch verfasst hat, geht Henry Monteith auf diese faszinierende Facette der Pyramidologie ein.

Henry C. Monteith
Geometrie und die Große Pyramide

Viel zu zahlreich sind die Mysterien der Vergangenheit, als daß sie hier einzeln aufgeführt werden könnten, aber keines dieser Mysterien ist tiefgründiger und ehrfurchterweckender als das der Großen Pyramide von Ägypten. Ca. zweieinhalb Millionen Steine mit dem erstaunlichen Gewicht von zwei bis zu siebzig Tonnen erheben sich als geschlossenes Gebilde bis zu einer Höhe von mehr als 146 Metern. Dieses den Betrachter überwältigende Bauwerk stellt allein durch seine Masse an die Vorstellungskraft moderner Bauingenieure außerordentli-

che Anforderungen. Die Präzision, mit der die Steine zurechtgeschnitten und in das Bauwerk eingefügt wurden, läßt erkennen, daß die Erbauer der Pyramide Meister der Vermessungs-
kunst waren. Es ist geschätzt worden, daß es mehr als sechs
Jahre dauern und mehr als eine Milliarde Dollar kosten würde, die Große Pyramide mit den Mitteln der modernsten
Technologie zu bauen.

Viele anerkennenswerte Bemühungen seitens der Forscher
sind in der Vergangenheit gemacht worden mit dem Ziel, zu
verstehen, weshalb die Große Pyramide überhaupt gebaut
wurde. Doch leider hat nicht eine dieser Bemühungen zu einer
schlüssigen und überzeugenden Antwort geführt. Ich persönlich glaube, daß die Große Pyramide erbaut wurde, um in
Form soliden Steinmaterials uralte Weisheiten und Erkenntnisse
festzuhalten, die seit langem als verloren gelten. Mit den folgenden Ausführungen will ich nicht zum Ausdruck bringen,
daß ich in der Lage sei, alle in der Großen Pyramide enthaltenen Mysterien zu enthüllen, aber die Inspiration, die in mir
von diesem phantastischen Bau ausgelöst wurde, mag mich
befähigen, einen Beitrag für diejenigen unter uns zu leisten, die
nach einem besseren und tieferen Verständnis ihrer selbst und
unseres Universums auf der Suche sind.

Das Wesen der Geometrie

Es erscheint angebracht, sich vor Augen zu halten, daß es
zwei Grundtypen der Geometrie im Universum gibt, die
man wie folgt einteilen kann:
1. die statische Geometrie
2. die dynamische Geometrie.

Wir können ferner die statische Geometrie als diejenige
Geometrie verstehen, die die Zahlen Pi (3,14) und Phi (1,618)
zur Bestimmung der Dimensionen und der räumlichen Elemente nicht benötigt. Die dynamische Geometrie dagegen

kann als diejenige aufgefaßt werden, die immerzu die Zahlen Pi oder Phi verlangt, wenn es um die Bestimmung von Dimensionen und Rauminhalten geht.

Die Philosophen des Altertums glaubten, daß das gesamte Universum von einem gitterartigen Netzwerk erfüllt sei, das sie »das kosmische Gewebe« nannten. Jede einzelne Zelle dieses kosmischen Gewebes wurde als Kubus betrachtet. In der Tat ist der Kubus, der Würfel, die vollkommenste und ausgeglichenste Form in der statischen Geometrie. Ich glaube, daß alle statisch-geometrischen Gebilde als Modifikationen und Variationen des Kubus angesehen werden können, während alle dynamisch-geometrischen Formen Modifikationen und Variationen der Kugel sind. Die fünf regelmäßigen Polyeder (Vielflächner) sind in den Abbildungen 11 bis 15 dargestellt; sie gehören alle zur statischen Geometrie.

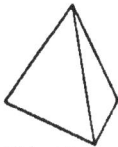
Abb. 11

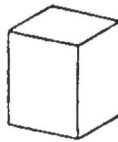
Abb. 12

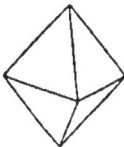
Abb. 13

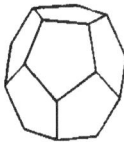
Abb. 14

Abb. 15

Jede dynamische Form, die in der physischen Welt zu finden ist, hat die ihr entsprechende statische Form, die im kosmischen Raum in Erscheinung tritt. Jedem Elektron ist ein kleiner Kubus zugehörig, und jedem Stern, auch unserer Sonne, ist ein sehr großer Kubus zugeordnet. Wenn die Pyramide irgend etwas zu tun hat mit der Bildung von Wesenheiten im Raumzeit-Kontinuum, dann muß sie Beziehungen zum Kubus aufweisen. Und wenn das der Fall ist, muß statische Geometrie in der Struktur enthalten sein. Aus dem gleichen Grunde muß die Pyramide auch Relationen zur dynamischen Geometrie haben.

Stellen wir uns vor, daß wir einen Kubus vor uns haben, bei dem jede Seite zwei Einheiten lang ist. Dieser Würfel kann in sechs Pyramiden zerlegt werden, die alle eine Einheit hoch sind, wie die Abbildung 16 darstellt.

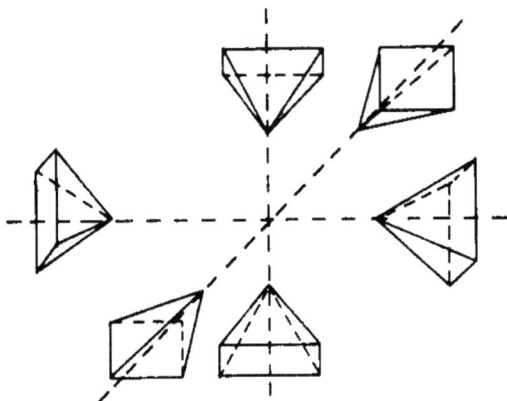

Abb. 16

Nehmen wir an, daß die Länge einer Seite der Großen Pyramide zwei Einheiten beträgt, dann finden wir, daß die Höhe der Quadratwurzel von Phi-Einheiten entspricht anstatt der Länge einer Einheit. Dies deutet daraufhin, daß der Pyramide diese Höhe gegeben wurde, um dadurch die dynamische Geometrie zum Ausdruck zu bringen; andererseits umfaßt die Gestalt der Pyramide direkt auch die statische Geometrie. Der Fußboden der Königskammer hat die Gestalt eines »perfekten goldenen Rechtecks«, das alle die Informationen und Maße enthält, die erforderlich sind, wenn man die Fibonacci-Serie und die logarithmische Spirale konstruieren will. Die logarithmische Spirale ist eine Funktion von Phi und ist folglich ein Gebilde der dynamischen Geometrie. In Abb. 17 ist ein Diagramm der logarithmischen Spirale gezeigt, das voll den von Adler gegebenen mathematischen Aspekten der Spirale entspricht[1].

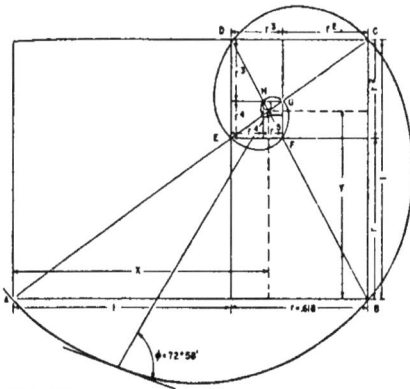

Abb. 17

[1] John Adler: *Mathematics For Science And Engineering.* New York 1928.

Beweise für das Vorhandensein von Fibonacci-Serien und der logarithmischen Spirale finden wir überall in der Natur. Abb. 18 zeigt das Gehäuse einer Nautilus-Schnecke, das die Form einer perfekten logarithmischen Spirale hat.

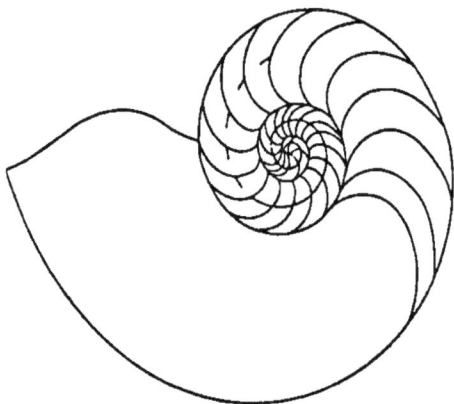

Abb. 18: Gehäuse einer Nautilus-Schnecke

In Abb. 19 wird gezeigt, wie die vollkommene Form des menschlichen Körpers nach den Fibonacci-Serien aufgeteilt werden kann. Bestimmte okkulte Symbole, zum Beispiel der Davidstern oder der Fünfstern (Pentagramm, Drudenfuß) haben Abmessungen, die den Fibonacci-Zahlenverhältnissen entsprechen. Dieser Stern ist in Abb. 20 dargestellt und wird manchmal als »das Goldene Dreieck« bezeichnet.

Im gesamten Universum gehen ständig Geburts-, Lebens- und Sterbeprozesse vor sich. Für mich ist die Geburt ein Übergang von der statischen zur dynamischen Geometrie, der Tod ein Wechsel von der dynamischen zur statischen Geometrie. Eine in sich vollkommene Kugel wie unsere Sonne »stirbt« durch Zerstrahlung und verwandelt sich zurück in

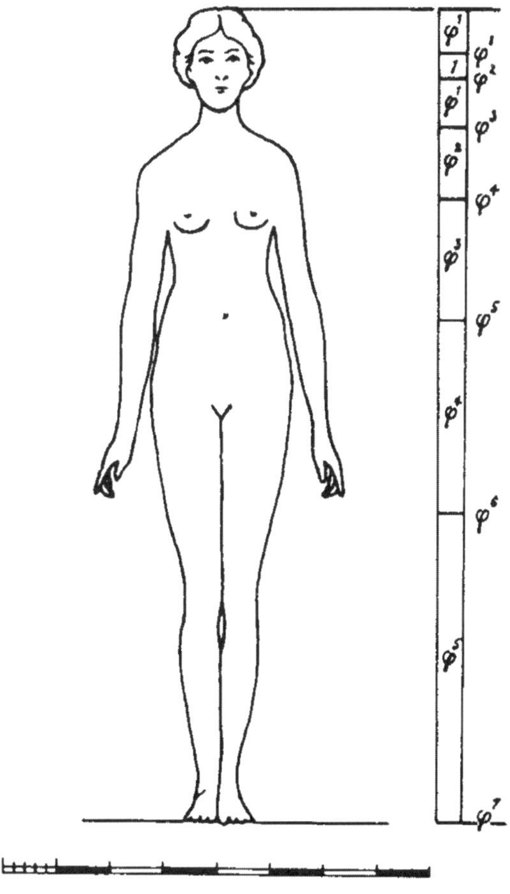

Abb. 19 Modell eines Künstlers

einen statischen Kubus. Die Sonne bildete sich durch eine konzentrierte, sich in einem Brennpunkt vereinigende Energie innerhalb des Kubus, die aus dem Bereich der Kubusstatik stammt. Diese Idee steht im Gegensatz zu der modernen Auffassung von einem sogenannten »schwarzen Loch«, weil ein solches schwarzes Loch voraussetzt, daß hochverdichtete Massen existieren können, die sich nicht wieder durch Ausdehnung in einen gasartigen Zustand verwandeln. Ich möchte darauf hinweisen, daß niemals ein solches »schwarzes Loch« entdeckt worden ist und auch meiner Hypothese nach niemals entdeckt werden wird. Die Theorie von den schwarzen Löchern im Universum ist die Folge eines Fehlers in den Denkansätzen der modernen geometrischen Physik. Wie sich die gesamte Masse eines Sterns aus der statischen Geometrie herausbildet (durch einen Projektionsvorgang), so muß auch die gesamte Masse wieder zurückkehren in jenen Zustand der statischen Geometrie, aus dem sie hervorgegangen ist. Die

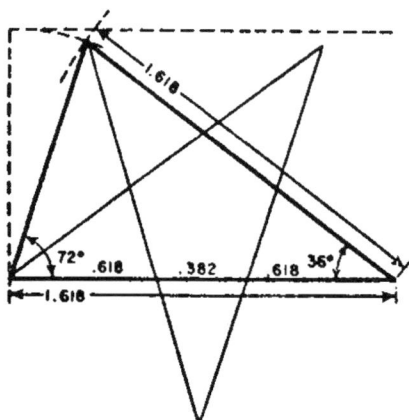

Abb. 20: Goldenes Dreieck und fünfzackiger Stern

Gestalt der Großen Pyramide kennzeichnet die Konzentration von Materie aus ihrem gasförmigen Zustand (die Pyramidenbasis) zum Zustand der Festigkeit (die Pyramidenspitze) Dies setzt voraus, daß eine Kraft nötig ist, die diese Konzentration zuwege bringt, und diese Kraft könnte der »Kraft des Geistes« analog sein, wenn er sich auf einen einzigen Punkt konzentriert.

Die moderne Physik ist dabei zu erproben und unter Beweis zu stellen, daß die gesamte Physik ein Resultat der reinen Geometrie ist. Ich stimme mit dieser Auffassung nicht überein, weil ich glaube, daß Geometrie nur die »Struktur« des Raumes bzw. der Räumlichkeit ist und das »Licht« sich innerhalb dieser Struktur befindet. Die verschiedenen Resonanzphänomene, die überall in der Atomphysik zu beobachten sind, sind offenbar eine Wirkung der Lichtwellen und ihres Einflusses auf die Geometrie des Raumes. Wir sollten fähig sein, die Bewegung des Lichtes durch Erkenntnisse aus der dynamischen Geometrie zu erklären und zu beschreiben, und die Hohlräume, in denen das Licht schwingt, durch die statische Geometrie.

Die Tatsache, daß die Große Pyramide errichtet wurde, um auf diese Weise die »Quadratur des Kreises« und die »Verwandlung der Kugel in einen Kubus«[2] anzudeuten, läßt mich zu dem Schluß kommen, daß die Alten versuchten, uns dadurch mitzuteilen, daß die statische Form in die dynamische Form verwandelt werden soll.

Die Pyramide kann leicht in einen Konus oder Kegel verwandelt werden, und der Kubus in gleicher Weise zu einer Kugel. Der Kegel ist eine vollkommene Darstellung der dynamischen Energie-Konzentration. Dies schließt wiederum ein, daß die Gestalt des Kegels in mancher Hinsicht mit dem

[2] Peter Tompkins: Cheops. Die Geheimnisse der Großen Pyramide. Bern/München 1977.

Schöpfungsvorgang verbunden ist. Zum anderen vermittelt die logarithmische Spirale den Eindruck der nach außen gerichteten Erweiterung und Ausdehnung. Folglich ziehe ich den Schluß, daß die Spirale eine Ausdrucksform des Übergangs vom dynamischgeometrischen Zustand zum statisch – geometrischen ist.

Ein anderer interessanter Gesichtspunkt ergibt sich, wenn man den Rauminhalt der Großen Pyramide betrachtet und zugrunde legt, daß jede Seite eine Länge von zwei Einheiten hat. Ein Würfel, bei dem jede Seite zwei Einheiten lang ist, hat einen Inhalt von acht Kubikeinheiten. Angenommen nun, daß jede Kubikeinheit eine Energieeinheit enthält, könnten wir sagen, daß der Würfel einen Rauminhalt von acht Einheiten hat, die wiederum acht Energieeinheiten beinhalten. Das Sechsfache des Volumens der Großen Pyramide von Ägypten enthält achtmal die Quadratwurzel von Phi-Volumeneinheiten, repräsentiert also achtmal die Quadratwurzel von Phi-Energieeinheiten. Das bedeutet, daß die Pyramide mehr Energie repräsentiert, als notwendigerweise ein dazugehörender Kubus enthält. Das führt zu dem Schluß, daß Energie im Würfel enthalten ist; und daraus leiten wir ab, daß diese Energie Lichtenergie ist.

Seit Newton wissen wir, daß jede Aktion eine ihr gleichstarke gegensätzliche Reaktion auslöst. Da das Universum sich ständig in einem vollkommenen Gleichgewicht befinden muß, ist die Folgerung logisch, daß jede wahrnehmbare Kraft und Seinsform ihr Reaktions- bzw. Gegenstück haben muß. Zum Beispiel: Aus der Physik wissen wir, daß, wenn wir eine positive Ladung in einiger Entfernung über dem Erdboden haben, wir das Feld zwischen der Ladung und dem Boden räumlich festlegen können aufgrund der Voraussetzung, daß eine andere negative Ladung vorhanden ist, die sich in gleicher Entfernung unter dem Boden befindet. Mit anderen Worten: Existiert eine positive Ladung, setzt diese Tatsache das Vorhandensein einer negativen Ladung voraus, auch wenn letztere physikalisch nicht in Erscheinung tritt. Deshalb ziehe ich den Schluß, daß ganz selbstverständlich eine oder mehrere Gegenpyramiden von der Großen Pyramide existieren.

Wegen ihrer Asymmetrie sind bei der Pyramide zwei Projektionsarten bzw. -richtungen denkbar, nämlich die eine hinauf zum Scheitelpunkt, die wir als Repräsentation der materiellen Schöpfung deuten, und die andere in der Richtung nach unten, zur Basis, die wir uns als Repräsentanz der Auflösung und Vernichtung vorstellen. Die Anti-Destruktionspyramide befindet sich Grundfläche an Grundfläche mit der wirklich sichtbaren Pyramide und liegt natürlich unter der Erdoberfläche (siehe Abb. 21)

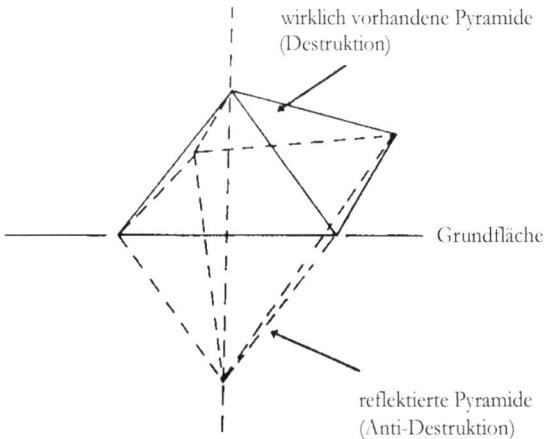

Abb. 21: Destruktions- und Anti-Destruktionspyramide

Die Anti-Konstruktions-Pyramide liegt Spitze an Spitze mit der wirklichen Pyramide und befindet sich natürlich über dem Gipfelstein (siehe Abb.22).

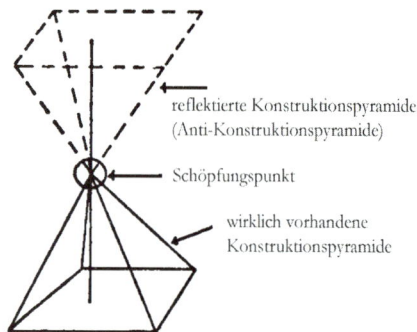

reflektierte Konstruktionspyramide
(Anti-Konstruktionspyramide)

Schöpfungspunkt

wirklich vorhandene
Konstruktionspyramide

Abb. 22: Konstruktions- und Anti-Konstruktionspyramide

Die Ergänzungs- bzw. Verbindungsfunktion zwischen der Konstruktions- und Antikonstruktions-Pyramide bewirkt einen Schöpfungsvorgang; das Produkt des Aufeinanderwirkens der Destruktions- und Antidestruktionspyramide bewirkt Ausdehnung und Vergrößerung und den Tod alles dessen, was geschaffen worden ist. Destruktion und Konstruktion wechseln in zyklischen Zeitabständen einander ab. Wir sehen somit, daß aus der Gestalt der Großen Pyramide dieselben Schlußfolgerungen gezogen werden können, wie sie Dr. Walter Russel fand, als er sich im Zustand kosmischen Bewußtseins befand[3]. Der kombinierte Leben-Tod-Zyklus ist in Abb. 23 graphisch dargestellt.

Die Gestalt dieser dynamischen Konusse erinnert an eine sehr interessante Feststellung, die sich aus der allgemeinen Relativität ableitet.

[3] Walter Russel: The Secret Of Light. Waynesboro, Virginia, 1969.

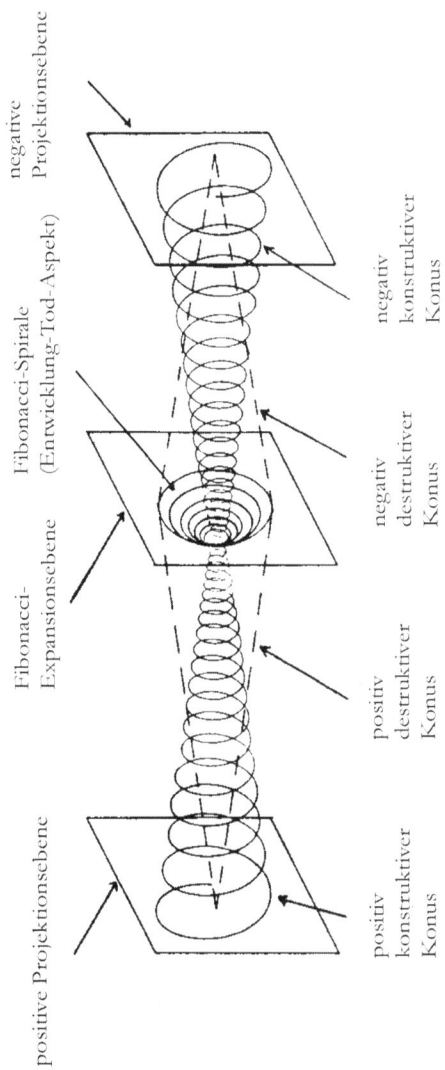

negative Projektionsebene

Fibonacci-Spirale (Entwicklung-Tod-Aspekt)

Fibonacci-Expansionsebene

positive Projektionsebene

negativ konstruktiver Konus

negativ destruktiver Konus

positiv destruktiver Konus

positiv konstruktiver Konus

Abb. 23: Der dynamische Leben-Tod-Zyklus: Pyramide in Konusprojektion

147

Angenommen, es gäbe eine Rakete, die sich irgendwo in den Tiefen des Raumes fern von jedem Weltenkörper befindet. Wir wollen jetzt in Gedanken eine lange Stange an der Spitze des Raketenkörpers befestigen (siehe Abb. 24) und dann der ganzen Rakete einen Stoß geben, damit sie sich mit einer konstanten Beschleunigung vorwärts bewegt. Aufgrund der Allgemeinen Relativitätstheorie ist berechenbar, daß eine an der Spitze der Stange (Punkt B) angebrachte Uhr schneller geht als eine andere, die an dem Punkt A, dem Befestigungspunkt an der Rakete, angebracht ist. Von einer Schlußfolgerung wie dieser kann die Feststellung abgeleitet werden, daß das Raum-Zeit-Kontinuum in einem gekrümmten Raum in

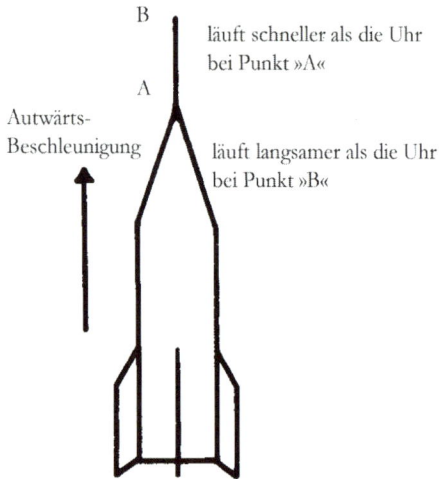

B

läuft schneller als die Uhr
bei Punkt »A«

A

Autwärts-
Beschleunigung

läuft langsamer als die Uhr
bei Punkt »B«

Abb. 24: Rakete und Zeitdifferential

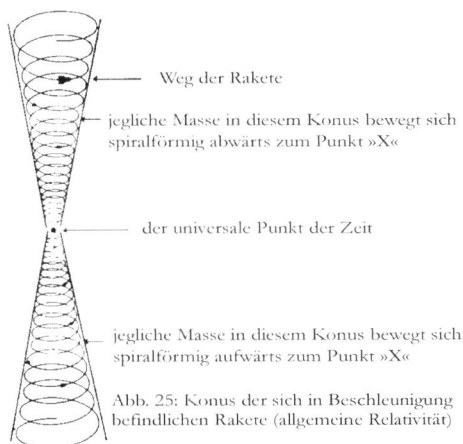

Weg der Rakete

jegliche Masse in diesem Konus bewegt sich
spiralförmig abwärts zum Punkt »X«

der universale Punkt der Zeit

jegliche Masse in diesem Konus bewegt sich
spiralförmig aufwärts zum Punkt »X«

Abb. 25: Konus der sich in Beschleunigung
befindlichen Rakete (allgemeine Relativität)

Erscheinung tritt und tätig wird (dynamische Geometrie).
Die Allgemeine Relativitätstheorie besagt ferner, daß das
Raum-Zeit-Diagramm, das die Beschleunigung unserer
Rakete im Verhältnis zum übrigen Universum beschreibt, die
Form von zwei spiraligen Kegeln hat, die Spitze an Spitze
aneinander liegen (siehe Abb. 25). Das ist genau das, was analog auch aus der Großen Pyramide abgeleitet werden kann.
Für diesen Raum-Zeit-Kegel gibt es eine Reihe sehr interessanter Interpretationen: Der Punkt, wo sich die Spitzen der
beiden Konusse berühren, ist der Halte- oder Angelpunkt für
sämtliche Vorgänge im System. Die alten Hindus glaubten,
daß die Existenz alles Geschaffenen im Gleichgewicht quasi
an einem Punkt hängt.

Alle im Geltungsbereich des Raum-Zeit-Konusses unserer
Raumrakete vor sich gehenden Ereignisse geschehen gleichzeitig am Berührungspunkt der beiden Kegel. Anders ausge-
drückt: Die Vergangenheit und die Zukunft sind in dem Punkt,

wo sich die beiden Kegelspiralen treffen, ohne Bedeutung, existieren praktisch nicht. »Alles, was war, ist im Jetzt enthalten, ebenso wie alles, was in Zukunft sein wird.« Freilich – das ist eine Weltsicht vom Ewigen und Kosmischen her, von der wir zur Zeit nur wenig zu begreifen vermögen.

Vom Wahrnehmungspunkt der sich beschleunigenden Raumrakete aus sind alle Himmelskörper, die sich im oberen Konus befinden, mit zunehmender Beschleunigung abwärts in Richtung der Kegelspitze unterwegs, und alle Himmelskörper, die im unteren Konus liegen, sind in einer Beschleunigung in Richtung der oberen Kegelspitze begriffen. Dies ist direkt eine Analogie zu der Art und Weise, in der sich atomare Partikel bilden durch die Beschleunigung des Lichtes in Richtung des Konzentrationspunktes.

Die Zeit-Theorie von Nikolai Kozyrev[4] ist ebenfalls in der Großen Pyramide von Ägypten erkennbar. Die Asymmetrie ist der Eckstein dieser Theorie über die Zeit; und die Asymmetrie ist in der Großen Pyramide durch die Zahl Phi verkörpert. Die logarithmische Spirale ist eine asymmetrische Struktur. Wenn sich ein System in vollkommenem Gleichgewicht befindet, besteht keine Möglichkeit, daß Bewegung in Erscheinung treten kann. Eines der ersten Zwecke der Asymmetrie in der Natur ist es, die Voraussetzungen und Bedingungen zu schaffen, unter denen Bewegung entstehen kann. Laut Kozyrev hat die Zeit die Fähigkeit, die Entropie (Erreichung eines ausgeglichenen, also unbeweglichen, toten Endzustandes) zu verzögern, doch ist diese Einwirkung der Zeit auf ein System so geringfügig, daß sie in den physikalischen Systemen, mit denen wir vertraut sind, meist unentdeckt bleibt. Wenn der Einfluß der Zeit auf ein System bemerkbar wird, sprechen die Ingenieure von Systemstörungen. In der Gro-

[4] Nikolai Kozyrev: *Possibility Of Experimental Study Of The Properties Of Time.* Springfield, Virginia, 1968.

ßen Pyramide von Ägypten ist die Wirkung des Zeitflusses durch die Form des Baues verstärkt worden, so daß es dadurch möglich ist, organische Materie zu konservieren, vor dem Verderben zu schützen. Die Ausdrücke Zeitfluß und Bioplasma sind nur verschiedene Worte, die zur Beschreibung der gleichen mysteriösen Kraft benutzt werden, die verantwortlich ist für die Schöpfung und die Aufrechterhaltung aller materiellen Systeme. Nach Kozyrev hat Bioplasma die Fähigkeit, die Energie eines Systems zu steigern, ist aber nicht imstande, die Schwungkraft der Bewegungsabläufe in einem System zu beeinflussen.

Bioplasma soll Eigenschaften haben, die denen der Nuklear-Energie entgegengesetzt sind. Es war Dr. Wilhelm Reich, der als erster unter Zugrundelegung dieser Idee ein Experiment machte, das er »das Oranur-Experiment« nannte[5]. Bei diesem Experiment stellte es sich heraus, daß Bioplasma sehr heftig reagierte, wenn es mit radioaktivem Material zusammengebracht wurde. Es entstand dabei ein Nebenprodukt, das für eine kurze Zeitspanne außerordentlich lebensgefährlich war. Es wurde auch herausgefunden, daß die Radioaktivität durch die Einwirkung des Bioplasmas reduziert wurde. Dieses Experiment lieferte somit den Beweis dafür, daß Bioplasma eine bestimmte schöpferische Kraft ist, die genau in der entgegengesetzten Richtung wie die Nuklearkraft arbeitet. Kozyrev drückt das mit folgenden Worten aus: »Wenn es die Mechanik uns eines Tages ermöglichen wird, Vitalprozesse außerhalb des organischen Lebens zu entdecken und zu kontrollieren, werden Arbeitsmaschinen die potentiellen Möglichkeiten der Welt grundlegend verändern, nicht nur erschöpfen. Dann mag eine echte Harmonie zwischen Mensch und Natur Platz greifen. Wenn auch dieser Traum illusionär klingt: Er hat eine realistische Basis.«

[5] Wilhelm Reich: *Cosmic Superimposition.* Rangeley, Maine, 1951.

Wenn wir die Sache so betrachten, wird es uns verständlich, daß »Zeit« nichts anderes ist als einfach der geometrische Aspekt des Bioplasmas, das als statische Geometrie in Erscheinung tritt, wohingegen die Konzentration (die Energiesammlung) ihr dynamischer Aspekt ist, der sich durch die dynamische Geometrie ausdrückt.

Das wechselseitige Aufeinandereinwirken von dynamischer und statischer Geometrie bewirkt die Verfalls- und Todesprozesse, zusammen mit Aufbau und Leben. In Abb. 23 ist der Leben-Tod-Zyklus graphisch dargestellt.

Die statischen Pläne enthalten die Schöpfungsimpulse, und die Brennpunkte verkörpern die Auswirkungen des Schöpfungsvorganges. Mit anderen Worten: Alle dem Universum zugrunde liegenden Verursachungen sind der statischen Geometrie innewohnend, woraus hervorgeht, daß die Wirkungen in der dynamischen Geometrie begründet sind.

Ehe diese Ideen voll akzeptiert und von der modernen Wissenschaft für brauchbar befunden werden können, müssen sie in detaillierter analytischer Form durchleuchtet werden. Das erfordert ein tiefes Verständnis der Gesetze, die die Schöpfungsprozesse der Natur beherrschen. Bis jetzt sind die nötigen Einsichten von denen, die gleich mir diese Sache erforschen, noch nicht erreicht worden. Es ist mein Glaube, daß die nächste wissenschaftliche Revolution sich in dieser Richtung abspielen wird und daß die Notwendigkeit besteht, die für die universelle Schöpfung zuständige und verantwortliche Energie in die moderne Wissenschaft hereinzunehmen, bevor die ungelösten Probleme, denen sich die Wissenschaftler täglich gegenüber sehen, gelöst werden können. Zum Beispiel: man kann nicht von einer »vereinigten Feldtheorie« sprechen, solange nicht die Natur des Bioplasmas richtig begriffen worden ist. Eine vollständige und bis ins einzelne gehende Erforschung der Großen Pyramide durch kompetente Wissenschaftler, die immer den Gedanken an das Bioplasma in ihrem Bewußtsein festhalten, mag helfen, etwas mehr Licht in die Dunkelheit unseres Nichtwissens zu werfen.

Peter Tompkins hat in seinem Buch *Cheops. Die Geheimnisse der Großen Pyramide* eine erstaunliche Menge von Informationen zusammengetragen, die während des späten 19. und des frühen 20. Jahrhunderts von den verschiedensten Autoritäten aus den Dimensionen der Cheops-Pyramide errechnet worden sind. Das beginnt bei der Bewertung der Pyramide als ein »vollkommener geodätischer Fest- oder Richtpunkt, dessen Winkel bzw. Ecken die Delta-Region gänzlich umfassen«, und geht bis zur Höhe der Pyramide, die einem milliardstel Teil der Entfernung Erde-Sonne entspricht. Ingenieure und Mathematiker haben dargelegt, daß die Große Pyramide den PI-Wert (n = 3,14) verkörpert, was ziemlich genau der korrekten PI-Zahl 3,14159 entspricht, die erst im 6. Jahrhundert unserer Zeitrechnung exakt errechnet wurde. Die alten Ägypter waren sich offenbar durchaus im klaren darüber, daß die Erde eine Kugel ist, und deshalb waren sie imstande festzustellen, daß die Zahl der Tage in einem Jahr 365 beträgt, und daß der Umfang der Pyramidenbasis einen genauen Bruchteil des Erdumfanges ausmacht.

Trotzdem hat Tompkins nicht versucht zu erklären, zu welchen Zwecken diese hochkomplizierten und präzisen Berechnungen überhaupt angestellt wurden.

Mystische Spekulationen aller Art sind nicht nur über die Große Pyramide angestellt worden, sondern ebenso über die große Sphinx, die in geringer Entfernung südöstlich der Pyramide als eine Art mysteriöser Wachtposten steht. Viele Leute glauben, daß die Giseh-Pyramiden noch mehrere geheime Kammern und Gänge enthalten, die sie untereinander und mit der Sphinx verbinden. Die Entdeckung dieser Räume und Korridore wird, so glauben die meisten Mystiker fest, die Tausenden von Mysterien lösen, die sich im Laufe der Zeit angehäuft haben.

Es wird auch erzählt, daß es ein Adept sein müsse, der den Zugang zu den geheimen Korridoren und Kammern der Großen Pyramide findet, und zwar durch eine Tür, die zwischen den Pranken der Sphinx verborgen ist. Diese geheimnisvolle Tür könne aber, wie gesagt, nur von einem wahren Meister geöffnet werden, der weiß, wie die ebenso geheimnisvolle Öffnungsvorrichtung zu betätigen ist. Woraufhin, so heißt es, ein bronzenes Tor aufspringe. Sodann habe der Adept seine erste Aufgabe zu lösen, nämlich sich durch die labyrinthartigen Gänge und Korridore hindurchzufinden. Durch die richtige Wahl an jeder Biegung und Abteilung der Korridore würde dann sofort der Einweihungsvorgang einsetzen, der nötig ist, um ihn schließlich die Wiedergeburt als Gott erreichen zu lassen.

Natürlich ist nie etwas von einem solchen geheimen Eingang gefunden worden. Einige vermuten, daß, wenn ein solcher Eingang jemals existiert haben sollte, er für immer zugemauert oder verschüttet worden ist während einer der zahlreichen Umbauten und Instandsetzungen, die während der aufeinanderfolgenden Zivilisationen vorgenommen wurden.

Eine andere Theorie besagt, daß der geheime Eingang direkt unterhalb der Sphinx zu suchen sei. Als sich die Notwendigkeit ergab, die Benutzung der Großen Pyramide als Einweihungstempel aufzugeben, sei die Sphinx gewissermaßen als Wachtposten über dem Eingang errichtet worden; die Funktion eines Wächters übe sie noch heute aus.

Noch andere vermuten, daß die Sphinx selbst das Tor ist, das den Zugang zu den geheimen Gängen bildet, und die Anwendung eines speziellen, unbekannten Kodes oder Rituals sei erforderlich, um die ganze Position der großen Statue so zu verändern, daß der Eingang offenliegt.

Eine der bekanntesten Gedankenverbindungen, die im Zusammenhang mit der großen Sphinx auftauchen, ist das Rätsel

»Welches Wesen geht am Morgen auf vier, mittags auf zwei und abends auf drei Füßen?« Dieses Rätsel und die dazugehörige Geschichte wird eigentlich einer geflügelten griechischen Sphinx zugeschrieben, die die Straße nach Theben bewachte. Diese Sphinx hat jedem, der die Straße passieren wollte, dieses Rätsel gestellt und hat ihn umgebracht, wenn er nicht die korrekte Antwort zu geben wußte. Angeblich war der erste Mensch, der des Rätsels Lösung wußte und die richtige Antwort gab, Ödipus, der sich damit vor dem Tode bewahrte. Die Antwort ist »Der Mensch selbst, der in der frühen Kindheit auf Händen und Füßen krabbelt, als Erwachsener aufrecht auf zwei Füßen steht und geht, als Greis aber eines zusätzlichen stützenden Stockes bedarf.«

Eine andere Antwort auf dieses Rätsel beruht auf der Anwendung der pythagoräischen Zahlenwerte, wie sie heute noch in der Numerologie, der Zahlenmystik, benutzt werden. Die drei Zahlen 4, 2 und 3 ergeben zusammen 9, die natürliche Zahl des Menschen. Die 4 bedeutet den Menschen in seiner Unwissenheit, die 2 symbolisiert seine Entwicklung als intelligentes Wesen, und die 3 steht für seinen letzten Schritt in Richtung der Meisterschaft, der Erlangung des universellen Wissens des Hohen Spirituellen Selbstes.

Eine besonders interessante Theorie, die den Zweck der Großen Pyramide (und anderer größerer Pyramiden in anderen Teilen der Welt) betrifft, ist die, daß sie errichtet wurde als massive, unzerstörbare Wissensschatzkammer, in der die Weisheiten der Leute, die sie erbauten, für ewige Zeiten aufbewahrt sind. Diese Information ist in Gestalt eines Hieroglyphenberichtes auf uns gekommen, der aber in bezug auf Irrtumsmöglichkeiten, falsche Übersetzungen und Interpretationen sehr unsicher und angreifbar ist. Das Bestechende an dieser Theorie ist ihre praktische Brauchbarkeit. Es ist unbestreitbar, daß das Festhalten und Weitergeben von Informationen in Gestalt von Büchern eine sehr unsichere Methode ist, weil eben Bücher so leicht zu zerstören sind. Ist ein Buch einmal vernichtet worden, ist das Wissen, das es enthielt, ein für allemal verloren, sofern keine Kopie existiert und wenn der Autor nicht imstande ist, es noch einmal zu schreiben.

So liegt der Gedanke durchaus nahe, daß die Alten mit ihrer hochentwickelten Wissenschaft und künstlerischen Kultur den Wunsch hatten, ihr Wissen in unzerstörbarer Form der Nachwelt zu erhalten. Es ist vermutet worden, daß der Grund, weshalb spätere Zivilisationen unfähig waren, die hinterlassenen Hieroglyphen richtig zu deuten, auf einen Fehlschluß der Alten zurückgeht. Sie glaubten, daß die für sie ohne weiteres verständlichen Symbole ebenso leicht auch von jedem anderen Menschen an anderen Orten und zu anderen Zeiten verstanden werden würden.

Daß die Gründer und Träger einer solch großen Zivilisation tatsächlich so kurzsichtig gewesen sein können, wird besser verständlich, wenn wir uns an die Edelmetallplatte erinnern, die einer der NASA-Raumraketen mit auf den Weg gegeben wurde und eine in Symbolen ausgedrückte Botschaft enthält an möglicherweise existierende Bewohner anderer Planeten, auf deren Welt die Rakete vielleicht landet oder niederstürzt.

Diese Botschaft ist abgefaßt in der Symbolsprache der Astronomie und der Atomchemie und enthält außerdem die Abbildungen von zwei Erdenmenschen, also eine Kurzinformation über unser Universum, bestimmt für Wesen, die vielleicht irgendwelche anderen Welten oder Planeten bewohnen. Gesetzt den Fall, irgendein außerirdisches Wesen würde die Rakete entdecken und die Zeichnungen auf der Plakette zu entziffern versuchen, so ist es mehr als wahrscheinlich, daß sie diese völlig unverständlich und rätselhaft findet. Die Informationen, die in den verschiedenen Teilen der Großen Pyramide enthalten sein können, entsprechen genau dieser Art von Symbolismus, völlig klar für den Erbauer, aber unverständlich für Menschen anderer Zeitalter oder gar anderer Welten.

Wir haben den sicheren Beweis dafür, daß es offenbar ein dem Menschen innewohnender Instinkt ist, zu wünschen, daß sein Wissen der Nachwelt erhalten bleibt. Zum Beispiel geschah es noch vor Beginn der christlichen Ära, daß rund eine dreiviertel Million der wertvollsten Bücher der Alten Welt aus allen vier Himmelsrichtungen zusammengetragen und in besonders dafür gebauten Gebäuden in Alexandria gelagert wurden, einzig zu dem Zweck, das seinerzeit vorhandene Wissen der Zivilisationen nicht verlorengehen zu lassen. Diese Bücher waren aus Holz, Stein, Pergament, gebranntem Ton, Velinpapier und sogar aus Wachs.

Diese Bibliothek ist durch eine Reihe von absichtlich gelegten Bränden zerstört worden. Die zweite Brandstiftung ist von dem 389 n. Chr. regierenden römischen Kaiser angeordnet worden zu dem Zweck, die alexandrinische Flotte in ihrem eigenen Hafen zu zerstören. Die Schriften, die dieser Verbrennungsaktion entgingen, wurden später auf Theodosius 1. Befehl hin anläßlich der Zerstörung des Serapeums (eines dem Serapis geweihten Bauwerkes) von den Christen »geopfert«. In diesem Gebäude, so glaubt man, sei die Bibliothek enthalten gewesen, die Markus Antonius der Kleopatra schenkte, um sie für die beim ersten Brand im Jahre 51 n. Chr. zerstörten Schriften zu entschädigen.

Bücher, die diesen Bränden entgangen waren, könnten an andere Orte in Ägypten gebracht worden sein, oder vielleicht nach Indien. Doch alle Hinweise, wo sie sich befinden könnten, sind verlorengegangen und mit ihnen aller Wahrscheinlichkeit nach die größte Sammlung der alten Weisheiten, die die Welt je besaß.

Wenn, was durchaus denkbar ist, Informationen über die Geheimnisse der Großen Pyramide in der Bibliothek von Alexandria vorhanden gewesen sind, sind sie für uns für immer verloren, und das Mysterium der Pyramiden wird wohl ewig ungelöst bleiben.

Wir haben in diesem Kapitel eine Reihe von Berichten, Meinungen und Theorien präsentiert, die den Ursprung und den Zweck der Großen Pyramide betreffen. Wir glauben, daß es unwichtig ist, ob diese Geschichten wahr sind oder nicht. Worauf es ankommt, ist, daß so viel über die Pyramide geschrieben wurde, was nur wenigen bekannt ist. Diese Erzählungen und Berichte haben ein sich steigerndes Interesse und eine zunehmende Neugier in bezug auf den Zweck und die Funktionen der Großen Pyramide zur Folge. Sie wecken und erneuern unser Gefühl für das Wunderbare und Mysteriöse in und an diesem Bauwerk und seine Auswirkungen auf die Menschheit.

8.

Der Kampf um das Pyramidenpatent

Karl Drbal ist ein pensionierter Radioingenieur, der bei der Entwicklung des Rundfunks und Fernsehens in der Tschechoslowakei Pionierarbeit geleistet hat. Jetzt ist er in den Siebzigern. Nahezu die Hälfte seines Lebens hat er sich mit den Problemen und Theorien der Energiegewinnung und -umwandlung befaßt. Sein Interesse daran und die Art seines Forschens auf diesem Gebiet unbekannter und ungewöhnlicher Energieformen war so beharrlich und zielstrebig, so scharf und schneidend wie die Rasierklingen, die er bei seinen Pyramidenexperimenten benutzte. Das folgende Kapitel ist von Karl Drbal im Februar 1974 in Prag speziell für dieses Buch geschrieben worden. Es ist das einzige von ihm verfaßte Schriftstück über seine Erfindung, das in den USA veröffentlicht worden ist.

Dies ist die Geschichte des Patentes Nr. 91304, die Geschichte einer seltsamen Erfindung, die die Aufmerksamkeit der ganzen Welt auf sich gezogen hat, einer Erfindung, die nicht mehr und nicht weniger beweist, als daß der Hohlraum unter einem kleinen Pappmodell der großen Cheopspyramide imstande ist, auf die stählerne Schneide von Rasierklingen in ganz bestimmter Weise einzuwirken.

Es sei vorausgeschickt, daß die Patentanmeldung, die in Prag im Jahre 1949 eingereicht wurde, erst 1959 anerkannt wurde, woraus hervorgeht, daß sich die Prüfungskommission in diesem Fall einer ganz außergewöhnlichen Erfindung gegenüber sah. Normalerweise braucht die Patentprüfungs-Kommission für die Entscheidung über einen Patentantrag eine Zeitspanne, die zwischen ein und drei Jahren liegt.

Während dieser zehn Jahre, in denen mein Antrag lief, war ich gezwungen, neue Argumente und Begründungen zu liefern und zu erklären, wie es möglich ist, daß diese außergewöhnlich einfache Vorrichtung ohne irgendeine sichtbar vorhandene Energiequelle in der Lage ist, eine nachweisbare Wirkung auf die Schärfe von Rasierklingen auszuüben, die durch wiederholten Gebrauch stumpf geworden waren.

Ganz am Anfang, als ich meinen Patentantrag einreichte, war die Sache für mich und meine Freunde, die alle gleich mir Radioingenieure sind, mehr ein Scherz. Wir hatten uns dazu entschlossen, um herauszufinden, wie die Patentbehörde auf die Einreichung eines Antrages reagierte, bei dem es sich um einen »Pharaonischen Rasierapparat« handelte. Ich muß aber betonen, daß alle meine Freunde, genau wie ich selbst, voll und ganz davon überzeugt waren, daß dieses merkwürdige »Gerät« tatsächlich funktionierte, denn schließlich hatten wir eine Rasierklinge, die wir regelmäßig in den Pyramiden-Regenerator gelegt hatten, für mehr als hundert tägliche Rasuren benutzen können.

Doch die Prüfer vom Patentamt davon zu überzeugen, war natürlich eine andere Sache. Es ging nicht nur darum, ihnen zu beweisen, *daß* die Sache funktionierte, sondern, was viel schwieriger war, *wie* das vor sich ging.

Während der ganzen zehn Jahre, die mein Antrag der Patentkommission vorlag, widmete ich mich dem Studium aller nur möglichen Mikrowellen sowie den kosmischen und tellurischen Beziehungen zwischen dem Resonanz-Hohlraum des Cheopspyramiden-Modells – das aus dielektrischem (nichtleitendem) Material hergestellt war, zum Beispiel aus Pappe und ähnlichen Stoffen – und der kristallinischen Struktur der Rasierklingenschneide. Ich studierte auch die Rolle, die das sehr schwache erdmagnetische Feld dabei spielt, denn eine der in der Patentschrift angegebenen Bedingungen war, daß die Rasierklinge jeweils mit ihrer Längsachse genau in der

Richtung der horizontalen Komponente des erdmagnetischen Feldes unter die Pyramide gelegt werden mußte.

Meine Anstellung in einem großen Rundfunk-Forschungsinstitut war natürlich in dieser Zeit von großer Wichtigkeit für mich, denn ich hatte ohne weiteres Zugang zu der einschlägigen technischen Fachliteratur aus aller Welt. Schritt für Schritt gelang es mir schließlich während dieser zehn Jahre, eine Theorie oder Hypothese zu entwickeln bezüglich der Energiebildung im Resonanzraum des kleinen Pyramidenmodells unter Berücksichtigung der kosmischen Mikrowellen (besonders solcher von der Sonne) und der Mitwirkung der von einem konzentrierten Erdmagnetfeld ausgehenden Faktoren. Nachdem ich diese technischen Möglichkeiten einer Energiebildung und -wirkung genauer darzulegen imstande war, gelang es mir schließlich und endlich, die Patentprüfer zu der Einsicht zu bringen, daß der Pharao Cheops mit der Erhaltung der Rasierklingenschärfe gar nichts zu tun hatte und daß die ganze Sache keineswegs illusorisch oder unsinnig war.

Während dieser Periode baute ich ein Pappmodell der »Type Cheops« (8 cm hoch, eine Grundlinie 12,5 cm lang), das ich dem Chef der Patentprüfungskommission übergab, der ein ausgezeichneter Spezialist für Metallurgie war. Da nun dieses Modell die zehn Jahre hindurch zu seiner vollen Zufriedenheit arbeitete, war er in der Lage, aufgrund eigener Erfahrungen den Beweis zu erbringen, daß es sich bei der Erfindung nicht um eine Mystifikation handelte. Er hielt es deshalb für seine Pflicht, meinen Antrag der Prüfungskommission gegenüber zu verteidigen. Ich bin sicher, daß ohne die Hilfe dieses ehrlichen und unvoreingenommenen Mannes dieses seltsame Patent Nr. 91304 heute nicht existieren würde.

Das Patent gilt nur für den »Cheops-Typ«, dessen Grundlinienlänge leicht errechnet werden kann, indem man die Höhe der Pyramide mit 2 (das heißt mit 1,57079) multipliziert, wie es in der Patentschrift genau spezifiziert ist. Die Erfindung ist jedoch nicht auf diese spezifische Form beschränkt, denn ich habe aufgrund einer sehr großen Zahl unterschiedlicher Versuche herausgefunden, daß andere Pyramidenformen ebenfalls imstande sind, in der gleichen Weise wie der Cheopstyp auf die Schärfe der Rasierklingenschneide einzuwirken. Ich habe diese Möglichkeiten in meiner Patentschrift ausführlich dargelegt und auch angegeben und begründet, warum (von meiner Hypothese ausgehend) der Hohlraum innerhalb des Pyramidenmodells in dieser besonderen Weise arbeitet (oder zu arbeiten scheint) und wie er auf die kristallinische Struktur der stählernen Schneide einwirkt.

Der Titel der Patentspezifikation lautet: *Vorrichtung zur Schärfung von Rasierklingen und Rasiermessern.* Es ist klar definiert, daß es sich dabei nicht um ein Gerät zum Schärfen im üblichen Sinne des Wortes handelt, sondern daß der Ausdruck »Schärfung« mehr symbolisch zu verstehen ist, da die eigentliche Funktion der Vorrichtung die eines Regenerators ist.

Der letzte Paragraph meines Beschreibungstextes enthält Darlegungen, die zu einem besseren Verständnis meiner Hypothese führen sollen, und sie sind von mir – was schließlich auch von der Prüfungskommission akzeptiert wurde – in folgender Weise definiert worden:

»Diese Erfindung beruht insbesondere auf Versuchen, die mit einem spezifischen pyramidenförmigen Gerät durchgeführt wurden, ist aber keineswegs auf diese eine spezifische Form beschränkt, was bedeutet, daß das Prinzip dieser Erfindung auch verwertbar sein kann bei Benutzung anderer geometrischer Formen aus dielektrischem Material, das in der gleichen Weise angewandt wird, wie sie im folgenden Definitionstext beschrieben ist:

In dem Raum, der von der Pyramidenform umschlossen wird, findet ein automatischer Regenerationsprozeß statt, der auf die Rasierklingenschneide einwirkt, der von dem besagten Hohlraum ausgeht und auf die umgebenden kosmischen und irdischen Felder zurückzuführen ist. (Diese Felder können elektrischer, magnetischer, elektromagnetischer oder korpuskularer Art sein, können mit der Gravitation und anderen felderzeugenden Energien zusammenhängen, die noch nicht definierbar sind.) Dieser Prozeß wirkt auf die Rasierklingenschneide ein, indem er eine Verminderung der Zahl innerer Störungen (Verschiebungen und Gefügeveränderungen als Folge des Rasierprozesses) im Molekularverband der mikrokristallinischen Struktur der Schneidkante herbeiführte. (Es muß Stahl allerbester Qualität sein!) Das Ergebnis dieser Einwirkung besteht in einer Regeneration des Schneidkantenmaterials bis hinein in dessen feinste Kristallstruktur. Es handelt sich um eine Regeneration (eine Material-Erholung), die eine Erneuerung der Rasierklingenschneide, eine Ausschaltung des Material-Ermüdungsprozesses bewirkt, der normalerweise eine Folgeerscheinung des Rasiervorganges ist. Das geschieht, wenn die Störungen des Kristallgitterverbundes elastischer, nicht aber definitiver Art sind, zum Beispiel infolge grober mechanischer Zerstörung der Schneide.«

Ich möchte hier auf die Notwendigkeit hinweisen, daß die für die Experimente benutzten Stahlklingen aus erstklassigem Material sein müssen, damit die Veränderungen der Mikrostruktur der Blattschneide durch den vielfachen Gebrauch beim Rasieren nicht definitiven, sondern elastischen Charakters sind und bleiben.

Die Pyramide (Typ Cheops oder eine andere Form) oder ein anderer demselben Zweck dienender Resonator bewirkt lediglich eine Beschleunigung des Wiederherstellungs- bzw. Erholungsvorganges, durch den die vorübergehende Deformation des Original- (oder beinahe Original-)Zustandes der Klingenschneide wieder ausgeglichen wird. Dieses Sicherholen und Wiederscharfwerden würde ohne Anwendung des Regeneratorgerätes 15 bis 30 Tage in Anspruch nehmen, geschieht aber im Pyramidenhohlraum beschleunigt innerhalb von 24 Stunden! Das ist das eigentliche Geheimnis der Resonanzvorgänge im Pyramidenhohlraum und deren Auswirkung auf die Rasierklingenschneide.

Ein weiterer interessanter Effekt ist von Prof. Dr. Carl Benedicks aus Stockholm entdeckt worden (siehe *Metallkundliche Berichte*, Berlin 1952, Band II »Änderung der Festigkeit von Metallen und Nichtmetallen durch eine benetzende Flüssigkeit«) Dieser Flüssigkeitsbenetzungseffekt ruft bei Stahl eine zwar nicht zersetzende, aber die Stahlfestigkeit vermindernde Wirkung hervor. (Der Einfluß von Wasser auf Stahl kann dessen Festigkeit bis zu mehr als 22 Grad reduzieren) Diese Tatsache tritt auch bei den winzigen Hohlräumen im Mikrogefüge der Rasierklingenschneiden in Erscheinung, denn es ist schwierig (man könnte sagen, unmöglich), die schädigende Wirkung der Dipol-Wassermoleküle auszuschließen.

Die Pyramide (oder andere ihr gemäße Resonanzhohlräume) ist die einzige Vorrichtung, die dabei helfen kann, aus den winzigen Zwischenräumen der kristallinischen Struktur der Rasierblattschneide die Dipol-Wassermoleküle durch eine Resonanzeinwirkung auf eben diese Dipole auszutreiben. Man könnte somit symbolisch sagen, daß diese Einwirkung in einer »Entwässerung« der Rasierklingenschneide besteht.

Daß eine solche Einwirkungsmöglichkeit auf die Dipol-Moleküle in einem Resonanzhohlraum wirklich besteht (durch gleichzeitige Sättigung mit geeigneter Mikrowellenenergie), ist durch die Wissenschaftler Born und Lertes bewiesen worden (siehe *Archiv der elektrischen Übertragung*, 1950, Heft 1, S. 33 ff.: »Der Born-Lertessche Drehfeldeffekt in Dipolflüssigkeiten im Gebiet der Zentimeterwellen«) Man fand heraus, daß Mikrowellen von Zentimeterlänge und ihre Nebenschwingungen eine Beschleunigung der Rotation der Wasser-Dipolmoleküle hervorrufen, und dieser Prozeß kann als Resultat den erwähnten »Entwässerungsvorgang« zur Folge haben, die »Austreibung« der Wasserdipolmoleküle aus den allerkleinsten Zwischenräumen und deren Projizierung in die umgebende Luft. Dies ist genau der Vorgang der elektromagnetischen Entwässerung bzw. Trocknung.

Eine sich hier erhebende Frage ist, warum die Pyramidenmodelle aus dielektrischen Materialien hergestellt sein müssen. Die Antwort ist ganz einfach die: weil Mikrowellen derartiges Material durchdringen und den Resonanzhohlraum mit Energie erfüllen können. Dies ist eine bereits sehr alte Entdeckung (siehe *Journal of Applied Physics*, Band 10, Juni 1939, S. 391 ff.: R. D. Richtmeyer, Stanford University, California: *Dielectric Resonators*)

Es sei hier darauf hingewiesen, daß in der Mikrowellentechnik ein Mikrowellen-Resonator mit einer kleinen Antenne oder einem Verbindungsloch ausgestattet sein sollte; die Pyramide kann aber ohne eine solche Öffnung gebaut werden. Ich habe ausführlich dargelegt, daß die Mikrowellen ohne irgendwelche Behinderung durch dielektrisches Material dennoch hindurchdringen und ihre Wirkungen ausüben. Dies ist von Mikrowellen-Technikern experimentell bestätigt worden, zum Beispiel in *Electronique, Revue Technique Electronique*, Nr. 118, September 1956, Seite 10 ff.: Henry Copin, Ingenieur: Die Möglichkeit der Existenz stationärer Wellen in lebenden Zellen. Dieser Autor vermutet, daß jede lebende Zelle ein Mikrowellen-Resonator ist (wie es ein Radiotechniker erklärt) In den Hohlräumen der Zelle und an deren sie umgebenden Wandungen, die aus dielektrischem oder aus Halbleitermaterial

165

bestehen, soll eine mechanische Erregung oder Reizung vor sich gehen.

Der Einwand der Mitglieder der Patentprüfungskommission, daß die Pyramidenform als Mikrowellengerät ungewöhnlich sei, war leicht zu entkräften unter Zuhilfenahme einiger Literatur, die ich vorlegte; (zum Beispiel *Zeitschrift für angewandte Physik*, Band 6, Heft 11, 1954, S. 499 ff.: Gerhard Piefke: »Die Ausbreitung elektromagnetischer Wellen in einem Pyramidentrichter«).

Ich wurde auch von den Herren der Prüfungskommission aufgefordert, ihnen etwas über die Menge und den Umfang der Mikrowellenenergie zu sagen, die von der Sonne kommt und schließlich von der Erde reflektiert wird, sowie über die Möglichkeiten, die diese eine Resonanzwirkung auf das Mikrostrukturgitter von Rasierklingenschneiden auszuüben vermag. Ich erbrachte auf wissenschaftlicher Grundlage den Nachweis, daß mittels eines pyramidenförmigen Resonanz-Hohlraumes – oder durch den Bündelungseffekt eines pyramidenförmigen Trichters – diese Energie in ausreichendem Maße wirksam wird. Ich wies ferner nach, daß die Energie, die nötig ist, um auf Stahlkristallgitter und deren Verformungen einzuwirken, sich nur im Bereich zwischen 1 und 1,5 ev bewegt (ev = ein Elektronenvolt, das eine Energie von 1,6 x 10^{-19} Watt pro Sekunde repräsentiert), was bedeutet, daß diese Energie äußerst schwach ist und leicht von den sphärischen und technischen Einflüssen (den Mikrowellen, die durch technische Anordnung im Hohlraum einer Pyramide erzeugt werden) überwunden werden kann. Siehe zum Beispiel: P. Fischer und Kochendörfer »Plastische Eigenschaften von Kristallen (Kristallgitter) und metallischen Werkstoffen«,

Meine Hypothese, die ich für das Patentbüro sorgsam ausarbeitete (ich behaupte hier nicht, daß meine Hypothese die einzig mögliche ist) erklärt auch, warum man die Regenerationspyramide nicht zu nahe an Zimmerwänden aufstellen sollte, auch nicht in der Nähe größerer Metallmassen und zu vieler elektrischer Geräte (keinesfalls zum Beispiel auf einem Fernsehgerät).

Um auf ganz einfache Art verständlich zu machen, wie der Pyramidenhohlraum auf die Rasierklingenschneide wirkt, greife ich gern zu dem Vergleich mit einem Fotokamera-Belichtungsmesser, der ja, genau wie die Pyramide, ohne jede künstliche Energiequelle arbeitet, nur mit dem vom sichtbaren Sonnenlicht ausgehenden Impuls. Der einzige Unterschied zwischen diesen beiden Apparaten ist, daß meiner mit unsichtbarem Sonnenlicht arbeitet.

Die obigen Ausführungen beinhalten das Wesentliche der in meinem Patentantrag enthaltenen hypothetischen Feststellungen. Das Ergebnis war schließlich, daß mir nach Ablauf von »nur« zehn Jahren nach gründlichster Prüfung und Erbringung des Funktionsnachweises durch den Chefprüfer persönlich das Patent erteilt wurde.

Aus dem bisher Gesagten dürfte klar hervorgehen, daß in der Funktion der Pyramide und deren Effekt auf die Rasierklingen nichts Magisches mit im Spiele ist, auch dann nicht, wenn diese Pyramidenmodelle für Mumifizierungen benutzt werden. Man könnte sagen, daß die Gesamtwirkung letztlich auf zwei Hauptfaktoren beruht:

1. Auf der schnellen bzw. beschleunigten Entwässerung, die, wie ich oben erklärt habe, in irgendeiner Weise auch auf die Rasierklingenschneide einwirkt.

2. Auf der Beeinflussung der Mikrokristallgitter anorganischer Materie (wie feiner, hochwertiger Stahl) oder der Mikrostruktur organischer Materie (ob lebend oder tot), was eine Sterilisierung, daß heißt, eine Abtötung von Mikroorganismen zur Folge hat. Es muß hier betont werden, daß diese Wirkung, wenn auch nur in Extremfällen, tatsächlich kleine Tiere durch

rasche Austrocknung und eine Art »Lebenskraftentzug« zu töten vermag.

Ich habe bereits kurz auf andere Pyramidenmodelle als die des Cheopstyps hingewiesen, bei dem der Höhenansatzwinkel 51° 51' 51" beträgt. (Piazzi Smyth, England; Abbe Moreux, Frankreich; L. Seidler, UdSSR.)

Sowohl ich selbst als auch einige französische Experimentatoren haben gefunden, daß ein sehr gut funktionierendes Pyramidenmodell auch mit einem Seitenflächen-Neigungswinkel von 65° gebaut werden kann (was in Europa annähernd dem magnetischen Inklinationswinkel entspricht). Ich bezeichne diesen Typ als Inklinationspyramide.

Die Senkrechte bildet bei diesem Modell einen Elevationswinkel zur Schrägneigung von 25°. Diese Form repräsentiert eine sehr gute Mumifizierungspyramide mit großer Wandoberfläche, der ich die Bezeichnung Kontra-Inklinationspyramide gab. Mit all diesen Modellen habe ich eine große Anzahl von Mumifizierungen durchgeführt, doch für die Rasierklingenschärfung ziehe ich den Cheopstyp vor.

Im Heft Nr. 9/1973 der deutschen grenzwissenschaftlichen Fachzeitschrift *esotera* findet sich auf den Seiten 799ff. ein. Artikel von Hans Joachim Höhn, der die Wirkung von Cheops-Pyramidenmodellen auf die Scharferhaltung von Rasierklingen bestätigt. Er empfiehlt aber sein eigenes Modell mit einem Neigungswinkel von 69° 20', einer Grundlinie von 15 Zentimeter und einer Höhe von 22,2 Zentimeter. Mit darin »behandelten« Rasierklingen hat er, wie er berichtet, 196 sehr gute Rasuren ausführen können.

Ein anderer Experimentator fügt in einem Beitrag mit der Überschrift »In der Pyramide wird jede Klinge wieder scharf« seine eigenen Erfahrungen und Feststellungen hinzu.

Derjenige, der mich ursprünglich veranlaßte, ebenfalls mit Pyramidenmodellen aus Pappe Experimente zu machen, war indirekt Antoine Bovis, für den seine Intuition ausreichender und zufriedenstellender war als eine wissenschaftliche Beweisführung: Er experimentierte sowohl mit der Wünschelrute als auch mit dem Pendel und fand heraus, wahrscheinlich mittels seines Pendels, daß die Möglichkeit einer Mumifizierung in einem kleinen Cheopsmodell gegeben ist. Auf einer Reise durch Ägypten besuchte Bovis auch die Große Pyramide von Giseh und fand in der Königskammer, die in einem Drittel der Pyramidengesamthöhe liegt, mumifizierte Tiere. Ein »Intuitionsblitz« ließ Bovis den Schluß ziehen, daß in der Pyramide irgendwelche die Mumifizierung verursachenden Kräfte wirken. Nach seiner Rückkehr in die Heimat baute er kleine maßstabgerechte Modelle der Großen Pyramide, dabei einen Verkleinerungsmaßstab von 1:1000 (15 Zentimeter hoch) und 1:500 (30 Zentimeter hoch) benutzend. Die Länge der Grundlinie errechnete er durch Multiplizierung der Höhe mit 2 oder annähernd 1,57.

Bovis war überzeugt, daß seine anscheinend kuriosen Mumifizierungsexperimente Erfolg haben würden, auch ohne Kenntnis irgendwelcher technischer Literatur, ohne Berücksichtigung physikalischer Gesichtspunkte oder irgendwelcher anderer wissenschaftlicher Daten. Für ihn waren die durch den Pendel – eine von ihm selbst entwickelte Patent-Konstruktion – erhaltenen Angaben ausreichend. Für Bovis war es verhältnismäßig leicht, ein Patent für seinen Pendel zu bekommen, denn in Frankreich ist es – im Gegensatz zur Tschechoslowakei – durchaus möglich, den Patentschutz zu erlangen auch ohne Beibringung technisch-wissenschaftlicher Begründungen und Erklärungen. Sobald eine Erfindung etwas Neues enthält, ist es auch nicht nötig, den Beweis für ihre Funktionstüchtigkeit zu erbringen.

Ich stieß das erste Mal auf den Namen Antoine Bovis beim Lesen einer kleinen Broschüre über Radiästhesie, in der eine Art Lehrgang abgedruckt war, den Bovis in einem radiästhetischen Zirkel in Nizza gehalten hatte. Bovis bezog sich darin auf seine zahlreichen Experimente mit seinem kleinen »Spezial-Bovis-Magnetpendel«, der, wie er sagte, der beste von allen sei. Daraufhin stellte er eine Reihe von Paragraphen auf, die er als »ein neues radiästhetisches Arbeits- und Funktionsgesetz« bezeichnete, das seiner Meinung nach einzig mögliche, entdeckt von ihm selbst.

In einer dieser Unterrichtslektionen sprach er unter anderem auch über seine Mumifizierungsexperimente mit Pyramidenmodellen aus Pappe im verkleinerten Cheops-Maßstab, denn er hatte mit Hilfe seines Pendels herausgefunden, daß im Innern dieser Modelle die gleichen Strahlungsverhältnisse herrschten wie in der Königskammer der Großen Giseh-Pyramide. Und tatsächlich: diese Modelle erfüllten seine Erwartungen. Tote organische Materie, Fleisch, Eier und tote Kleintiere wurden ebenso vollkommen mumifiziert, wie es mit den Tieren der Fall gewesen war, die er in der Giseh-Pyramide gefunden hatte.

Da es verhältnismäßig einfach war, nachzuprüfen, ob Bovis' Behauptungen den Tatsachen entsprachen oder bloße Einbildung waren, entschloß ich mich, ein Cheops-Pyramidenmodell zu bauen: 30 Zentimeter hoch, aus 3 Millimeter starker Pappe, im Maßstab 1: 500. Zu meinem großen Erstaunen war ich wie Herr Bovis jetzt imstande, Mumifizierungen zu bewirken, also seine Mumifizierungsexperimente mit Erfolg zu wiederholen. Ich mumifizierte Rind-, Kalb- oder Hammelfleisch, Eier, Blumen und sogar kleine tote Reptilien wie Frösche, Schlangen, Eidechsen usw.

Ich begann mit Antoine Bovis zu korrespondieren und ihn über die Ergebnisse meiner Experimente zu unterrichten. Wir schrieben uns gegenseitig einige liebenswürdige Briefe, obgleich ich das Gefühl hatte, daß seine Grundeinstellung für meinen Geschmack (ich bin nun mal ein Radiotechniker) etwas »zu magisch« war. Er behauptete, mit Hilfe seines Pendels

Strahlungen in allem, was er berührte, finden zu können.

Aus seinen Briefen ging hervor, daß er eine Eisenwaren-handlung in Nizza hatte, daß er sich für einen großen Entdek-ker radiästhetischer Gesetze hielt und auch einschlägige Ge-rätschaften aller Art baute und verkaufte. Er war auch Gründer einer Firma, die radiästhetische Gebrauchsgegenstände herstell-te, unter anderem einen »paradiamagnetischen« Pendel, ein Radioskop, Biometer, magnetische Teller und Platten für Mumifizierungen und zur Magnetisierung von Flüssigkeiten aus magnetischem und nichtmagnetischem Material, die alle Bovis selbst konstruiert hatte und die er seit 1931 verkaufte.

Ich begann damals mit einer langen Serie von Mumifizie-rungs-Experimenten mit Pyramiden verschiedener Formen, am meisten allerdings mit der Cheopstype. In Zusammenar-beit mit Jean Martial aus Valenciennes wurden meine Fest-stellungen in französischen und belgischen Radiästhesie-Zeit-schriften veröffentlicht (zum Beispiel in der *Revue Internationale de Radiesthesie*, Nr. 7, April 1948, S. 54-57; ferner in der Zeit-schrift *La Radiesthesie Pour Tous*, Nr. 12, 1949, S. 377-379). Durch diese Artikel kam ich in Kontakt mit anderen franzö-sischen Radiästhetea, die sich gleich mir für den Mumi-fizierungsvorgang unter Benutzung von Cheopsmodellen in-teressierten.

Ich war schließlich und endlich auch als Radiotechniker gezwungen zuzugeben, daß bei dem Mumifizierungsphä-nomen etwas Eigenartiges mit im Spiel sein muß, irgendeine Art von Energie, die sich im Hohlraum des Pyramiden-modells konzentriert.

Im Zuge meiner Forschungen und Überlegungen bezüg-lich der Natur dieser Energie fuhr ich fort»verrückte Experi-mente« zu machen, zum Beispiel eine völlig neue Rasierklinge guter Qualität in ein Cheops-Pappmodell zu legen. Wenn die Klinge dabei ein Stumpfwerden der Schneide erkennen ließ, würde für mich der physikalische Beweis erbracht sein, daß irgendeine Art von Kraftkonzentration in der Pyramide wirken mußte.

So fing mein Rasierklingen-Abenteuer unter Verwendung von Cheopsmodellen an. Meine Vermutung, daß die neue Klinge in der Pyramide ihre Schärfe verlieren würde, erwies sich als falsch. Genau das Gegenteil war der Fall. Nachdem ich mich mit dieser Klinge fünfmal einwandfrei rasiert hatte, war ich genötigt zuzugestehen, daß mit meiner Vermutung etwas nicht stimmte.

Mein erstes Rasierklingen-Experiment hatte ich mit einem Modell der Cheopspyramide gemacht, 15 Zentimeter hoch (Maßstab 1:1000), die Längsachse der Klinge in Nordsüdrichtung in einem Drittel der Höhe der Pyramide über der Grundfläche eingelegt. Zwei Seiten der Pyramide waren in gleicher Weise ausgerichtet.

Nach zahlreichen Experimenten fand ich heraus, daß für diesen Zweck eine Papp-Pyramide von acht Zentimeter Höhe oder eine Kunststoff-Pyramide von sieben Zentimeter Höhe völlig ausreicht. Jahre später wurde dieses Kunststoff-Modell von einer Fabrik für Plastikerzeugnisse hergestellt, doch wurden nur einige hundert Stück davon produziert. Dann weigerte man sich, die Fabrikation fortzusetzen. Obgleich ich nicht alle Umstände beurteilen kann, die zur Einstellung der Fabrikation führten, kann ich mir sehr gut vorstellen, daß vielleicht eine große Herstellerfirma von Rasierklingen – die natürlich an der Möglichkeit, daß die Käufer ihrer Klingen sich hundertmal oder noch öfter mit einer Klinge zu rasieren vermochten, nicht interessiert sein konnte – die Firma für Plastikerzeugnisse überredete, die Herstellung dieser Pyramiden einzustellen.

Natürlich ist es für jedermann äußerst einfach, der diese Sache auszuprobieren wünscht, sich eine solche kleine Pyramide selber zu machen. Es ist für mich schwierig, zu erraten, wie viele solcher selbstangefertigter Pyramidenmodelle in der

UdSSR existieren. Ich kann nur feststellen, daß sich von den Tausenden und Abertausenden von Benutzern, die mir bezüglich der Wirkung ihrer Pyramide geschrieben haben, nicht einer beklagt hat, daß aber sehr viele ihre volle Begeisterung zum Ausdruck brachten.

Die letzten fünfundzwanzig Jahre sind für mich eine lange Folge von Experimenten gewesen. Jede Rasur trug zum Sammeln von Erfahrungen bei und hat mich unter anderem erkennen lassen, daß unerwartete Veränderungen in der Schärfe der Klingen mit irgendwelchen meteorologischen und kosmischen Störungen zusammenhingen. Die Klingenschneide ist in der Pyramide eine Art»lebendige Wesenheit«, die in Verbindung steht mit den Gegebenheiten der Umwelt. Oft geschah es, daß die Rasur an einem Tag nicht zu meiner Zufriedenheit ausfiel, daß aber dieselbe Klinge, wenn ich sie am nächsten Tag wieder benutzte, in ganz ausgezeichneter Weise ihren Dienst verrichtete.

Um die Schärfe der Klingen systematisch beurteilen zu können, habe ich mir eine in sechs Grade eingeteilte Zensurskala geschaffen: Nr. 6 = ausgezeichnet; Nr. 5 = sehr gut; Nr. 4 = gut; Nr. 3 = befriedigend; Nr. 2 = gerade noch ausreichend; Nr. 1 = unbefriedigend. In den ersten fünf Jahren und drei Monaten meines Experimentierens (vom 3. März 1949 bis zum 6. Juli 1954) betrug die durchschnittliche Verwendungszeit für ein Blatt 105 tägliche Rasuren (wobei ich lediglich 18 Klingen verschiedener Fabrikate benutzte), und die endgültige Zahl der Rasuren mit ein und demselben Blatt schwankte zwischen 200, 170, 165, 111 und 100 Rasuren bei täglichem Gebrauch. In den gesamten fünfundzwanzig Jahren habe ich im ganzen 68 Rasierklingen verbraucht.

Ich habe über dieses merkwürdige Pyramidenpatent mit Experimentatoren in vielen Ländern korrespondiert, auch mit Leuten in den USA, Südamerika, Australien, Neuseeland und Island. Auch Forscher in der UdSSR haben sich für diese Sache interessiert. Zum Beispiel: In der *Komsomolskaja Prawda* vom 10. Oktober 1970 (1973 nachgedruckt im Moskauer Journal *Heureka*) schrieb Malinow einen interessanten Artikel darüber und benutzte darin den Ausdruck »eine ungewöhnliche Erfindung«. Als Physiker hat Malinow natürlich nach einer logischen Erklärung für die Funktionsweise der Pyramide gesucht und sie in der elektromagnetischen Theorie gefunden, kombiniert mit dem erdmagnetischen Feld und auch mit den sogenannten »Lorentz-Kräften«. So habe ich erfahren, daß meine kleinen Pyramiden – natürlich von den Benutzern selbst hergestellt – in der UdSSR eine weite Verbindung gefunden haben. Die Ergebnisse meines langen Experimentierens haben mich veranlaßt, einige Artikel über die Regenerations-Pyramide für populärwissenschaftliche Zeitschriften und andere in Osteuropa zu schreiben. Ich habe auch in einer Rundfunksendung darüber gesprochen und bin sogar im Fernsehen interviewt worden. Diese Publicity hat mir eine große Zahl freundlicher und zustimmender Briefe eingebracht.

Zum Schluß möchte ich jedem, der diese Erfindung benutzten will, wünschen, daß er zweihundert oder noch mehr einwandfreie Rasuren mit ein und derselben Klinge zu erreichen vermag.

9.

Verwandeln Sie sich
durch die Energie der Pyramiden

Im Jahre 1968 wurde ein Forschungsunternehmen gestartet, dessen Ziel es war, ein für allemal festzustellen, ob es in den ägyptischen Pyramiden außer den bekannten auch noch verborgene, geheime Räumlichkeiten gibt oder nicht.

Dr. Luis Alvarez, der das Projekt geplant und auch geleitet hat, hatte ein Spezialgerät entwickelt, das in der Lage war, die das Mauerwerk der Pyramiden durchdringende kosmische Strahlung zu registrieren. Er war zur Konstruktion dieses Gerätes angeregt worden durch das Lesen des Buches *The Great Pyramid In Fact And Theory*, dessen Verfasser, William Kingsland, den Vorschlag macht, Radiowellen von fünf Meter Länge auszustrahlen und die Stärke der von der Königskammer ausgehenden Wellen bei ihrem Eintreffen an der äußeren Oberfläche der Pyramide zu messen. Diese Methode, so Kingsland, würde erkennen lassen, ob noch irgendwelche geheimen Kammern und Gänge existierten.

Alvarez ging ferner von der Hypothese aus, daß kosmische Strahlen unseren Planeten alle vierundzwanzig Stunden des Tages vom Weltraum her bombardieren und daß sie an Energie verlieren je nach der Dichte oder Dicke der materiellen Objekte, durch die sie hindurchgehen. Dementsprechend baute er sein Instrument.

Doch anstatt Kingslands Anregung zu folgen und die Untersuchungen zum Zwecke der Entdeckung geheimer Kammern in der Cheopspyramide vorzunehmen, wählte Alvarez die Chephren-Pyramide, weil er es für wahrscheinlicher hielt, daß in ihr noch unbekannte Gänge und Kammern vorhanden sind, und weil er dachte, daß sie später als die Cheops-pyramide gebaut worden ist und aller Voraussicht nach in ihr die Möglichkeit des Vorhandenseins innerer architektonischer Konstruktionen und Anlagen größer war.

Nachdem sein Gerät fertig war, stellte Alvarez ein Team zusammen, das aus insgesamt zwölf Wissenschaftlern der Vereinigten Arabischen Republiken und der USA bestand. (Eine der daran beteiligten Behörden war die US-Atomic Energy Commission.) Mit dieser kombinierten, sehr beacht-lichen staatlichen Macht hinter sich verfügte er natürlich über die erforderlichen finanziellen und technischen Unterstüt-zungen, ohne die die Durchführung eines so großzügigen und ehrgeizigen Unternehmens kaum möglich gewesen wäre, eines Vorhabens, das, wie man hoffte, endgültig den Traum aller Ägyptologen wahrmachen würde, den Sarkophag des Pharaos zu entdecken.

Im September 1968 war es dann so weit, daß das Wissen-schaftlerteam Millionen von kosmischen Strahlendurchgängen auf einem Spezialmagnetband registrieren konnte. Dieses Band war dazu bestimmt, von Computern ausgewertet zu werden. Zuerst benutzte man zur Analyse einen in Kairo vorhandenen Computer. Aus den Ergebnissen war die Lage der Seitenflä-chen, Kanten und Ecken der Pyramide deutlich erkennbar, doch in dem 35 Grad erfassenden Abtastkonus der Strahlun-gen, die in der Zentralkammer registriert worden waren, war nichts vom Vorhandensein irgendeiner geheimen Kammer zu sehen.

Es folgten dann weitere ganz präzise Computeranalysen des Bandes mit seinen Millionen von Informationseinheiten. Gemäß den Aussagen Dr. Amr Goneids, des Leiters der Kai-ro-Gruppe, ergaben sich bei jeder der wiederholten Analysen mit einem Computer an der Ein-Shams-Universität in Kairo unterschiedliche Muster und Diagramme, bei denen wichtige Charakteristika, die eigentlich immer hätten in Erscheinung treten müssen, auf einmal fehlten. Von Dr. Laurin Yazolino, dem Assistenten von Dr. Alvarez, wurden Duplikate der Bänder in die Vereinigten Staaten mitgenommen. Diese wurden mittels eines besonders hochentwickelten Computers in Berkeley/Kalifornien erneut analysiert. Dabei ergaben sich, wie Alvarez berichtete, bei mehrfach wiederholten Analysen immer die gleichen Resultate.

Dr. Goneid war ebenfalls der Meinung, daß die unterschiedlichen Resultate, die aus den von dem Computer in Kairo gemachten Analysen stammten, eine wissenschaftliche Unmöglichkeit sind, und daß die Ursache dieser Verschiedenheiten entweder in substanziell falschen Annahmen bezüglich der Geometrie der Pyramide, die auf das Registriergerät einwirkten, zu suchen sei oder in irgendeiner Art von mysteriöser Kraft, die den bekannten wissenschaftlichen Gesetzmäßigkeiten widerspricht, die aber irgendwie in der Pyramide wirksam ist. Der Gedanke, daß eine unbekannte und unerklärbare Energie speziell mit der Pyramidenform verbunden sei, ist keineswegs neu. Tatsächlich ist im Grundtext des Ani-Papyrus (siehe Kapitel 7) die Aussage enthalten, daß der Gott, der in der Seele jedes Menschen schläft, durch die Kraft oder Energie der Pyramide erweckt wird.

Obgleich die Mystiker des 20. Jahrhunderts keineswegs glauben, daß die Pyramidenform schlafende Götter im Menschen zu erwecken vermag, haben doch viele das Gefühl, daß ihre psychischen Kräfte durch den Gebrauch eines selbst angefertigten Pyramidenmodells eine Intensivierung und Erhöhung erfahren. Offenbar haben Sensitive oder Medien, die kleine Pyramiden der beschriebenen Form benutzten, rascher als andere, die das nicht taten, einen veränderten Bewußtseinszustand erreicht. Sie behaupten, daß die Pyramidenkräfte am besten zur Wirkung kommen, wenn sie sich selbst in vorgebeugter oder sitzender Haltung in der Nordsüdachse unterhalb der Pyramidenspitze befinden.

Die Erfahrungen von Medien, die Pyramidenmodelle verwendet haben, sind sehr unterschiedlich. Einige berichten, daß sie Antworten oder Visionen bekommen haben – oder auch beides, als Reaktion auf eine spezielle Frage- oder Problemstellung, während sie sich ganz still innerhalb der Pyramide befanden. Andere wiederum sagen, daß sie lediglich eine Beruhigung, Gemütsklärung und eine Art Verschmelzung mit den kosmischen Kräften während einer Pyramidensitzung empfanden. Erst als sie die Sitzung beendet hatten, wären spirituelle Eindrücke und mediale Wahrnehmungen für ihr Bewußtsein deutlich wahrnehmbar geworden. Viele Medien glauben, daß innerhalb der Pyramiden während der Meditationssitzungen starke Energien wirksam sind, die seelisch-geistige Kanäle öffnen, die sonst blockiert geblieben wären.

In einem ASW-Laboratorium in Los Angeles, das einer Organisation für psychische Forschungen gehört, werden Experimente durchgeführt, in denen pyramidenförmige Gehäuse tatsächlich als eine Art Entwicklungs- (oder Brut-) kammern für Gedankenformen benutzt werden. Der Direktor dieser Organisation, Al Manning, erklärt das so: Die Pyramidenform fungiert als geometrischer Verstärker, der die Gebetskräfte und die Intensität der spirituellen Bitte oder Anrufung eines tiefreligiösen Menschen erhöht. Mitglieder dieser weltweiten Organisation sollen angeblich durch diese Anwendung der Pyramidenform ganz »außerordentliche Erfolge« erzielen.

Die Technik ist ziemlich einfach, setzt aber ein gewisses Maß an Vertrautheit mit okkulten Übungen voraus. Der erste Schritt besteht in der Anfertigung und Aufstellung einer kleinen Papp-Pyramide, in die ein Packen dreieckiger Papierbogen eingelegt wird. Diese Bögen gibt es in vier verschiedenen Farben: Blau für Heilung, Grün für Liebe, Orange für gedankliche Klarheit und Gelb für Intuition.

Der Experimentator wählt unter den farbigen Papierdreiecken eins aus, das für sein Anliegen am besten paßt und schreibt darauf in möglichst klaren Worten das besondere Ziel oder die Absicht, die er erreichen will, oder die Bitte um Lösung eines spezifischen Problems. Zum Beispiel: Wünscht jemand, die Heilung eines Knochenbruches zu beschleunigen, würde er dieses Anliegen auf ein blaues Dreieckspapier zu schreiben haben; sollte er aber wünschen, sich selbst oder jemand anders von Liebeskummer oder -problemen zu befreien, würde er ein grünes Papier wählen. Die Verfahrensvorschriften betonen, daß die Bitte so unmißverständlich klar und genau spezifiert wie irgend möglich formuliert werden muß. Sind die Gedanken des Betreffenden noch unklar oder schwirren aufgeregt durcheinander, wird ihm empfohlen, mit der Niederschrift seiner Bitte zu warten, bis sich seine Gedanken geklärt haben und er fähig ist, seinen Wunsch exakt formuliert zu Papier zu bringen.

Der Experimentator hat dann das beschriebene Papier zwischen seinen Handflächen zu halten und zweimal einen bestimmten Spruch (oder eine Formel), die offenbar die Organisation liefert, zu rezitieren. Die Spitze des Dreiecks ist dann so einzufalten, daß sie die Grundlinie berührt, und letztere ist nach oben zu falten, so daß das Papier zum Schluß in Drittel aufgeteilt ist. Als nächstes wird das zusammengefaltete Dreieck in die Pyramide gelegt, mit der Basis nordöstlich ausgerichtet und mit der geschriebenen »Gedankenform« unten auf dem Boden. Das Papier ist sodann mit den Handflächen zu bedecken und der Anrufungstext zu wiederholen. Die Pyramidenstruktur erhebt sich somit in geeigneter Weise über der Einlage, und die Phase der Gedankenform-Entfaltung hat begonnen.

Anscheinend dauert es drei bis neun Tage, bis die »Schwangerschaftsperiode« der Gedankenform beendet ist. Während dieser Zeit ist es für den ganzen Prozeß förderlich, wenn die Anrufungsformel wiederholt und die Gedankenform durch mentale Fokussierung und Konzentration – durch die Nordseite der Pyramide hindurch, einmal jeden Tag gestärkt wird.

Wenn der Experimentator das Gefühl hat, daß die Inkubationszeit der Gedankenform lang genug gewesen ist, kann er die Pyramide von ihrem Standplatz entfernen und das Papier mit der daraufgeschriebenen Gedankenform in die Hand nehmen und entfalten. Er faßt dann das Papier an einer der unteren Ecken und hält es in eine Flamme. Ist das Papier vom Feuer restlos verzehrt worden, ist die Asche in einem nicht brennbaren Behälter aufzubewahren, der von Beginn der Prozedur an bereitgehalten wurde.

Nachdem der Verbrennungsvorgang durchgeführt ist, ist die Gedankenform sozusagen »freigelassen« worden. Es wird hier der Vergleich gebraucht mit flügge gewordenen Vögelchen, die ihr Nest verlassen. Wenn der erforderliche Reifegrad erreicht ist, muß der Schritt in die Freiheit getan werden, damit der Daseinszweck erfüllt werden kann. Ist die Freilassung der Gedankenform erfolgt (nicht das kleinste Stückchen Papier darf unverbrannt zurückbleiben), erwartet der Experimentator die Erfüllung seines Wunsches in der Gewißheit, daß das Feuer, das mächtigste der vier heiligen Elemente, die Verwirklichungskraft der aufgeladenen Gedankenform vollkommen freigegeben hat und daß schon bald die Umsetzung in die Realität erfolgen wird.

So seltsam und kurios diese Prozedur auch klingen mag – Mitglieder der genannten Organisation in aller Welt haben berichtet, daß ihre Inkubationspyramiden zu ihrer vollen Zufriedenheit arbeiten, ganz gleich, ob es sich bei den vorgebrachten Bitten und Problemen um neue Arbeitsplätze, geschäftliche Wagnisse, um Geld, Edelsteine oder irgendwelche anderen Dinge gehandelt hat, und dies unabhängig davon, ob die in der Pyramide »augebrüteten« Wünsche religiöser oder materieller Natur waren oder nicht. Diejenigen, die an die Erfüllung ihrer Erwartungen wirklich glaubten, hatten keinen

Grund zur Klage. Im Zuge der Weiterführung der Forschung sind im Hauptquartier des ASW-Laboratoriums in Los Angeles zwei der durchschnittlichen Größe eines Menschen entsprechende Pyramiden gebaut worden. Man hat, wie ein Sprecher der Organisation mitteilt, entdeckt, daß der Innenraum der Pyramide zahlreiche Energiezentren (sogenannte Chakras) aufweist, die in gewisser Weise an Chakras im menschlichen Körper ähneln. Es wird ferner behauptet, daß man herausgefunden habe, daß die Pyramide etwa in der gleichen Weise Beziehungen zum menschlichen Körper aufweist, wie (in der Musik) die Tonart Es (die Pyramide) Verwandtschaftsverhältnisse hat zur C-Tonart, dem Körper.

Mehr als 80 Prozent der an diesen Experimenten Beteiligten behaupten, daß sie in der Lage seien, mit absoluter Genauigkeit die Lage der einzelnen Zentren innerhalb der Pyramide zu bestimmen. Nahezu alle diese Leute haben übereinstimmend festgestellt, daß die Energiezentren im oberen Teil der Pyramiden eine höhere Schwingungsfrequenz aufweisen. Ungefähr die gleiche Zahl von Personen will bemerkt haben, daß sie in der unteren Region der Pyramide ein angenehm warmes und beruhigendes Gefühl verspürten.

Eine andere interessante Beobachtung ist von vielen Experimentatoren gemacht worden, wenn sie, in der Pyramide stehend, ihre Hände in die Spitzenregion emporhielten. Sie hatten den Eindruck eines Prickelns oder feinen Stechens, so als ob winzige Nadeln in die Haut der Hände und Arme gebohrt würden.

Von vielen Experimentatoren ist auch herausgefunden worden, daß es einige Stellen in der Pyramide gibt, die keine angenehmen und förderlichen Wirkungen haben. Es bekamen zum Beispiel Personen, die sich an eine bestimmte Stelle innerhalb der Pyramide stellten oder setzten, nach kurzer Zeit Kopfschmerzen. Angeblich ist der Brennpunkt für die nützlichsten Energien innerhalb der Pyramide das sogenannte

»Herzzentrum«. Das ist die Stelle, die aller Wahrscheinlichkeit nach die »sicherste« ist und im Hinblick auf die Inkubation von Gedankenformen die am meisten erfolgversprechende. Man ist zu der Annahme gelangt, daß ganz bestimmte Stellen für ganz bestimmte Gedankenformen besser geeignet sind als andere. In ihnen empfängt die betreffende Person die Energien, die zur Reifung und Verwirklichung einer spezifischen Gedankenform nötig sind, in der günstigsten Weise.

Der Direktor Al Manning stellte fest »... dieser Teil unserer Forschungsprojekte ist vielversprechend, aber wir müssen erst weitere Experimentalergebnisse abwarten, ehe wir verbindliche Aussagen über den praktischen Wert der Sache zu machen imstande sind«.

Bei einer Gelegenheit forderte Manning einen namentlich nicht genannten Fernsehproduzenten und Mr. David St. Clair (den Autor des Buches *The Psychic World Of California*) auf, sich zusammen mit ihm ungefähr zwölf Minuten lang im Innern der Pyramide aufzuhalten. Während die drei Männer in der Pyramide standen, unterhielten sie sich und traten dann wieder heraus. Nachdem sie die Pyramide verlassen hatten, äußerten sowohl der Produzent als auch St. Clair, daß sie sich ein bißchen benommen fühlten, fast ein wenig wie »angetrunken«. Am nächsten Tag rief St. Clair Manning an und erzählte ihm, daß er, als er am Abend zuvor nach Hause kam, den Besuch einer Cocktail-Party hatte absagen müssen, weil er sich zu müde fühlte. Er berichtete, daß er etwa um 18.30 Uhr eingeschlafen war und aus diesem Schlaf mit einem phantastischen Wohlgefühl wieder erwachte. »Diese Pyramide hat«, wie er sich ausdrückte »meine Aura tatsächlich gereinigt«.

Die Organisation behauptet auch, ausgezeichnete Resultate bei Experimenten erzielt zu haben, die dem Zweck dienten, mittels der Pyramide migräneartige Kopfschmerzen zu beseitigen. Es gibt auch noch eine Reihe anderer Behauptungen, die sich auf die heilenden Eigenschaften der Pyramiden beziehen, und es sind eine ganze Menge Versuche gemacht worden, diese Eigenschaften und Wirkungen zu erklären. Eine Theorie ist, daß innerhalb der Pyramide noch undefinierbare Energien gesammelt und intensiviert werden, die so stark sind, daß sie Heilungen bewirken können. Eine andere Theorie besagt, daß die Atmosphäre im Innern der Pyramide die Tätigkeit der Enzyme anregt und beschleunigt, die letztlich maßgebend sind für die als Mumifikation und Konservierung in Erscheinung tretenden Wirkungen, ja sogar für die Intensität der Meditation. Diese Erklärung hat einen Arzt die Vermutung äußern lassen, daß die Pyramide bei der Behandlung besonders schwieriger und hartnäckiger Erkrankungen nützlich sein könnte, vielleicht sogar bei der Organregeneration. Dies wiederum führt zu der jetzt noch spekulativen Vermutung, daß bereits in naher Zukunft in Hospitälern lagernde Organe, die für Transplantationen bestimmt sind, in pyramidenförmigen Behältern aufbewahrt werden.

Eine Dame aus Illinois, die sich als Amateurin mit der Pyramidenforschung beschäftigt, ist der Ansicht, daß die Pyramide bei der Heilung oder zumindest bei der Linderung arthritischer oder rheumatischer Beschwerden nützlich sein kann. Sie rät den daran Leidenden, die Hände direkt unter die Spitze eines kleinen Pyramidenmodells zu halten, mit den Handflächen entweder nach oben oder nach unten. Innerhalb von Sekunden wird ein prickelndes, brennendes Gefühl in der Hand verspürt werden, das von einem spiraligen Energie-Kraftwirbel unter der Spitze der Pyramide verursacht wird. Sie behauptet, daß, um eine »volle Aufladung« der Hand zu erreichen, eine Levitation (Erhebung) des Armes innerhalb der Pyramide stattfinden müsse. Angeblich soll nach etwa sieben Minuten eine in die Pyramide hineingehaltene Hand wie von selbst zu schweben beginnen. Das sei das Zeichen, daß die Hand vollständig aufgeladen ist und jetzt aus der Pyramide herausgezogen werden kann. Es ist möglich, daß die Hand während des Levitationsvorganges auf die Drittelhöhe im Innern der Pyramide geführt wird, also dorthin, wo die Energien wirken, die auch bei der Schärfung von Rasierklingen und bei der Mumifizierung eine Rolle spielen und jetzt eben als heilende Aufladung in Erscheinung treten.

Neuerdings haben sich viele Leute Pyramidenzelte gebaut oder besorgt, um diese für ihre Meditationen zu benutzen. Diese Personen behaupten, sie empfänden eine ganze Skala von Gefühlen, die sich zwischen innerer Ruhe und einem extremen Wohlgefühl während der Zeit der Meditation bewegen. Die erste Phase macht sich gewöhnlich in Form einer Entspannung des Körpers bemerkbar, der eine Art Absperrung gegenüber unnötigen äußeren Reizen, Sinnessignalen und unwichtigen Gedankenketten folgt. Schließlich wird ein veränderter Zustand des Bewußtseins erreicht, der es dem Meditierenden ermöglicht, zu den tieferen inneren Schichten seines Wesens durchzudringen und sich darauf konzentriert zu halten.

Eine große Anzahl von Personen, die regelmäßig Pyramiden für ihre Meditationen benutzen, berichten, daß sie unverkennbar ihre innere Unruhe und Spannung verloren haben. Andere wiederum behaupten, daß sie eine erhöhte Aufladung mit psychischer Energie erfahren haben, daß sich ihr Gedächtnis verbesserte, daß sich ihnen Blicke eröffneten in vergangene Inkarnationen, daß sie lebhafte Visionen und Träume hatten mit unbeschreiblich herrlichen Farben, Formen und Symbolen oder sogar »die Musik der Sphären« vernahmen. Noch andere berichteten, daß, wenn sie sich im Innern der Pyramide befinden, sie den Laut »OM« (das Mantra des universellen Ichs) hören. Einige behaupten, Weisheiten, Erkenntnisse und Einsichten aus höheren Plänen zu erhalten. Es liegen Berichte vor über Erlebnisse und Erfahrungen, die die Schau in die Zukunft, interplanetarische Reisen, telepathische Verbindungen, Gebetserfüllungen und überhaupt eine Erhöhung der Vitalität des ganzen Wesens umfassen. Da diese außergewöhnlichen Erlebnisse aber nicht unter scharfen Kontrollbedingungen erzielt worden sind, kann man sie vorläufig nur als Hörensagen-Berichte betrachten. Dennoch dürfte die Möglichkeit bestehen, unter Anwendung der modernen Gehirnwellen-Registrierungstechnik festzustellen, ob diese Aussagen und Behauptungen etwas Wahres enthalten oder als rein subjektiv und unkontrollierbar betrachtet werden müssen.

Meditierende, die sich einer Pyramide bedienen, nehmen an, daß die besten Resultate erreicht werden, wenn die betreffende Person aufrecht sitzt mit den oberen Chakras (den innerkörperlichen Kraft- und Energiezentren) in etwa ein Drittel der Pyramidenhöhe über der Grundfläche, direkt in der Mitte unter der Spitze.

Eine andere den Pyramiden eigene mysteriöse Energie ist die Fähigkeit des Konservierens. In seinem Buch *La Pyramide de Cheops a-t-elle livre son secret?* sagt Ferrand Ibek, daß die Form der Cheopspyramide dazu beiträgt, den Mumifizierungsprozeß in der Königskammer zu bewirken, in der Körper entwässert und ausgetrocknet werden ohne irgendwelche Anzeichen der Verwesung.

Die alten Ägypter bereiteten die Leichen für die Mumifizierung vor, indem sie die inneren Organe durch den After entfernten. Das Gehirn wurde durch irgendeine Art von Absaugevorrichtung durch die Nasenpassagen herausgeholt. Auf diese Weise wurde *jede* Verletzung der äußeren Körperhaut vermieden, wodurch dem Geiste des Verstorbenen die Rückkehr in ein intaktes Körpergehäuse möglich war. Sodann, so erklären die Anthropologen, wurde der Körper schätzungsweise einen Monat in einer Art Salzlake liegengelassen. Schließlich wurden die Ohren, die Nasenlöcher und die übrigen Körperöffnungen mit nach Zwiebeln riechenden Pfropfen verschlossen. Der ganze Körper wurde dann in Tücher eingewickelt und so in den Sarkophag gelegt.

Soweit festgestellt werden konnte, wurde die Mumifizierung zuerst nur bei den Körpern der Pharaonen vorgenommen. Später dann, als das religiöse Zeitalter in Ägypten immer dekadenter wurde, ließen sich auch die anderen Adligen und führenden Persönlichkeiten nach ihrem Tode mumifizieren. Schließlich wurde diese Praktik so allgemein verbreitet und wurden die Vorschriften für die Zulassung zur Mumifizierung so nachlässig gehandhabt, daß jedermanns Leiche, wenn er die entstehenden Kosten bezahlen konnte, in dieser Weise behandelt wurde. So stark kam diese Sache in Mode, daß zu einer gewissen Zeit sogar Tiere mumifiziert wurden.

Der Zweck des Mumifizierungsprozesses soll, wie die Ägyptologen sagen, darin bestanden haben, es dem Ka oder der Seele des Verstorbenen zu ermöglichen, wieder auf die Erde zurückzukehren. Akzeptiert man diese Hypothese, erscheint es logisch, daß die Mumifikation notwendig war, um die Körperhülle eines Pharaos so vollständig wie irgend möglich zu erhalten, damit eben die Seele oder der Geist wieder in sie eingehen konnten.

Es gibt jedoch auch eine gegenteilige, gleichermaßen einleuchtende Interpretation, die den Zweck der Mumifikation zu erklären vermag. Wie viele Mystiker sagen, war der Mumifizierungsprozeß in Wirklichkeit eine wirksame Abwehrmaßnahme gegen die Widerverkörperung. Das scheint durchaus plausibel, wenn man von der Voraussetzung ausgeht, daß die Reinkarnation nur für unvollkommene Seelen erforderlich war. Zum Beispiel: Ein Adept, der versäumt hatte, irgendeine der Einweihungsriten zu absolvieren, würde weit wahrscheinlicher zur Erde zurückkehren müssen, als daß er ins ewige Leben einzugehen vermochte.

Sieht man die Sache so, wäre es für einen Pharao, der als ein »Vollkommener« betrachtet wurde, nur natürlich, wenn er seinen abgelegten Körper mumifizieren ließ, so daß er selbst in dem Falle, daß er spirituell noch nicht ganz im Gleichgewicht wäre, nicht in seine frühere Hülle zurückkehren konnte.

Noch eine andere Theorie ist von Manly P. Hall vorgebracht worden. Er meint, daß der Körper des Adepten einzig und allein zu dem Zweck mumifiziert wurde, um als Talisman zu dienen und der Seele des Verstorbenen auch fernerhin einen Kontakt zur Erde zu ermöglichen. Der Hauptzweck der Mumifikation eines Pharaos wäre dann der gewesen, ein Medium oder ein bleibendes Bindeglied zu schaffen, durch das die Überlebenden mit der abgeschiedenen Seele in Verbindung kommen konnten.

Eine interessante Parallele zu der Talisman-Theorie findet man in einem peruanischen Ritual, gemäß dem sich die Bevölkerung an bestimmten Feiertagen im heiligen Bezirk von Cuzco zu versammeln hatte, um dort der Zurschaustellung der Mumien verstorbener Herrscher der Inka-Zivilisation beizuwohnen. Diese Zeremonie der Mumienvorführung stärkte den Glauben der Massen an das bestehende Gesellschafts- und Herrschaftssystem. Noch heutzutage werden in vielen Ländern rund um die Erde in katholischen und orthodoxen Kirchen mumifizierte Teile früherer Heiliger an besonderen Feiertagen und an den Namenstagen der betreffenden Heiligen zur Schau gestellt. Es ist interessant zu wissen, daß im späten 18. und früheren 19. Jahrhundert Mumienfleisch als Medizin gebraucht wurde. Dieses Fleisch war allerdings eine irrtümliche Verwechslung mit einer Droge, die Persisches Moma genannt wurde und der man heilende Kräfte bei kleinen Schnittwunden und Quetschungen zuschrieb. Mumienfleisch fand sich im Warenlager der meisten europäischen Apotheken, und es wurde ernstlich geglaubt, daß es die Kraft habe, gebrochene Knochen sofort wieder zusammenwachsen zu lassen und bei der Beseitigung innerer Unordnung nützlich zu sein.

Wahrscheinlich war die erste Person, die die Fähigkeit der Großen Pyramide entdeckte, einen Mumifizierungsprozeß zu bewirken, der in Kapitel 8 bereits erwähnte Antoine Bovis, der Anfang unseres Jahrhunderts die Große Pyramide von Giseh besuchte. In dem Buch *PSI. Die wissenschaftliche Erforschung und praktische Nutzung übersinnlicher Kräfte des Geistes und der Seele im Ostblock* behaupten die Verfasserinnen Sheila Ostrander und Lynn Schroeder, daß ihnen von tschechischen Wissenschaftlern erzählt worden sei, das Bovis, als er in der Königskammer hin und her lief, einige anscheinend mumifizierte Katzen und andere Kleintiere fand, die offenbar irgendwann und -wie in die Pyramide eingedrungen und dort verhungert waren. Bovis kam auf den Gedanken, daß vielleicht die Form der Pyramide für die Austrocknung der Leichen dieser Tiere, an denen keinerlei Verwesungserscheinungen zu sehen waren, verantwortlich sein könnte. Nach seiner Rückkehr aus Ägypten beschloß er, ein verkleinertes Modell der Pyramide mit einer Grundfläche von 1 Quadratmeter zu bauen. Da sich die Königskammer in der Cheopspyramide in etwa ein Drittel der Gesamthöhe des Baues befindet, hielt er sich bei seinen Experimenten an diesen Maßstab und plazierte seine Versuchsobjekte (tote Katzen) ebenfalls in einem Drittel der Höhe seiner Modellpyramide genau unterhalb der Spitze. Offenbar sind seine Versuche erfolgreich gewesen, denn er kam zu dem Schluß, daß es die Form der Pyramide sein müsse, die die Verwesung der Tierkörper verhinderte und eine rasche Mumifizierung bewirkte.

Ostrander und Schroeder befassen sich mit der Dehydrations-Energie der Pyramide in einem Kapitel, das die Überschrift trägt »Von Pyramiden und Rasierklingen«. Sie zeigen in einer Tabelle die Austrocknungsgrade bei verschiedenen Objekten. Diese Tabelle ist von Jean Martial zusammengestellt und verleiht somit diesen Pyramidenexperimenten eine gewisse wissenschaftliche Glaubwürdigkeit. Trotzdem: Das Versäumnis der Autorinnen, die Quelle anzugeben, der sie Martials Tabelle entnommen haben und der Umstand, daß sie sich lediglich auf einen in einer tschechoslowakischen volkstümlichen Zeitschrift veröffentlichten Artikel über die Bovis Experimente beziehen, ist kaum als einwandfreie wissenschaftliche Quellenangabe zu bezeichnen.

Berichte über Bovis' Experimente sind sehr populär geworden und sind in vielen Zeitungen und Magazinen veröffentlicht worden. Glücklicherweise waren wir in der Lage, in Kapitel 8 dieses Buches auf den wirklichen Ursprung all dieser Berichte hinzuweisen. Man stößt auf eine weitere unerklärliche Eigenschaft der Pyramide, wenn man sich die farbigen Wandmalereien betrachtet, die an den Wänden der Kammern der während der 5. und 6. Dynastie gebauten Pyramiden zu finden sind. Das sich hier erhebende Mysterium betrifft die Beleuchtungsquellen, die in diesen fensterlosen Räumen benutzt worden sein müssen, denn aus dem Fehlen jeglicher Kohlen- und Rußspuren ergibt sich, daß Fackeln offenbar nicht verwendet wurden.

Eine leichter beweis- und demonstrierbare Eigenschaft der Pyramide ist ihre offensichtliche Fähigkeit, als ein Akkumulator für statische Elektrizität zu dienen.

In seinem Buch *Cheops. Die Geheimnisse der Großen Pyramide* bezieht sich Peter Tompkins auf eine Erzählung von Werner von Siemens, die in *Poggendorffs Annalen der Physik und Chemie*, Bd. 109, S. 355ff, unter der Überschrift »Beschreibung ungewöhnlich starker elektrischer Erscheinungen auf der Cheops-Pyramide bei Cairo während des Wehens des Chamsins« im Jahre 1860 veröffentlicht wurde:

»Es war interessant zu beobachten, wie der aufgewirbelte Wüstenstaub, der die Ebene bereits mit einem undurchsichtigen gelben Schleier bedeckte, immer höher an der Pyramide emporstieg. Als er auch die höchsten Stufen derselben erreicht hatte, vernahmen wir ein sausendes Geräusch, welches ich der wachsenden Gewalt des Windes zuschrieb. Die Araber, welche um uns her auf den nächsten Stufen kauerten, sprangen jedoch mit dem Rufe ›Chamsin‹ plötzlich auf und hielten den ausgestreckten Zeigefinger in die Höhe. Es ließ sich jetzt ein eigenthümlich zischender Ton, ähnlich dem Ton des ›singenden‹ Wassers, hören. Wir glaubten Anfangs, die Araber brächten diesen Ton hervor, doch überzeugte ich mich bald, dass derselbe ebenfalls entstand, als ich mich auf den höchsten Punkte der Pyramide stellte und meinen eigenen Zeigefinger hoch empor hielt. Dabei war ein leises, kaum auffallendes Prickeln der dem Wind entgegengerichteten Hautfläche des Fingers bemerkbar. Ich konnte diese von uns allen constatirte Thatsache nur als eine elektrische Erscheinung deuten, und als solche erwies sie sich auch in der That«.

Es ist interessant, sich an dieser Stelle an die ähnlichen, prickelnden Empfindungen zu erinnern, die von Teilnehmern an ASW-Laboratoriums-Experimenten geschildert werden. Doch weiter aus der Erzählung von Werner von Siemens:

»Als ich eine gefüllte Weinflasche, deren Kopf mit Stanniol bekleidet war, emporhielt, hörte ich denselben singenden Ton wie bei Aufhebung des Fingers. Während dessen sprangen von der Etikette fortwährend kleine Funken zu meiner Hand über und als ich darauf den Kopf der Flasche mit der anderen Hand berührte, erhielt ich eine heftige elektrische Erschütterung, während ein glänzender Funke vom metallenen Kopfe der Flasche in meine Hand übersprang. Es ist klar, dass die durch den feuchten Kork mit der Metallbelegung des Kopfes der Flasche in leitender Verbindung stehende Flüssigkeit im Innern derselben die innere Belegung einer Leydener Flasche bildete, während Etiquette und Hand die abgeleitete äußere vertraten. Auch eine entkorkte Flasche lud sich auf die gleiche Weise, namentlich dann, wenn die Öffnung gegen den Wind geneigt wurde, wie Dr. Esselbach durch einen heftigen Schlag erkannte, den er empfand, als der dieselbe an den Mund setzte. Als ich die äußere Belegung meiner Flasche durch Umhüllung derselben mit angefeuchtetem Papier aus unserem Proviantkorbe vervollständigt hatte, wurde die Ladung derselben so stark, dass ich mich ihrer als einer sehr wirksamen Verteidigungswaffe bedienen konnte. Nachdem die Araber nämlich einige Zeit mit Verwunderung unserem Treiben zugesehen hatten, kamen sie zu der Überzeugung, wir trieben Zauberei, und verlangten, wir sollten die Pyramide verlassen. Als ihre uns verdolmetschten Vorstellungen nichts fruchteten, wollten sie von dem Naturrechte des Stärkeren Gebrauch machen und uns mit Gewalt von der Spitze entfernen. Ich zog mich auf den höchsten Felsblock zurück und lud meine verstärkte Flasche möglichst kräftig, während der Führer der Araber meine Hand ergriff und mich von der erklommenen Höhe fortzuziehen begann. In diesem kritischen Augenblicke näherte ich den Kopf meiner Flasche seiner Nase bis zur Schlagweite, die etwa 10 mm betragen mochte. Die Wirkung der Entladung überstieg meine kühnsten Erwartungen. Der Wüstensohn, dessen Nerven noch nie eine ähnliche Erschütterung empfunden hatten, fiel wie vom Blitz getroffen zu Boden, sprang darauf mit lautem Geheul wieder auf und verschwand mit einigen mächtigen Sprüngen aus unserem Gesichtskreise, gefolgt von sämtlichen Genossen!«

Diese Geschichte erinnert in gewisser Weise an die biblische Erzählung von der Bundeslade, die Moses mit Hilfe des israelitischen Volkes baute (Exodus Kapitel 26 und 27,2. Samuel Kapitel 6) Viele Forscher unserer Tage glauben, daß diese Lade in Wirklichkeit eine größere Leidener Flasche war, in der die Akkumulierung der Elektrizität so groß und die in ihr enthaltene Ladung so stark waren, daß sie ausreichte, um eine Person mit schwachem Herzen zu töten. Ein solches Herzleiden könnte, so schließen die Forscher, verantwortlich gewesen sein für den Tod vom Uzzia, als er die Lade berührte.

Einige Physiker glauben, daß die Pyramide mehr als nur ein Energiesammler ist. Wir wissen, daß die Energie innerhalb eines Objektes in einem Brennpunkt konzentriert ist, sei dieses Objekt nun hohl oder massiv. Somit liegt die Vermutung nahe, daß die Pyramide als ein riesiger mitschwingender Resonanz-Hohlraum wirkt, der imstande ist, kosmische Energien zu fokussieren gleich einer gewaltigen Linse. Diese gesammelte Energie könnte die Moleküle oder Kristalle all der Objekte beinflussen, indem diese von der konzentrierten Energie durchstrahlt werden. Manche vergleichen diese Energie auch mit einem unsichtbaren Laserstrahl von unterschiedlicher Frequenz und sehr starker Wirkung.

Wir finden insbesondere auch die Festellung interessant, nach der es, soweit wir wissen, nur sehr wenige Berichte über beobachtete negative Wirkungen der Pyramide gibt. Im Gegensatz zu allen anderen okkulten Praktiken und Gebrauchsgegenständen – zum Beispiel dem Ouija-Board und dem Pendel – scheint die Pyramide Kräfte zu haben, die entweder eine nützliche und förderliche Wirkung ausüben oder neutral sind. In der Tat gibt es einige Mystiker, die sich darüber beklagen, daß sie, wenn sie sich bei ihren Meditationen längere Zeit im Innern einer Pyramide aufhalten, einen zu starken Energiezufluß bekommen, der das Gefühl einer Überladung auslöst. Dies wäre aber, wenn es wirklich so ist, allein die Schuld des Meditierenden, der die Auswirkungen der Pyramidenenergie nicht gut genug kennt und zu kontrollieren weiß, nicht aber Schuld der Pyramide.

Der einzige Bericht, der tatsächlich etwas Negatives über die Pyramidenwirkung aussagt, stammt von Experimentatoren des erwähnten ASW-Laboratoriums, die behaupten, daß, wenn man sich in einem bestimmten Teil einer großen Modellpyramide aufstellt, schon nach kurzer Zeit Kopfschmerzen eintreten.

Wenn auch die Pyramidenenergien bis jetzt noch unerklärlich sind, gibt es doch einige Energieformen in der Pyramide und um sie herum, die genauestens meßbar sind. Mit den Methoden der Radiästhesie, insbesondere der Wünschelrute, ist es den Forschern möglich gewesen zu zeigen, daß ein spiraliger Energiewirbel vorhanden ist, der von der Spitze der Pyramide ausgeht und mit zunehmender Höhe seine Ausdehnung vergrößert. An kleinen Papp-Pyramiden von nur 10 cm Höhe ist mit der Wünschelrute demonstriert worden, daß der Energiestrudel eine Höhe von beinahe 2,5 Meter über der Pyramidenspitze erreichen kann und sich bis zu einem Durchmesser von fast 2 Metern verbreitert. Es wurde ein Kontrollexperiment durchgeführt, um das Vorhandensein dieses Energiewirbels einwandfrei zu demonstrieren. Zu diesem Zweck wurde eine Miniaturpyramide in einen von drei gleich aussehenden Kartons gestellt. Der Rutengänger, der nicht wußte, welcher Karton die Pyramide enthielt, testete jeden mit seiner Rute. Diese reagierte nur über dem Karton, in dem sich die Pyramide befand. Vor allen Energien, die der Pyramide eigen sind, ist die am meisten bekannte die Fähigkeit, Rasierklingen scharfzuhalten. Diese Fähigkeit wurde erstmals durch Karl Drbal, einem Forscher in der Tschechoslowakei, in den Brennpunkt der allgemeinen Aufmerksamkeit gerückt. Drbal hat bereits seit Ende der 1940er Jahre mit Pyramiden verschiedener Gestalt experimentiert. 1959 erhielt er in Prag das Patent Nr. 91304 für eine Pyramide, die er zur

Verlängerung der Lebensdauer von Rasierklingen benutzte. Obwohl einigen Wissenschaftlern in verschiedenen Teilen der Welt Drbals Patent bekannt war, ist erst durch das Erscheinen des Buches *PSI. Die wissenschaftliche Erforschung und praktische Nutzung übersinnlicher Kräfte des Gesetzes und der Seele im Ostblock* das allgemeine Interesse für Drbals Patent und die von der Pyramidenform ausgelösten Energien nachhaltig angeregt worden. Seit der Zeit, da die breite Öffentlichkeit von dieser Sache unterrichtet wurde, sind von vieler Gruppen in aller Welt zahlreiche Studien und Experimente durchgeführt worden mit dem Ziel, Drbals Behauptungen zu prüfen. Obwohl unter den Wissenschaftlern noch keine klare Übereinstimmung darüber herrscht, wie die Wirkung der Pyramidenform auf die Scharfhaltung von Rasierklingen zu erklären ist, sind wissenschaftlich nicht dokumentierbare Experimente von Laien gemacht worden, die die Fähigkeit des Scharfhaltens von Rasierklingen durch die Pyramiden bestätigen. Kurz nachdem durch das Buch von S. Ostrander und L. Schroeder der tschechoslowakische Ingenieur Karl Drbal überall bekannt geworden war, bevollmächtigte er einen New Yorker Schriftsteller und Forscher mit dem Vertrieb der Pyramiden für das Gebiet der Vereinigten Staaten. Innerhalb von drei Jahren ist die Gesellschaft, die der Schriftsteller gründete, beim Vertrieb der Pyramiden so erfolgreich gewesen, daß sie heute den Verkauf in internationalem Maßstab durchführt.

Da nicht anzunehmen war, daß die in den sechziger Jahren blühende Pyramidenkraft-Hochkonjunktur sich in der neuen Dekade fortsetzen würde, haben viele Firmen den Sprung in diese ihrer Meinung nach immer noch lukrative Branche gewagt. Eine Firma in Michigan bietet außer einem Normalmodell auch eine Pyramiden-Spezialausführung an, bei der man, wenn man konzentriert durch die Spitze schaut, eine unterhaltsame Vielfalt von Figuren, Formen und ganzen Szenen sehen soll, angeblich sich auf die Vergangenheit beziehende Visionen. Dieselbe Gesellschaft verkauft auch eine Tube mit Rasiercreme, die zusammen mit der Rasierklinge in die Pyramide zu legen ist.

Eine kalifornische Firma bietet ebenfalls eine Modellpyramide an; ihr Hauptartikel aber ist eine Großpyramide mit Plastikwänden, die ähnlich aussieht wie ein durchsichtiges Einmannzelt, wie es von den Pfadfindern benutzt wird. Diese Pyramide wird hauptsächlich für Meditationszwecke verkauft und wohl auch benutzt, obwohl man ihr auch verjüngende Wirkungen zuschreibt. Ein anderes Produkt, das diese Firma verkauft, ist ein Teller, der angeblich im Innern einer Pyramide »aufgeladen« wurde und von dem behauptet wird, daß er den Geschmack von Lebensmitteln, Tabak und Getränken aller Art vorteilhaft verändere. Die Hersteller versichern ferner, daß eine der möglichen Verwendungsarten dieses Tellers auch darin besteht, das Wachstum von im und am Haus gehaltenen Pflanzen zu fördern. Angeblich soll Wasser, das einige Stunden täglich auf diesem Teller stehengelassen und dann zum Gießen der Pflanzen benutzt wird, deren Gedeihen günstig beeinflussen.

Nicht alle Hersteller und Verkäufer von Pyramiden haben als Zielgebiet ihrer Werbung den Mystik- oder Okkultmarkt im Auge. Ein führendes Versandhaus für wissenschaftliche Geräte und Ausrüstungen hat in seinem neuesten Katalog zwei Pyramidentypen, ein aus durchsichtigem Kunststoff bestehendes Modell und eins aus Pappe.

Die Vertriebsgesellschaft macht keinerlei Angaben bezüglich irgendwelcher Pyramidenenergien, sagt in ihrem Katalog lediglich, daß es sich bei diesen Pyramidenmodellen um eine Sache handle, die interessant sein kann für Studenten, die Gegenstände suchen, mit denen sich wissenschaftliche Versuchsreihen durchführen lassen.

Wenn wir auch zur Zeit nicht imstande sind zu beurteilen, inwieweit sich der Vertrieb von Pyramiden finanziell lohnt, so sind wir doch davon überzeugt, daß Pyramiden eine Sache sind, die sich bestimmt ganz gut verkaufen läßt. Die Käufer benutzen die Miniaturpyramiden für allerlei Zwecke, als Gedankenform-Inkubator ebenso wie als vielseitiges Experimentiergerät und zum Scharfhalten ihrer Rasierklingen. Eine der kuriosesten Verwendungsarten von Pyramidenmodellen, die unsere Aufmerksamkeit auf sich gezogen hat, ist ihre Benutzung zum Aufbewahren von Lotterielosen. Die Berichte von Leuten, die mit in Pyramiden gelagerten Losen Gewinne erzielt haben, sind zahlreich. Das besagt natürlich keineswegs, daß die Pyramiden tatsächlich ihren Besitzern zu einem Lotteriegewinn verholfen haben, sondern läßt eher den Schluß zu, daß die vielen Leute, die ihre Lose unter die Pyramide gelegt und nichts gewonnen haben, nicht darüber reden.

Andere Berichte, deren Wahrheit noch schwerer zu kontrollieren ist, kommen von Personen, die behaupten, daß sie, wenn sie ein Pyramidenmodell in der Nähe ihres Bettes oder Sitzplatzes aufstellen, nach Verlauf mehrerer Nächte oder nach mehrtägigem Sitzen in der Nähe der Pyramide feststellten, daß ein spezifischer Schmerz oder ein Krankheitssymptom entweder ganz verschwand oder daß eine wesentliche Erleichterung und Besserung stattfand.

Wenn auch die Filmschauspielerin Gloria Swanson nicht behauptet, durch Pyramidenenergie geheilt worden zu sein, so wurde doch vom *Time-Magazin* (8. Oktober 1973) berichtet, sie habe gesagt, daß sie über einer Miniaturpyramide unter ihrem Bett schlafe und daß »jede Zelle meines Körpers angenehm vibriert«.

Ein anderer Hollywood-Star, James Coburn, bestätigt die Pyramidenwirkung, wie in der Zeitschrift *National Enquirer* vom 13. Januar 1974 zu lesen war. Er sagte »Ich glaube fest an die Pyramidenkraft. Ich krieche in mein Pyramidenzelt hinein, setze mich in Yogaposition hin und lasse die Kräfte arbeiten. Ich spüre deutlich ein von innen ausgehendes Gefühl, eine gewisse Empfindung. Es entsteht eine Atmosphäre, die mir das Meditieren erleichtert. Jede Beeinträchtigung oder Störung wird ausgeschlossen. Ich meditiere in meinem Pyramidenzelt jeden Tag fünfzehn Minuten lang, manchmal sogar bis zu einer Stunde«.

Pyramidenzelte werden jetzt zu verschiedenen Zwecken benutzt, sowohl zur Herbeiführung gesunden Schlafes als auch für intensive geistige Übungen und Exerzitien. Einige Leute, die eine Pyramide für ihre Meditationen benutzen, behaupten, daß es ihnen im Zelt möglich ist, besser und leichter tiefe Meditationszustände und Bewußtseinsebenen zu erreichen. Andere, die in einer solchen Pyramide geschlafen haben, sagen, daß sie das nicht mehr als drei Nächte hintereinander tun konnten, da die Energieladung in ihnen eine solche Stärke erreichte, daß sie diese kaum zu ertragen vermochten.

Die Energie, die diese Personen in sich aufgenommen haben und spüren, ist so groß, daß man sie nicht – wie es einige Autoritäten zu tun versucht haben – auf einen Placeboeffekt zurückführen kann (Placebo: das einem echten Arzneimittel in Aussehen, Geschmack usw. gleichendes, unwirksames Scheinmedikament)

Der Mann, der ursprünglich für das außerordentliche Interesse an den Pyramidenphänomenen verantwortlich ist, Karl Drbal, ist offenbar im Begriff, eine neue »Masche« oder Mode zu starten: Pyramidenhüte. Drbal begann, sich eines Tages darüber Gedanken zu machen, wie es kommt, daß in den Sagen, Märchen und Überlieferungen die Hexen und Zauberer immer mit konisch geformten Kopfbedeckungen abgebildet und beschrieben werden. Er startete eine neue Versuchsreihe unter Benutzung pyramidenförmiger Hüte. Ein New Yorker hat festgestellt, daß er, als er einen Pyramidenhut kurze Zeit trug, einen außerordentliche starken Influxus verspürte, der in Gestalt eines spiralförmigen Energiewirbels durch die Hutspitze herabkam. »Offensichtlich«, so sagt er

»wirkt die Pyramide wie eine Art kosmische Antenne, die eine Einstimmung oder Anpassung an gewaltige, intensive Energien herbeiführt, die quasi angesaugt werden und sich in einem zentralen Brennpunkt in der Pyramide sammeln.« Andere, die solche Pyramidenhüte getragen haben, behaupten, daß sie dadurch ihre Kopfschmerzen verloren hätten.

Die Geschichte der konusförmigen Kopfbedeckungen für religiöse und mystische Zwecke ist in der Tat sehr lang. Wie durch ein Medium gesagt wurde, geht der Gebrauch solcher Hüte bis auf die alten ägyptischen Priester zurück, die Pyramidenhüte trugen, wenn sie versuchten, mit dem Sonnengott Ra in Verbindung zu kommen. Man hat Überlegungen angestellt, ob derartige Hüte nicht tatsächlich die Eigenschaft haben könnten, elektromagnetische Energien anzuziehen und zu sammeln, Energien entweder von der Sonne oder von hohen metaphysischen Ebenen. Wenn dieser Gedanke richtig ist, ist es ganz natürlich, daß die Träger solcher Hüte über spezielle Energien verfügten und dadurch respektheischend und ehrfurchterweckend den Volksmassen gegenübertreten konnten.

J. Forlong, der Verfasser von *Rivers of Life*, behauptet ebenfalls, daß konisch geformte Hüte ursprünglich mit der Sonnenanbetung zu tun hatten. Später wurden dann diese Hüte zu einem Berufs- und Standessymbol und wurden nicht nur von Zauberern und Magiern getragen, sondern auch von Priestern und Königen.

Solche Hüte waren immer die Kennzeichnung für die soziale Gruppe oder den Rang innerhalb des Adels, den der Träger einnahm. Forlong stellt fest, daß die Hüte der gewöhnlichen Priester konische Formen verschiedener Abmessungen hatten. Abgeleitet von diesen konisch zulaufenden Kopfbedeckungen – so Forlong – waren in früheren Zeiten die Hüte der Musiker: sie hatten die Gestalt eines Fisches mit dem Schwanz nach oben.

Ein Forscher ist der Meinung, daß die sogenannte Narrenkappe überlieferungsgemäß von konischer Form war und ursprünglich als ein Gerät gebraucht wurde »um eine Person in ihr Grundzentrum, das heißt in ihre geistige Mitte schwingungsmäßig wieder zurückzubringen«. Er argumentiert, daß Kinder, die sich schlecht betragen, das tun »weil sie ihr seelisches Gleichgewicht, ihre ›ausbalancierte Mitte‹ verloren haben«. Durch das Sitzen in einer Ecke und durch das Aufsetzen eines Hutes von konischer Form sollte das Kind »zurückgeholt, zurückverwandelt« werden. »Man beachte«, so sagt er »daß ein unartiges Kind gewöhnlich in die Zimmerecke hineinstarrt, so daß es von dem, was hinter ihm in der Schulklasse geschieht, nicht berührt wird. Seine ganze Energie muß es auf sich selbst, auf sein Inneres konzentrieren«.

Ein New Yorker Medium scheint es nicht nötig zu haben, einen konischen Hut aufzusetzen, um der förderlichen Energien dieser geometrischen Form teilhaftig zu werden. In ihrem Buch *Seth Materials* schreibt Jane Roberts, daß sie unter gewissen Bedingungen »das Gefühl hat, als ob sich ein Konus direkt auf meinen Kopf niedersenkt. Ich weiß natürlich, daß es sich nicht um einen gegenständlichen Konus handelt, aber des Gedankens, daß das Gebilde diese Form hat, bin ich sicher. Die größere Öffnung des Konus sitzt sozusagen direkt auf meinem Kopf, während der schmale Teil sich darüber befindet, wie bei einer Pyramide«.

In diesem Kapitel haben wir uns in erster Linie mit den metaphysischen Aspekten der Pyramidenexperimente befaßt. In den folgenden Kapiteln werden wir dem Leser die mehr praktischen Aspekte der Pyramidenforschung nahebringen, werden darlegen, wie jeder seine eigene Pyramide bauen kann und werden Anregungen für die Durchführung eigener Experimente geben.

10.

Pyramidenforschung

Die ungewöhnlichen Eigenschaften von maßstäblich gebauten Pyramiden haben in hohem Maße die Aufmerksamkeit auf sich gezogen. Das Interesse ist so groß, daß einschlägige Berichte in einer Datenbank in Washington D.C., die 1973 von der Mankind Research Unlimited Inc. gegründet worden ist, gesammelt werden.

Dr. Boris Vern, der Direktor dieses Pyramiden-Forschungsunternehmens, führte genau geplante und überwachte Versuchsreihen durch, bei denen er Plastikpyramiden von 25 cm Höhe und Plastikwürfel mit gleichem Rauminhalt benutzte. Diese Experimente erbrachten folgende Resultate: In Schüsseln gelegte rohe Eier, die unter diesen Pyramiden plaziert wurden, verhärteten und trockneten aus innerhalb eines Zeitraumes von weniger als drei Wochen. Verschiedene Pilzkulturen, die auf diesen Eiern angesetzt wurden, zeigten kein Wachstum. Im Gegensatz dazu blieben die Kontrolleier feucht und behielten ihre Fähigkeit, als geeignetes Nährmittel für das sich steigernde Wachstum von Pilzkulturen zu dienen. Diese Kontrolleier schienen bestimmte Veränderungen und Deformationen zu erleiden, wenn sie, nach zwei Wochen im Kontrollraum, unter die Pyramiden gesetzt wurden.

In einem Brief an uns stellte Vern fest »Wir gingen bei unseren Versuchen von der Voraussetzung aus, daß der Austrocknungseffekt auf die relativen Unterschiede in der Wasserverdunstung zurückgeführt werden könnte, vielleicht auch auf das Vorhandensein ungleichartiger Stellen in dem Löschpapier, das als Unterlage für die Versuchsmaterialien diente. Wir machten deshalb folgendes:

Eine gewichtsmäßig genau festgelegte Wassermenge wurde in einer weiteren Plastikschüssel unter die in die Pyramiden gestellten Schalen mit den Eiern gesetzt. Der Grad der Verdunstung wurde durch tägliches Nachwiegen festgestellt. Dieses Verfahren wurde unter Benutzung von drei verschiedenen Unterlagsmaterialien durchgeführt: 1. mit Löschpapier, 2. mit Aluminiumfolie und 3. indem die Schüssel erhöht, etwa vier Zentimeter über der Grundfläche (Tischfläche), gelagert wurde, um eine freie Luftzirkulation zu erreichen. Beleuchtung und Temperatur waren in allen drei Fällen gleich.

Ich füge drei Diagramme bei (Abb. 26, 27 und 28), aus denen die Verdunstungsmengen unter den drei genannten Bedingungen ersichtlich sind.

Aus den Diagrammen 26 und 27 kann man ersehen, daß die Verdunstung unter den Pyramiden rascher vor sich ging als unter den Hohlwürfeln. Doch gemäß Abb. 28 wurden die Messungsergebnisse übereinstimmend.

Es ist allerdings nicht ausgeschlossen, daß Unterschiede in den Luftströmungen in verschiedenen Teilen des Experimen-

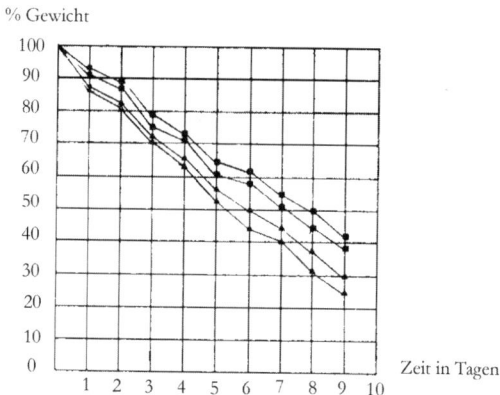

Abb. 26: Wasser in Schalen, Löschblatt-Unterlage, nicht abgedichtet

tierraumes vorhanden waren. Um auch diese vielleicht gegebenen Unterschiede im Test zu erfassen, werden wir Pyramiden und Kuben nach außen ganz mit Plastik abschließen«.

% Gewicht

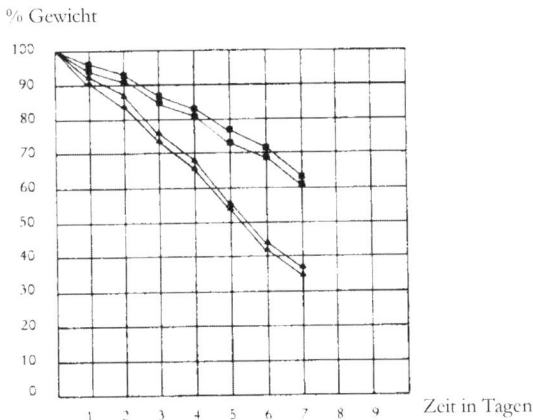

Abb. 27: Aluminium-Unterlage, nicht abgedichtet

Leider lagen uns zur Zeit der Veröffentlichung dieses Buches die Ergebnisse dieses besonders kritischen Teils der Experimente noch nicht vor.

Vern fügte hinzu »Die gegenwärtig noch zu geringe Zahl an Ergebnissen schließt eine statistische Analyse aus; deshalb müssen weitere Versuchsreihen abgewartet werden«.

Forscher haben überzeugend zu demonstrieren vermocht, daß Gegenstände, die im Innern einer Pyramidenhülle plaziert wurden, von ungewöhnlichen Eigenschaften und Wirkungen beeinflußt werden. Diese Eigenschaften sind unabhängig von bekannten physikalischen Veränderungen und Schwankungen, weil die letzteren, aus sich selbst heraus, die Veränderungen nicht zu bewirken und nachzuvollziehen imstande sind. Die Experimentatoren sehen sich somit einem physikalischen Phänomen gegenüber, das für die Physiker und Chemiker fremd

% Gewicht

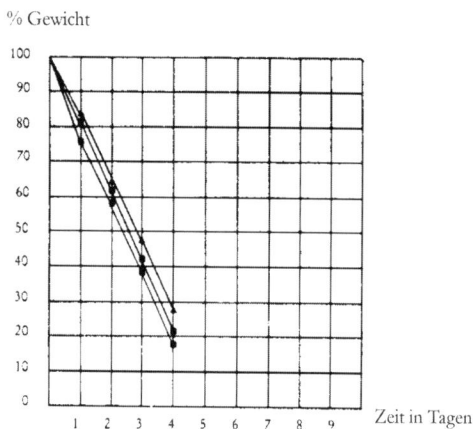

Abb. 28: Pyramiden-Basis ganz offen

ist, einem Phänomen, von dem zwar angenommen werden
kann, daß es irgendwie ein Produkt physikalischer Kräfte ist,
das zu erklären aber mit den bekannten physikalischen Theorien und Gesetzmäßigkeiten zur Zeit noch unmöglich ist. Sie
sehen sich deshalb gezwungen, nach geeigneten Wegen und
Perspektiven zu suchen, die das Phänomen in gründlicher und
vorurteilsfreier Weise zu erklären vermögen. Es erscheint klü-
ger, dem empirischen Forschungsweg zu folgen, als sich
blindlings zu vorgefaßten Meinungen und Behauptungen in
bezug auf physikalische Prinzipien zu bekennen. Ein Beweis
für die Richtigkeit dieser Vorgehensweise ist, daß eine ganze
Reihe von Studenten an amerikanischen Universitäten nach
der empirischen Forschungsmethode gearbeitet und Preise
(sogar erste Preise in verschiedenen Hochschulgraden) für
ihre in exakt wissenschaftlicher Weise durchgeführten Versuche gewonnen haben, bei denen die Pyramiden im Mittelpunkt standen.

Viele Phänomene sind immer wieder bei den Pyramiden

204

beobachtet worden. Der Austrocknungsprozeß, der im Innern der Pyramiden in Erscheinung tritt, ist das wohl am häufigsten experimentell untersuchte Phänomen im Vergleich zu anderen Aspekten. Die in der Pyramide erfolgte Trocknung von Blumen, Früchten, Pflanzen, Tieren, Fischen und Insekten ist heute als unbestreitbare Tatsache akzeptiert.

Ein früher in Kalifornien ansässiger Forscher, der kürzlich verstorbene Verne Cameron, hat eine Reihe eindrucksvoller Experimente mit Pyramiden in bezug auf deren Konservierungsfähigkeit durchgeführt.

Zuerst baute er sich sorgfältig eine kleine Pyramide. Dann nahm er etwa 60 g rohes Schweinefleisch, 30 g davon mit viel Fett. Er legte das Fleisch in die Pyramide, die er abwechselnd außerhalb und innerhalb seines Badezimmers aufstellte. Cameron hatte absichtlich den heißesten und feuchtesten Raum im Hause gewählt, das Badezimmer, in dem die Temperatur und der Feuchtigkeitsgrad sich am raschesten und häufigsten ändern. Bestimmt ist die Atmosphäre in einem Baderaum für die Konservation von Nahrungsmitteln nicht förderlich.

Sorgsam beobachtete er den Fortgang des Experimentes. Er stellte fest, daß das Fleisch nach Ablauf von drei Tagen einen schwachen Geruch zu verbreiten begann, den er als das erste Zeichen der einsetzenden Verwesung deutete. Aber, so berichtet Cameron weiter, nach sechs Tagen war dieser Geruch wieder verschwunden und das rohe Schweinefleisch vollkommen mumifiziert. Noch erstaunlicher klingt seine Behauptung, daß nach mehreren Monaten Lagerung innerhalb der im Badezimmer aufgestellten Pyramiden das Fleisch noch durchaus eßbar war.

Bei einem weiteren Experiment platzierte Cameron ein dickes Stück Wassermelone unter die Pyramide und setzte diese abermals in den Baderaum. Schon nach wenigen Tagen war das Stück bis auf die Größe einer Aprikose zusammengetrocknet, war aber ebenfalls noch völlig genießbar. »Es war immer noch gut und süß«, sagte Cameron.

Da Cameron ein echter Wissenschaftler war, stellte er sich natürlich die Frage, was wohl die Ursache dieser unwahrscheinlichen Phänomene sein könnte. Um der Sache auf den Grund zu gehen, benutzte er einen Aurameter, ein Gerät, das er selbst erfunden hatte und mit dem er die Kraftfeldaura von Gegenständen messen konnte. Er fand, daß einige Arten von Energie, von der Spitze der Pyramide ausgehend, bis zur Höhe der Zimmerdecke reichten. Er berichtet auch, daß eine kleine Pyramide als oberer Schlußstein eines größeren unsichtbaren Pyramidenkraftfeldes betrachtet werden kann, dessen imaginäre Kraftlinien von der Basis des Schlußsteines aus bis zum Zimmerboden hinabgehen. Cameron behauptete außerdem, daß, als er einmal die Pyramide von ihrem üblichen Standplatz entfernte, die Kraftladung einige Tage hindurch oder sogar wochenlang an der betreffenden Stelle erhalten blieb.

Um irgendwelche Dinge zu entwässern, ist es erforderlich, sie entweder auf einer entsprechend großen Unterlage oder auch direkt auf der Höhe der Pyramidenbasis zu plazieren, und zwar mit ihrer Längsachse auf Nord-Süd ausgerichtet. Die Dinge brauchen nicht unbedingt in die Mitte, das heißt unter die Pyramidenspitze gelegt zu werden, obwohl es scheint, als würden sich dort die Kräfte am stärksten konzentrieren. Die Zeit, die der Entwässerungsprozeß in Anspruch nimmt, ist unterschiedlich lang und hängt von der Größe des Gegenstandes und seinem Feuchtigkeitsgehalt ab. Regelmäßige Beobachtungen und Prüfungen des eingelegten Materials können während der Dehydrationsperiode ohne weiteres durchgeführt werden. Es muß aber sorgfältig darauf geachtet werden, daß die eingelegten Dinge bei den Inspektionen nicht beschädigt werden; auch ist es wichtig, daß die Einlagen ganz genau wieder in die Stellung gebracht werden, die sie bisher innerhalb der Pyramide eingenommen hatten. Wenn die totale Austrocknung erreicht ist, kann das Objekt aus der Pyramide genommen und beliebig damit umgegangen werden. Will man Versuche mit Milch oder irgendwelchen anderen Flüssigkeiten anstellen, dann sind diese in eine kleine flache, nicht metallische Schüssel oder Schale zu tun. Man setze auch eine Kontrollschüssel mit der gleichen Menge Milch außen neben die Pyramide. Nach einigen Tagen wird die Milch in beiden Schüsseln sauer, die unter der Pyramide wird aber nicht geronnen, also nicht klumpig geworden sein.

Der Grad des Einschrumpfens und Vertrocknens der für die Experimente benutzten Dinge hängt sowohl von ihrem Feuchtigkeitsgehalt als auch von ihrer Faser- bzw. Gewebsstruktur ab. Je höher der Wassergehalt, um so mehr verlieren die Sachen ihre ursprüngliche Form, wie zum Beispiel eine Nelke, die einen hohen Wassergehalt, aber wenig Gewebsstruktur hat. Rosen dagegen haben einen geringen Wassergehalt, dafür mehr Fasersubstanz und werden im Innern einer Pyramide beinahe vollkommen dehydriert ohne eigentliche Zeichen von Verformung und Verschrumpelung.

Um ein weiteres aussagekräftiges Entwässerungsexperiment durchführen zu können, wird empfohlen, folgende Kontrollmaßnahmen zu beachten:

1. Wiegen Sie die betreffende Einlage, ehe Sie sie in die Pyramide hineingeben, und wiegen Sie sie jeden Tag, so lange, bis der völlige Austrocknungszustand erreicht ist, um feststellen zu können, wie hoch die Entwässerungsrate ist.

2. Stellen Sie noch andere Behälter auf, zum Beispiel eine Pappschachtel, einen Metallkasten, eine Weißblechbüchse usw., entweder mit oder ohne Deckel. Jeder dieser Behälter sollte den gleichen Rauminhalt haben wie die Pyramide. In jeden dieser Kontrollbehälter wird ein Gegenstand

oder Material gelegt, das, soweit möglich, dem in die Pyramide eingelegten genau entspricht. Auch die Dinge in den Kontrollboxen sollten jeden Tag gewogen werden, und zwar zu der gleichen Zeit wie die Einlage in der Pyramide. Nach dem Wiegen sind die Dinge wieder in die gleiche Lage zu bringen, die sie vorher hatten.

3. Legen Sie ein gleiches Versuchsobjekt, was es auch sei, auf eine flache Unterlage in freier Luft. Auch dieses sollte jeden Tag, gleichzeitig mit den anderen, gewogen werden.

4. Beginnen Sie mit der Führung eines Protokolls mit genauer Zeit- und Datumsangabe und halten Sie in ihm die folgenden Angaben fest: Zusammensetzung, Abmessungen und Alter der einzulegenden Dinge zu Anfang der Experimentalreihe, ebenso Zusammensetzung, Abmessungen, Form und Rauminhalt jedes Kontrollbehälters. Wiegen Sie alle Einlagen an den folgenden Tagen und schauen Sie genau nach, ob irgendwelche sichtbaren Zeichen von Verfärbung, Verhärtung oder Verwesung usw. festzustellen sind. Tragen Sie jede mit dem Experiment in Zusammenhang stehende Information, in das Berichtsbuch ein.

Es ist wichtig, daran zu denken, daß die meisten in Geschäften erhältlichen Nahrungsmittel, sowohl die be- und verarbeiteten als auch die rohen, mit chemischen Konservierungsmitteln behandelt worden sind, die auf den Entwässerungs und Austrocknungsprozeß Einfluß haben und dadurch die Gültigkeit und den wissenschaftlichen Aussagewert des Experimentes in Frage stellen können. Deshalb ist es am besten, wenn man schon mit Nahrungsmitteln experimentieren will, nur solche zu verwenden, die frei von Konservierungsmitteln sind und die sich, im Falle von Früchten, Gemüsen usw., im Naturzustand befinden.

Nachdem Sie Ihre Eintragungen hinsichtich des Dehydrationsprozesses miteinander verglichen haben, also die der Pyramideneinlage mit denen aus den anderen Behältern, können Sie noch einen Schritt weiter gehen und sich vornehmen, den Austrocknungsprozeß zu beobachten und zu analysieren, der geschieht, wenn Sie die benutzten Dinge in verschiedenen Höhen in die Pyramide einlegen. Zu diesem Zweck müßten Sie sich mehrere gleichartige Pyramiden bauen oder beschaffen und in diese jeweils die gleichen Dinge oder Materialien einlegen, allerdings in verschiedenen Höhen über der Grundfläche der Pyramide.

Beispiel: Ein Versuchsobjekt wird direkt in Basishöhe der Pyramide (auf der Tischplatte oder auf die sonst verwendete Unterlage) gelegt, ein weiteres in 1/6, andere in 1/8, 1/3 und 1/2 der Pyramidenhöhe. Die Höhe ist von der Pyramidenbasis aus zu messen, das heißt, bei einer 15 cm hohen Pyramide würde die Drittelhöhe 5 cm über der Grundfläche sein.

In verschiedenen europäischen Ländern, zum Beispiel in Jugoslawien, Italien und Frankreich, werden Milch und Joghurt jetzt in pyramidenförmigen Kartons verpackt und verkauft.

Angeblich soll diese Verpackungsweise den Verderbensprozeß verzögern und es dem Konsumenten ermöglichen, die Milch längere Zeit genießbar zu erhalten, als es der Fall wäre, wenn die herkömmlichen Packungen benutzt würden. Obgleich keine Angaben darüber vorliegen, inwieweit die Behauptung stimmt, daß die Lebensdauer eines Nahrungsmittels durch das Verpacken in Pyramidenkartons verlängert wird, wissen wir doch mit ausreichender Sicherheit, daß die Pyramidenform konservierende Wirkung hat. Wir können uns auch nicht vorstellen, daß andere Gründe die Hersteller bewogen haben könnten, die enormen Kosten aufzubringen, die nun einmal mit der Änderung der Verpackungsart ihrer Produkte verbunden sind. Auch scheint es kaum denkbar, daß es bloßer Zufall war, der die amerikanischen Erzeuger zu der Entscheidung veranlaßte, die für Cafes und Restaurants bestimmte Sahne in pyramidenförmigen Behältern zu verpakken. Diese Gefäße mit Inhalt stehen in den Cafes den ganzen Tag über ohne Kühlung unter der Theke, und dennoch hat der Inhalt eine ungewöhnlich lange Lebensdauer.

Es ist sehr wahrscheinlich, daß die Pyramidengestalt der Verpackung für die Langlebigkeit der Sahne verantwortlich ist, obwohl es natürlich keineswegs ausgeschlossen ist, daß die Sahne nur deshalb so lange hält, weil ihr einfach das Verderben verhindernde Konservierungsmittel beigefügt worden ist. In diesem Zusammenhang ist es interessant zu hören, daß im zaristischen Rußland die militärischen Verbände angeblich ihre Fleischrationen in pyramidenförmigen Gefäßen erhielten, nur zu dem Zweck, den Inhalt länger genießbar zu erhalten.

In letzter Zeit sind mehr und mehr Leute dazu übergegangen, pyramidenförmige Vorratsbehälter zum Aufbewahren trockenen Getreides und anderer Nahrungs- und Futtermittel zu benutzen.

Sie behaupten, daß Produkte, die in derartigen Behältern gelagert werden, einen frischeren Geschmack behalten als solche, die in Gefäßen von bisher üblicher Form aufbewahrt werden. Man kann Versuche durchführen, indem man Reis, trockene Bohnen, Trockenfrüchte, Gewürze oder sogar Süßwaren und Feingebäck (wie gefüllte Plätzchen usw.) in pyramidenförmigen Behältern aufbewahrt. Sie können, wenn Sie das tun, bestimmt eine Verbesserung des Geschmacks dieser Dinge erwarten. Sie werden außerdem finden, daß die so gelagerten Lebensmittel auch während der Sommermonate ungezieferfrei bleiben, während bei den in bisher üblichen Behältern aufbewahrten Eßwaren die Gefahr besteht, daß besonders während heißer und feuchter Wetterperioden kleine Insekten und sonstige Schädlinge über die Lagerbestände herfallen.

Es ist gesagt worden, daß Kaffee, im Innern einer Pyramide aufbewahrt, einen weniger bitteren Geschmack annimmt. Es liegen auch Behauptungen vor, die besagen, daß Zigarren, Zigaretten und Pfeifentabak milder und leichter werden, wenn man sie längere Zeit unter einer Pyramide liegen läßt. Wahrscheinlich fördert eine Lagerung in Pyramiden auch das Reifen von Whisky und das Ablagern von Bier. Es liegen sogar Aussagen vor, nach denen starke Parfüme, die in Pyramiden gelagert wurden, einen etwas feineren und edleren Duft annehmen.

In einem Informationsschreiben, das mit der Post den Käufern von Pyramiden zugesandt wurde, macht eine kalifornische Firma darauf aufmerksam, daß man Miniaturpyramiden auch zur Herstellung von Quarkkäse benutzen kann. Zu diesem Zweck ist ein Glas frische, nicht pasteurisierte Vollmilch in die Pyramide zu stellen, direkt unter der Spitze. Dann ist die Pyramide auf die Nord-Süd-Achse auszurichten. Das Glas mit der Milch muß dann drei bis fünf Wochen lang in der Pyramide stehenbleiben. Schaut man ab und zu nach, wird man finden, daß die Milch sauer wird und zusammenläuft und sich auf ihr eine Kruste zu bilden beginnt. Man zerstöre aber diese Kruste nicht, solange die Inkubationsperiode nicht beendet ist. Das wird der Fall sein, wenn die Milch im Glas den gewünschten Festigkeitszustand von Quarkkäse angenommen hat. Sie können sodann das Glas aus der Pyramide herausnehmen, die oberste Kruste abkratzen und sich Ihren selbstgemachten Käse schmecken lassen.

In Kapitel 7 haben wir von den Experimenten gesprochen, bei denen die Pyramiden für die Inkubation von Gedankenformen benutzt werden.

Sollten Sie den Wunsch haben, auch Ihre eigene Pyramide als Gedankenform-Inkubator zu verwenden, verfahren Sie einfach wie folgt: Schreiben Sie Ihr Anliegen, Ihre Bitte (oder Gebet) so ausführlich und genau spezifiziert wie möglich auf ein Stück Papier, und falten Sie das beschriebene Papier halb zusammen. Dann nehmen Sie es flach zwischen die Handteller, wodurch eine Art Kraftbrennpunkt gebildet wird. Konzentrieren Sie sich dabei eine Weile scharf auf die Erfüllung der aufgeschriebenen Gedankenform und laden Sie das Papier gleichzeitig mit dem Gefühl der Liebe und optimistischer Zärtlichkeit und Dankbarkeit auf. Schließlich legen Sie das Papier unter die Pyramide, darauf achtend, daß sowohl die Pyramide als auch das eingelegte Papier mit ihrer Achse genau in Nord-Süd-Richtung stehen bzw. liegen.

Leider sind wir nicht in der Lage, Ihnen hier die von dem ASW-Laboratorium ihren Mitgliedern empfohlenen Spruch (die Anrufungsformel) zu nennen, aber es genügt vollauf, wenn Sie sich einmal am Tage mit bildhafter und zugleich gefühlsgeladener Vorstellungskraft auf die gewünschte Gedankenform konzentrieren, und zwar durch die Nordseite der Pyramide hindurch auf das darinliegende Blatt Papier.

Wie in den Kapiteln 8 und 9 ausgeführt, können Pyramiden auch zur Aufrechterhaltung der Schärfe von Rasierklingen, Haushaltmessern und Scheren benutzt werden. Es gibt Berichte, nach denen der Gebrauch von Pyramiden sogar die Lebensdauer und die Schärfe der Schneidköpfe von Elektrorasiergeräten verlängern und erhöhen soll.

Sehr stumpf gewordene Rasierklingen und andere Schneidewerkzeuge können tatsächlich durch Einlegen in Pyramiden wieder geschärft werden, doch dieser Prozeß nimmt eine ziemlich lange Zeit in Anspruch. Die betreffenden Gegenstände müssen unberührt mindestens vier Monate im Pyramideninnern liegenbleiben.

Um selbst Experimente durchzuführen zu dem Zweck, zu untersuchen, ob die Behauptungen bezüglich der Scharferhaltung von Rasierklingen stimmen oder nicht, benötigen sie nur eine Rasierklinge, eine Modellpyramide und das erforderliche Maß an Geduld.

Legen Sie eine neue Rasierklinge in die Pyramide. Um die besten Resultate zu erzielen, plaziert man die Klinge horizontal in etwa ein Drittel der Höhe der Pyramide (auf einer entsprechend hohen Unterlage, am besten einem Holzstückchen), so daß die beiden Schneidkanten nach Osten-Westen zeigen. Lassen sie jetzt das Blatt wenigstens eine volle Woche unberührt in der Pyramide liegen. Anschließend können Sie es für tägliches oder periodisches Rasieren benutzen. Solange Sie die Klinge nach jeder Rasur immer wieder genau nach den angegebenen Himmelsrichtungen in die Pyramide einlegen – so wie es während der siebentägigen Vorbereitungsperiode der Fall war-, wird die Schneide ihre Schärfe behalten. Während der ersten vierzig bis sechzig Tage wird die subjektiv feststellbare Schärfe der Klinge möglicherweise etwas variieren, aber nach dieser Anpassungszeit wird sich die Schneidqualität stabilisieren und normalerweise für mindestens zweihundert Rasuren ausreichen, wenn nicht für noch mehr sind einfach, praktisch und verhältnismäßig leicht im Alltag zu realisieren.

Seit 1970 sind einige neue Anwendungsgebiete für die Pyramidenkraft in so verschiedenen Bereichen wie Gartenbau, Elektronik und Biochemie entdeckt und erprobt worden.

Einige der diesen Versuchen zugrunde liegenden Ideen Gärtner und Gartenbauspezialisten haben herausgefunden, daß Samen und Saatgut, das vor dem Aussäen unter eine Modellpyramide gelegt worden war, schneller zum Keimen kam und die daraus sich entwickelnden Pflanzen kräftiger und gesünder wurden als andere, die nicht den Einflüssen der Pyramidenkraft ausgesetzt waren.

Interessant ist auch das, was ein Fachmann, der sich auf den Anbau von Wein spezialisiert hat, sagt, daß es nämlich, um eine reiche Ernte wohlschmeckender Trauben zu sichern, nur notwendig ist, die Weinstöcke so zu pflanzen, daß sie in der Nord-Süd-Richtung wachsen bzw. ranken.

Große Pyramiden werden in zunehmendem Maße als

Treibhäuser benutzt bzw. als »Sanatorien«, um die Lebensund Keimfähigkeit von Pflanzen während ihrer Winterruhe aufrechtzuerhalten und solche, die keine Wachstumskraft mehr zu haben scheinen, wieder mit neuen Energien und Triebkräften aufzuladen.

Wenn Sie selbst Pflanzenwuchsexperimente durchführen wollen, kaufen Sie sich einfach ein Paket irgendeines Samens. Legen Sie die Hälfte davon in Reihen entlang der Nord-Süd-Achse in Ihre Pyramide und lassen Sie den Samen mindestens zwei Wochen so liegen. Dann nehmen Sie ihn und säen ihn aus. Dasselbe tun Sie, zur Kontrolle, mit der andern Hälfte des Samens, darauf achtend, daß die Wachstumsbedingungen für beide Teile dieselben sind. Kennzeichnen Sie irgendwie jede Gruppe sorgfältig, so daß Sie sie genau auseinanderhalten können. Wenn Sie nun das Wachstum der beiden Gruppen beobachten, werden Sie in der Lage sein zu beurteilen, ob die Behauptungen bezüglich der Beschleunigung und Stärkung des Keimens und Wachsens der Pflanzen den Tatsachen entsprechen oder nicht.

Zwei leicht praktizierbare Methoden gibt es, die unsere Zimmerpflanzen betreffen. Die eine, bei der die Benutzung der Pyramide nützlich sein kann, besteht darin, daß Sie den Behälter mit dem Gießwasser für Ihr Fensterbrett- oder Balkongärtchen unter die Pyramide stellen. Lassen Sie gewöhnliches Leitungswasser unter der Pyramide wenigstens eine Woche lang stehen, ehe Sie damit Ihre Pflanzen begießen. Sie werden wahrscheinlich feststellen, daß dadurch der Pflanzenwuchs angeregt wird, daß das so vorbehandelte Wasser ähnlich einem Düngemittel wirkt. Es liegen viele Berichte vor, nach denen auf diese Weise eine Steigerung des Blühens und Gedeihens der Pflanzen erreicht wurde. Auch unsere eigenen Experimente lassen darauf schließen, daß unter eine Pyramide gestelltes Wasser tatsächlich irgendeine Veränderung durchmacht, wenn auch eine solche, die durch chemische Ana-

214

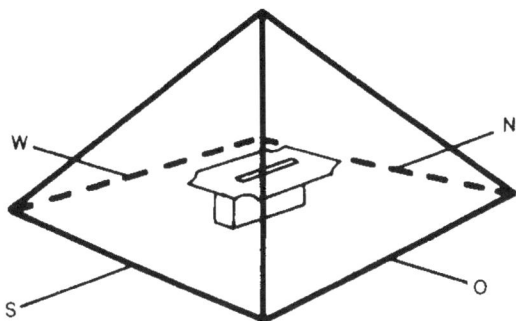

Abb. 29: Lage der Rasierklinge in der Pyramide

lysen noch nicht nachweisbar ist. Diese Veränderung fördert nicht nur den Pflanzenwuchs im allgemeinen, sondern beschleunigt beträchtlich das Keimen des Saatgutes und bringt kräftigere und gesündere Keimlinge hervor.

Die andere Methode, wie Ihre Pyramide für Ihre Pflanzen nützlich sein kann, ist ihre Anwendung beim Einsetzen von Stecklingen. Es hat den Anschein, als würden Stecklinge, die in Pyramiden eingelegt waren, schneller Wurzeln schlagen als solche, die in der üblichen Weise behandelt worden sind. Die Verlustrate bei Stecklingen, die unter Pyramiden die ersten Wurzeln schlagen konnten, ist geringer als bei solchen, die im Wasser oder im Erdboden außerhalb der Pyramiden gezogen wurden. Um die Wirksamkeit dieser Methode zu testen, setzen Sie einfach einen Steckling in einen entsprechend großen Wasserbehälter, den Sie unter die Pyramide stellen. In viel kürzerer Zeit, als es normalerweise der Fall wäre, wird der Steckling ein kräftiges Wurzelsystem entwickeln. Sie können ihn dann herausnehmen und sofort eintopfen. Das Begießen mit unter einer Pyramide aufbewahrtem Wasser wird außerdem zum besseren Gedeihen und schöneren Blühen Ihres Stecklings beitragen.

Was nun das Gebiet der Elektronik angeht, so haben Radiotechniker entdeckt, daß ungewöhnliche Störgeräusche im Lautsprecher hörbar werden, wenn ein Radiogerät zwischen den Frequenzen zweier Stationen eingestellt wird und der Antennendraht wenige Zentimeter von außen durch die Spitze einer Modellpyramide durchgesteckt wird und dann diese Pyramide über einer anderen aufgehängt wird. Wenn man die frei hängende Pyramide von der unter ihr befindlichen zweiten entfernt, tritt eine Verminderung der Störgeräusche ein, bis schließlich überhaupt nichts mehr zu hören ist.

Die Entdeckung der Tatsache, daß irgendwelche elektronischen Signale von den Pyramiden ausgehen, haben einige einfallsreiche und unternehmungslustige Leute veranlaßt, Experimente durchzuführen, die überraschende und praktisch verwertbare Resultate erbrachten. Unter Verwendung einer Aluminium-Pyramide haben sie eine Fernseh- und Rundfunkantenne geschaffen. Man stellt sie her, indem man jeden Draht der Fernseh- oder Radioantenne mit einer Aluminium-Pyramide mittels einer Schraube verbindet und diesen ganzen Komplex über dem Fernseh- bzw. Radiogerät aufhängt.

Sie können sich einen Pendel machen aus einem kleinen, aber möglichst schweren Gegenstand, zum Beispiel einem Ring oder einer Münze, welche Dinge Sie frei an einem dünnen, etwa 25 cm langen Faden aufhängen. Der Gegenstand, den Sie dafür wählen, muß ziemlich schwer, zugleich aber so klein wie möglich sein. Eine kleine Metallkugel wäre am besten geeignet. Ein Türschlüssel wäre zu groß. Nehmen Sie den Faden des Pendels in die Hand und halten Sie das daran befindliche Objekt in ca. 3 cm Höhe über die Pyramidenspitze, aber in rund 30 cm Entfernung links oder rechts von der Pyramide. Beginnen sie jetzt, den Pendel langsam in Richtung auf die Pyramide zu bewegen. Je mehr sich der Pendel einer Seite oder Ecke der Pyramide nähert und wenn er sich noch etwa 15 cm von der Pyramidenspitze entfernt befindet, wird er auf unerklärliche Weise von der Erreichung der Spitze zurückgehalten werden, selbst dann, wenn sich Ihre Hand bereits direkt über oder dicht neben der Pyramidenspitze befindet. Ein weiterer Test: Lassen Sie den am Faden angebundenen Gegenstand etwa 5 mm direkt über der Pyramidenspitze hängen und versuchen Sie, ihn in völlig bewegungslosem Stillstand zu halten. Sie werden finden, daß dies praktisch unmöglich ist. Aller Wahrscheinlichkeit nach wird Ihr Pendel entweder hin und her zu schwingen beginnen oder Kreise um den Apex herum beschreiben.

Es ist kein Problem, eine Wünschelrute herzustellen. Am einfachsten ist es, Sie nehmen zwei metallene Kleiderbügel und biegen den Draht auf, so daß Sie zwei gerade Drahtstücke bekommen. Oder Sie besorgen sich zwei Metallstäbe von etwa 1,5 mm Durchmesser und ca. 1 Meter lang. Etwa 20 cm von dem eine Rutenwende entfernt biegen Sie den Draht im rechten Winkel ab (siehe Abb. 30) um mit der Rute zu arbeiten, ist nur nötig, die beiden Griffe leicht mit den Händen zu umfassen. Sie brauchen nicht verkrampft und fest zuzupacken, denn die Rute soll frei schwingen können. Halten Sie die beiden Ruten mit angewinkelten Armen so vor Ihre Brust, dass die beiden langen Drahtstücke waagerecht und parallel zueinander stehen, natürlich von Ihrem Körper weg.

Haben sie in einer für Sie bequemen Armstellung die beiden Ruten in die Parallellage gebracht, gehen Sie langsam so auf die Pyramide zu, dass sich die beiden Ruten links und rechts der Pyramidenspitze befinden. Je weiter Sie sich mit den so gestellten Ruten der Pyramide nähern, um so stärker werden sich die beiden Rutenstäbe zu bewegen beginnen; entweder kreuzen sie sich, so daß ein X entsteht, oder sie gehen auseinander, das heißt: die eine Rute schwingt nach rechts, die andere nach links. Um festzustellen, wie groß der von der Pyramide ausgehende Energiebereich ist, brauchen Sie nur die Ruten oder einen Pendel in verschiedenen Entfernungen und Höhen neben und über die Pyramide zu halten und zu sehen, wo das Energiefeld beginnt. Die Ausdehnung des Energiewirbels oder des konischen Kraftstrudels kann auf diese Weise genau bestimmt werden. Sie werden finden, daß, je höher die Höhe ist, in der Sie sich mit dem Pendel oder den Ruten der Pyramide nähern, um so größer der Durchmesser des Bereiches ist, in dem der Energiestrudel wirkt.

Obwohl die Biochemiker erst vor kurzem mit Pyramidenexperimenten begonnen haben, sind doch bereits einige Feststellungen gemacht und Berichte vorgelegt worden. Enzym- und Bakterienkulturen scheinen sich, je nachdem ob sie sich innerhalb oder außerhalb einer Pyramide befinden, in unterschiedlicher Weise zu verhalten. Pyramidenforscher und Laien-Experimentatoren haben herausgefunden, daß sich Moder und Schimmel innerhalb von Pyramiden nicht gut zu entwickeln scheinen.

Es ist offensichtlich, daß Pyramiden einige ungewöhnliche Kräfte zu enthalten scheinen, auch wenn diese zur Zeit noch unerklärbar sind. Wie aber ist es möglich, daß dennoch sowohl Amateurforscher als auch wissenschaftliche Experten bei ihren Pyramidenversuchen negative Ergebnisse zu verzeichnen hatten? Einer der Gründe mag sein, daß viele dieser

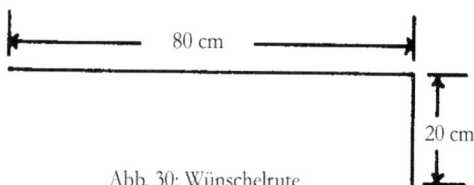

80 cm

20 cm

Abb. 30: Wünschelrute

218

Experimente nicht systematisch, sondern spontan und mehr zufällig durchgeführt wurden, noch dazu vielleicht mit ungeeigneten Materialien und ohne scharfe Kontrollen, also unter Mißachtung der erforderlichen optimalen Bedingungen. Die Pyramidenwirkungen mögen keine welterschütternde Sache sein, scheinen aber doch für die Menschheit in mancher Hinsicht von beachtlichem Nutzen zu sein. Um den größten Nutzen von der Pyramide und ihren Kräften zu haben, ist es erforderlich, daß an Pyramiden-Experimente unter Beachtung exakter wissenschaftlicher Methodik herangegangen wird, wie es ja auch bei der Beschäftigung mit anderen konventionellen Forschungsgebieten zu geschehen hat.

11.

Der Bau von Modellpyramiden

Sollten Sie daran interessiert sein, eigene Experimente mit Pyramiden durchzuführen und sich zu diesem Zweck auch selbst Pyramiden zu bauen, werden Ihnen die nachstehenden ausführlichen Anweisungen nützlich sein. Sie können sich dreier verschiedener Methoden bedienen.

Natürlich ist die exakte geometrische Kontruktion einer Pyramide in erster Linie eine mathematische Angelegenheit, bei der zwei irrationale Zahlen eine wichtige Rolle spielen. Unter irrationalen Zahlen versteht man solche, bei denen die Dezimalstellen hinter dem Komma unendlich weitergehen, ohne daß sich Zifferngruppen wiederholen. Die zwei irrationalen Zahlen sind Pi (=$\prod$= 3,14159 ...) und Phi (= φ = 1,618...). Phi ist die Zahl, die als »goldener Schnitt der Pyramide« bekannt ist und die sich aus den Proportionen ergibt, die in der Pyramide enthalten sind. Die Pyramidenbasis ist ein Quadrat, die vier Seiten sind gleichschenklige Dreiecke. Wenn wir 1,0 als Wert für die Hälfte der Dreiecksbasis nehmen, ist die Schräghöhe (Apothem) Phi und die exakte Lothöhe vom Apex zur Basis die Quadratwurzel von Phi. Deshalb ist Phi eine Gegebenheit, die sich aus jeder Grundfläche ableiten läßt. Wir überlassen den Nachweis für die Richtigkeit dieser Gleichung jenen, die in der Mathematik gut Bescheid wissen, und weisen nur darauf hin, daß Phi und Pi gemäß folgender annähernder Gleichung zueinander in Beziehung stehen:

$$\pi \approx \frac{4}{\sqrt{\Phi}}$$

Merken Sie sich auch, daß jede Seitenfläche der Pyramide in einem Winkel von 51 Grad, 52 Minuten und 10 Sekunden geneigt ist.

Die Wahl des Materials für die Herstellung von Experimentalpyramiden ist von großer Bedeutung. Das Material sollte durch und durch homogen, also gleichartig sein, zum Beispiel Preßpappe (keine Wellpappe), massives Holz (kein Sperrholz) oder Plastik (kein Styropor)

Methode I

Um die Modellpyramide bauen zu können, ist es am einfachsten, Sie besorgen sich vier Papptafeln. Mit Lineal und Bleistift zeichnen Sie auf die Pappe ein gleichschenkliges Dreieck im Verhältnis Schenkel: Basis = 1:1,051.

Beispiel: Wenn Sie eine Pyramide von ca. 24,3 cm Höhe bauen wollen, brauchen Sie dazu vier Pappstücke von je 30 x 30 cm Seitenlänge. Legen Sie das Lineal an jede untere Ecke an und ziehen Sie Linien bis dahin, wo sich in 24,3 cm Höhe diese Linien berühren bzw. kreuzen (siehe Abb. 31)

Sie können auch einen größeren Zirkel zu Hilfe nehmen. Öffnen Sie ihn 28,5... cm weit und schlagen Sie damit von den beiden unteren Ecken der Papptafeln aus je einen Bogen. Der Schnittpunkt der beiden Bogenlinien ist die Spitze des Dreiecks. Von dort aus ziehen Sie Linien zu den beiden unteren Ecken. Jetzt können Sie die Dreiecke ausschneiden und daraus Ihre Pyramide zusammensetzen.

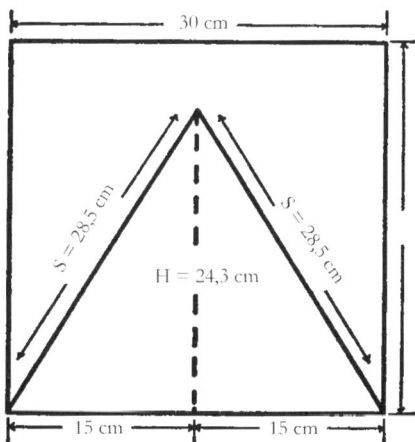

30 cm

S = 28,5 cm

S = 28,5 cm

H = 24,3 cm

15 cm

15 cm

Abb. 31

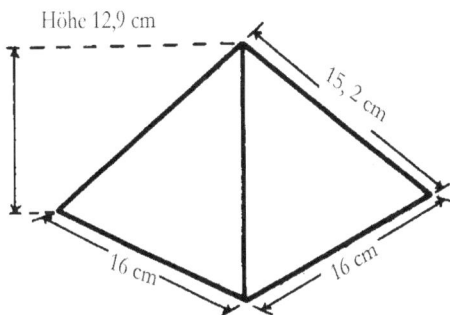

Höhe 12,9 cm

15, 2 cm

16 cm

16 cm

Abb. 32

Methode II

Um eine aus einem Stück bestehende Pyramide zu bauen, nehmen Sie einen Zirkel und schlagen damit entsprechend Abb. 33 einen Kreis mit dem Radius 15 cm.

Ziehen Sie eine Linie vom Zentrum zu Punkt (a) des Kreises und stellen Sie dann Ihren Zirkel auf 15,8 cm Öffnung. Von Punkt (a) aus markieren Sie in 15,8 cm Entfernung den Punkt (b) auf der Kreislinie; von hier wieder 15,8 cm weiter zu Punkt (c), dann 15,8 cm zu Punkt (d) und schließlich zu Punkt (e) mit einem Lineal verbinden Sie jetzt mit durchgehenden Linien die Punkte (a) bis (e) miteinander und Punkt (e) mit dem Zentrum. Die Punkte (b), (c) und (d) verbinden Sie mit gestrichelten Linien mit dem Zentrum.

Schneiden sie nun die Pappe entlang der durchgehenden Linien aus (berücksichtigen Sie einen Kleberand) und ritzen

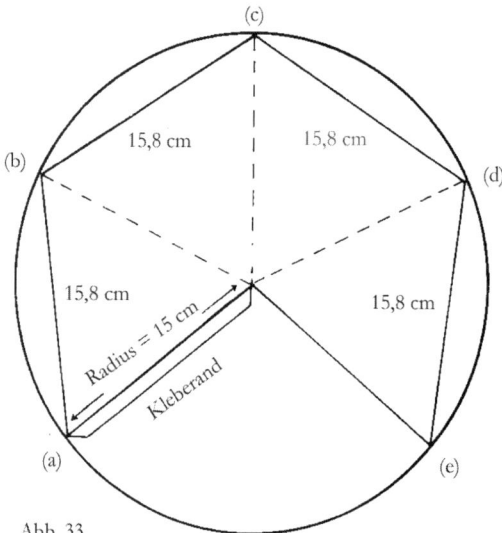

Abb. 33

Sie die zum Zentrum führenden gestrichelten Linien mit einem Messer etwas an, so daß Sie die Pappe dort falten können. Die beiden noch offenen Seiten kleben Sie zusammen. Eine Pyramide nach diesem Muster ist ca. 12,8 cm hoch.

Wenn Sie einen Kreis mit größerem Durchmesser schlagen wollen, können sie sich einen sogenannten Stangenzirkel basteln unter Verwendung eines schmalen und dünnen Holzstabes oder einer Leiste, die ein wenig länger sind als der gewünschte Radius. An jedem Ende der Leiste bohren Sie ein Loch. Die Entfernung zwischen den beiden Löchern soll dem Radius des Zirkels entsprechen. Durch das eine Loch stecken Sie einen Bleistift, durch das andere eine spitze Nadel. Die Nadel benutzen Sie als zentralen Drehpunkt, als Kreismittelpunkt. Das Ende mit dem Bleistift beschreibt, sich um die Nadel drehend, den Kreis in der gewünschten Größe.

Methode III

Legen Sie fest, wie lang die Seitenlänge S Ihrer Pyramide werden soll. Ziehen Sie dann von Punkt (a) aus eine entsprechend lange Linie waagerecht zu Punkt (b) Legen sie am Punkt (a) einen Winkel von 76° an und ziehen Sie eine gestrichelte Linie zu Punkt (c) Diesen Vorgang wiederholen Sie noch dreimal, jeweils von Punkt (a) aus, wodurch Sie vier Dreiecke erhalten: die vier Seitenflächen Ihrer Pyramide mit einem Basiswinkel von je 52° und einem Winkel von je 76° in der Pyramidenspitze (Abb. 34).

Schneiden Sie nun die Pappe entlang der durchgehenden Linien aus und ritzen Sie die zu Punkt (a) führenden gestrichelten Linien etwas an, daß Sie die Pappe dort falzen können. Die beiden noch offenen Seiten kleben Sie dann am Kleberand zusammen.

Wenn Sie sich nach einer der beschriebenen Methoden eine

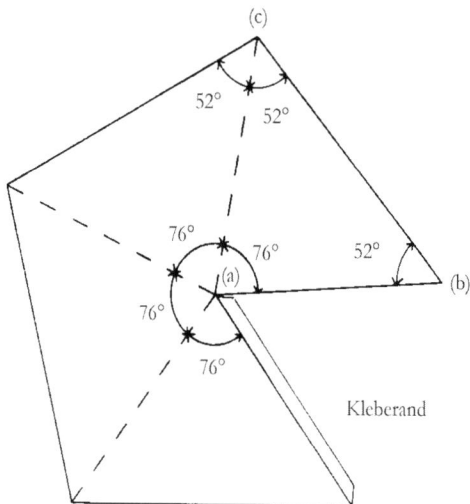

Abb. 34

Pyramide gebaut haben, sollten Sie sich darüber klar sein, dass Ihre Konstruktion nicht ganz genau ist, daß die Proportionen oder Maßverhältnisse nicht ganz und gar perfekt sind und daß dieser Umstand die Resultate Ihrer Experimente beeinträchtigen könnte.

Um eine angemessene Kontrolle darüber zu haben, ob Ihre Pyramide immer die richtige Stellung hat oder nicht, empfehlen wir, daß Sie an der Basis einer Seitenfläche ein Kennzeichen anbringen und darauf achten, dass dieses während Ihrer Experimente immer genau nach einer Himmelsrichtung ausgerichtet ist, am besten nach Norden.

Es könnte sein, daß Sie den Wunsch haben, Ihrer Pyramide eine Unterlage zu geben, die es Ihnen erlaubt, die Pyramide bequem wegzunehmen und wieder hinzustellen. Am einfachsten ist es, Sie schneiden sich ein quadratisches Stück

Pappe zurecht, dessen Seitenlängen ca. 10 cm länger sind als die Basislänge der Pyramide.

Die meisten Experimente können durchgeführt werden, indem die jeweilige Einlage direkt auf die Grundfläche gelegt wird. Oft verbessern sie die erzielten Resultate, wenn der eingelegte Gegenstand in ein Drittel der Pyramidenhöhe von der Grundfläche entfernt plaziert wird. Sie können als Unterlage beliebiges Material nehmen, das die gewünschte Höhe hat.

Die weltweit durchgeführten Experimente lassen den Schluß zu, daß sich die Kräfte, die für die ungewöhnlichen Wirkungen verantwortlich sind, in einem Brennpunkt konzentrieren, der exakt in einem Drittel der Pyramidenhöhe über der Grundfläche liegt. Kleine und sehr dünne Dinge sollten auf eine Unterlage gelegt werden, die so genau wie möglich dieser Höhe entspricht. Aber höher als dieses Drittel sollte die Unterlagefläche mit dem zu behandelnden Gegenstand nicht reichen.

Schließlich ist es wichtig, daß die vier Seiten der Pyramide nach den vier Himmelsrichtungen ausgerichtet sind. Man kann den geographischen Nordpol als Richtpunkt nehmen, aber auch der magnetische Pol ist geeignet, vor allem, weil er leichter festzustellen ist. Um die genaue Lage des magnetischen Pols zu finden, braucht man nur einen qualitativ guten Kompaß zu nehmen. Die geographische Nordrichtung stimmt mit der magnetischen nicht genau überein, sondern weicht ein wenig von ihr ab, was von der geographischen Breite abhängt, auf der Sie sich befinden. Die Größe der Abweichung für Ihren Wohnort ist meistens in einem der lokalen Kalender angegeben.

Wenn Sie einen Gegenstand oder irgendein Material in die Pyramide einlegen, tun Sie es so, daß sich die Längsachse in der Nord-Süd-Richtung befindet. Handelt es sich um runde Dinge, dann legen Sie diese einfach in das Zentrum der Pyramide direkt unter der Spitze.

Eine gute Methode, um nachzuprüfen, ob Ihre Pyramide richtig steht, ist das Einlegen eines kleinen rechteckigen Behälters mit gewöhnlichem Honig. Die Längskanten des Behälters sind auf Nord-Süd auszurichten. Nach längstens fünf Tagen – wenn die Pyramide richtig gestellt ist – sollte der Honig beginnen sich zu verfestigen und immer zäher werden. Wenn dann die Pyramide aus der genauen Nord-Süd-Richtung gebracht wird, ist zu beobachten, daß der Honig innerhalb von 24 Stunden wieder flüssig wird. Wenn nach Ablauf von höchstens fünf Tagen der Honig immer noch flüssig geblieben ist, wissen Sie, daß sich entweder die Pyramide, der kleine Honigbehälter oder beides nicht in der richtigen Nord-Süd-Lage befindet.

Natürlich ist es empfehlenswert, die Pyramide so zu stellen, daß sie während des Verlaufs der Experimente nicht verschoben oder angestoßen werden kann. Auch ist wünschenswert, sie in einer Umgebung aufzustellen, die in bezug auf Temperatur und Luftfeuchtigkeit ziemlich gleichmäßig bleibt. Da die in der Pyramide vor sich gehenden Prozesse theoretisch auf kosmische, magnetische und andere natürliche Strahlungsenergien zurückzuführen sind, sollten Sie Ihre Experimentierpyramiden nicht zu nahe an Fernseh- und Radioapparate oder andere Elektrogeräte stellen.

Wir können nicht genug betonen, daß die Haupterfordernisse für die Durchführung erfolgreicher Pyramiden-Experimente Geduld, Genauigkeit und wissenschaftliche Objektivität sind. Sollte es passieren, daß Ihr erstes Experiment mißlingt, dann werfen Sie nicht gleich die sprichwörtliche Flinte ins Korn, sondern analysieren Sie sorgfältig, was Sie getan haben. Prüfen Sie gewissenhaft, ob die Proportionen Ihrer Pyramide korrekt sind, ob die Pyramide und auch die Einlage exakt nach den Himmelsrichtungen ausgerichtet sind; ob die Zeit, in der die Dinge der Pyramidenkraft ausgesetzt waren, lang genug war, und schließlich, ob Ihre Kontrollen in geeigneter Weise durchgeführt wurden. Auch wenn Sie festgestellt haben sollten, daß Sie alle diese Erfordernisse beachtet haben und dennoch keinen Erfolg hatten, geben Sie nicht auf! Wiederholen Sie das Experiment. Es mögen andere Faktoren dabei eine Rolle gespielt haben, die Sie und auch wir noch nicht berücksichtigen konnten und die zu gegebener Zeit erkannt und beachtet werden können. Tatsächlich besteht die Möglichkeit, daß Sie, wenn es Ihnen gelingt, einen ganz bestimmten negativen Faktor ausfindig zu machen, der bisher den Forschern entgangen war, etwas entdeckt haben, das für die zukünftige Pyramidenforschung sehr wichtig sein kann.

12.

Was man mit Pyramiden-Energien
alles anfangen kann

Joan Ann de Mattia hat den B. A.-Grad und ein Diplom
vom Institut Of Psychorientology in Laredo, Texas. Neben
ihrer hauptberuflichen Tätigkeit als Schriftstellerin und He-
rausgeberin von Büchern ist sie Lehrerin für Gedächtnis-
training und Konzentration und leitet wöchentliche Arbeits-
gemeinschaften, deren Teilnehmer sich die Entwicklung
psychischer oder medialer Kräfte zum Ziel gesetzt haben.
Joan Ann de Mattia fungierte als Koordinatorin für die westlichen Länder bei der ersten internationalen Konferenz für
Psychotronische Forschung 1973 in Prag. Für diesen Kongreß
schrieb sie einen Artikel über die Steigerung der Kreativität
durch Veränderung der Bewußtseinszustände. Bei der zweiten gleichartigen Konferenz in Monte Carlo im Jahre 1975
legte sie Untersuchungsergebnisse bezüglich der praktischen
Anwendung der Orgon-Energie vor. Sie ist die Erfinderin eines Orgon-Energie-Sammlers. Seit 1971 ist Joan Ann de
Mattia aktiv an der Erforschung der Pyramiden-Energie interessiert.

Hier nun ihr Bericht über ihre höchst kuriosen und faszinierenden Erfahrungen mit der Pyramidenkraft.

Als ich vor etwa vier Jahren meine ersten Pyramiden von
der Toth Pyramid-Company New York erhielt, nahm ich mir
vor, bei meinen geplanten Experimenten so wissenschaftlich
wie irgend möglich vorzugehen. Als erstes legte ich eine hüb-

sche gelbe Rose auf eine kleine Pappschachtel, die genau ein Drittel der Höhe meiner Pyramide hatte, in das Zentrum einer kleinen Papp-Pyramide. Eine andere gelbe Rose legte ich außerhalb der Pyramide als Kontrollobjekt auf ein weißes Stück Papier. Schließlich nahm ich eine dritte gelbe Rose und legte diese ebenfalls auf eine kleine Schachtel in eine andere Pyramide. Die zwei Pyramiden und die drei Versuchsobjekte hatte ich genau auf die geographische Nord-Süd-Achse ausgerichtet.

An jedem der fünf folgenden Tage wog ich sowohl die Pyramidenrose als auch die außerhalb liegende, notierte gewissenhaft das Gewicht und die Farbveränderungen. Die dritte Rose ließ ich unberührt und unkontrolliert unter ihrer Pyramide liegen. Am vierten Tag schien die Pyramidenrose bereits völlig mumifiziert zu sein. Die Farbe war intensiver geworden, und es war nur ein schwacher Rosenduft wahrnehmbar. Die freiliegende Rose hatte ihren Geruch vollkommen verloren, und die Farbe der Blütenblätter war etwas verblaßt. Die Rose war zwar trocken, zugleich aber spröde und brüchig geworden, und die Blätter fielen bei der leisesten Berührung ab. Im Vergleich dazu war die Pyramidenrose zwar ebenfalls ausgetrocknet, aber fest und hart geblieben und hatte ihren Duft behalten. Die unberührt liegengelassene Rose war außerordentlich schön; ihre Farbe war intensiver geworden als im frischen Zustand. Auch der Geruch war noch genauso stark wie am ersten Tag. Die Blüten- und Stengelblätter waren trocken, aber fest. Seltsamerweise hatten alle drei Versuchsobjekte die gleiche Gewichtsmenge verloren.

Als nächstes nahm ich ein paar Holzäpfel und nahm mit ihnen die gleiche Prozedur vor wie mit den Rosen: ein Holzapfel blieb unberührt und unkontrolliert in einer Pyramide liegen, ein zweiter blieb außerhalb zur Kontrolle, und der dritte kam unter die andere Pyramide, um täglich gewogen und gemessen zu werden. Nach drei Wochen des Wiegens und

Messens war kein merklicher Unterschied im Aussehen und im Gewicht im Vergleich zum ersten Tag feststellbar. Als mir klar wurde, daß meine Holzäpfel eine sehr lange Zeit benötigen würden, um den Zustand der Mumifikation zu erreichen, entschloß ich mich, diese Art von Experimenten lieber den Fachwissenschaftlern zu überlassen und meine Pyramiden in anderer Weise zu benutzen, die mehr Spaß macht.

Dann nahm ich zerschnittene eßbare Pilze und in Scheiben geschnittene Holzäpfel. Beides brauchte bis zur völligen Austrocknung ungefähr 6 bis 8 Wochen, je nach der Größe der Stücke. Wir aßen alle Pilze und die meisten der Holzapfelscheiben auf, aber ein paar wenige der Apfelscheiben habe ich heute noch. Ich bedaure jetzt, daß ich sämtliche Holzäpfel weggegeben habe, besonders deshalb, weil bei ihnen der Mumifizierungsprozeß rund drei Monate gedauert hatte. Die Pilze schmeckten genau wie frische, hatten ihre Originalfarbe behalten, sahen nur ein bißchen vertrocknet und verrunzelt aus. Ab und zu probiere ich ein dünnes Stückchen der getrockneten Apfelscheiben und bin erstaunt über den immer noch »frischen Apfelgeruch«. Die Schale hat noch dieselbe Farbe wie am ersten Tag. Der einzige ins Auge fallende Unterschied ist lediglich, daß die Holzapfelscheiben vertrocknet und etwas zusammengeschrumpft aussehen.

Eine rascher durchführbare und auch nützliche Sache ist das Mumifizieren von Pflanzen und Kräutern. Ich habe mit Petersilie, Sellerie und Pfefferminzblättern, mit Dill und Basilikum experimentiert. (Diese Dinge können einfach auf den Boden der Pyramide gelegt werden.) Alles das braucht nur drei oder vier Tage in der Pyramide zu liegen, vorausgesetzt allerdings, daß man von jedem nur eine kleine Handvoll nimmt. Das besonders Bemerkenswerte bei diesen mumifizierten Kräutern und Gewürzen ist, daß sie ihren frischen Originalgeschmack behalten, ebenso ihre ursprüngliche Farbe. Im Vergleich dazu sind die in Geschäften gekauften Kräuter und Gewürze zwar auch trocken und haben etwas von ihrem Duft bewahrt, doch von ihrer lebhaften Färbung ist nicht mehr viel übriggeblieben. Ich habe noch einige Sellerie- und Pfefferminzblätter, die jetzt vier Jahre alt sind, aber immer noch so frisch aussehen und auch riechen wie an dem Tag, da ich sie kaufte. Leider kam ich auf die Idee, meine vier Jahre alte mumifizierte Rose zusammen mit einigen Sellerieblättern in dieselbe Schachtel zu tun, und der Selleriegeruch war so stark, daß meine liebliche Rose jetzt ebenfalls nach Sellerie duftet.

Zwei meiner Freundinnen haben aus weißen, kernlosen Trauben Rosinen gemacht. Sie berichteten, daß der Austrocknungsprozeß sechs bis acht Wochen dauerte und abhängig ist von der Größe der Trauben und wieviel davon man in die Pyramide gibt. Am besten ist es wohl, man legt nicht mehr als etwa ein Dutzend hinein. Auf diese Weise mumifizierte Rosinen sind köstlich, denn sie schmecken gar nicht nach Rosinen, sondern eher wie frische Trauben, ganz gleich, wie alt sie sind.

Noch etwas anderes habe ich mit meiner Pyramide gemacht, sie nämlich an einer Schnur, die ich an der Spitze befestigt hatte, ungefähr 30 cm über einer kranken Pflanze aufgehängt. Nach wenigen Tagen hatte sich die Pflanze sichtlich erholt, und nach etwa einer Woche begann sie zu blühen.

Mein Experiment, Honig-Bonbons herzustellen, war besonders kurios. Ich bekam zum Schluß keine richtigen Honigdrops, machte aber einige hochinteressante Erfahrungen. Ich gab zwei Eßlöffel Honig in eine sehr kleine, flache Schale und setzte diese auf eine Schachtel in die Pyramide. Fünf Tage später war der Honig etwas fester und zähklebrig geworden. Eine Woche danach begann er, sich richtig zu verfestigen. Im Verlauf weiterer drei Wochen konnte ich das Schälchen herausnehmen und ein paar Minuten auf die Seite kippen, bevor der Honig dahinzulaufen begann. Dann wurde die Pyramide, wahrscheinlich zufällig, aus ihrer genauen geographischen Nord-Süd-Achse gerückt, und als ich zum Schluß der vierten Woche die Kontrolle vornahm, war der Honig zu meinem Erstaunen wieder flüssig geworden.

Ich richtete die Pyramide wieder aus und wartete. Nach drei Wochen war der frühere Verfestigungszustand wieder erreicht. Nur so zum Spaß brachte ich die Pyramide abermals aus der Nord-Süd-Achse, um zu sehen, ob der Honig auch ein zweites Mal flüssig werden würde. Er tat es und wurde, nach wiederholter Ausrichtung, wiederum fest. Diesmal ließ ich den Honig ganze sechs Wochen in der Pyramide, bevor ich nachschaute. Dann nahm ich ihn heraus und kippte die Schale um. Der Honig schien nahezu fest zu sein, er rutschte nur in der Mitte ein bißchen zusammen und bildete dort eine kleine Wölbung. Ich legte ihn also für noch eine weitere Woche in die Pyramide zurück, und dann war das Werk vollbracht. Ganz egal, wie stark ich meinen Finger in den Honig hineindrückte, ich konnte ihn nicht durchstoßen; nur eine schwache Druckstelle blieb zurück. Er hatte jetzt eine gleichmäßige, gummiartig zähe Konsistenz. Ich bewahrte einige Monate lang den Honig auf einem kleinen Tisch auf, und als sich auf ihm ein wenig Staub angesammelt hatte, wischte ich ihn mit einem feuchten Tuch ab, ohne ihn zu beschädigen. Das nächste Mal, als der Honig staubig geworden war, entschloß ich mich, ihn unter fließendem Wasser abzuwaschen und – Sie erraten es: er schmolz.

Dann machte mich jemand auf einen Artikel im *Time-Magazin* aufmerksam, in dem berichtet wird, daß die Filmschauspielerin Gloria Swanson gesagt habe, sie schlafe mit einer Pyramide unter ihrem Bett, weil sie dadurch eine Energiesteigerung verspüre. Prompt machte ich es ihr nach und plazierte eine rote Pyramide unter meinem Bett. Ich brachte sie so einigermaßen in die richtige Position und stellte sie so, daß sie sich etwa unter meinem Solarplexus befand. Ich fühlte mich am nächsten Tag derart mit Energie aufgeladen, daß es mir zumute war, als hätte ich volle acht anstatt nur fünf Stunden geschlafen. Ich stellte auch andersfarbige Pyramiden unter mein Bett, aber für mich – was nicht unbedingt auch für andere Personen gelten muß – scheinen die rote, die orangene, purpurrote und rosafarbene (in dieser Reihenfolge immer geringer werdend) die besten Energiespender zu sein. Aber alle hatten die Wirkung, daß ich mich jeweils am Morgen mit Energie aufgeladen fühlte. Nachdem ich das einer meiner Freundinnen erzählt hatte, setzte auch sie in der folgenden Nacht eine Pyramide unter ihr Bett, und zwar so, daß sie direkt unter ihrem Kopf zu stehen kam. Sie hoffte, dadurch zu erreichen, daß ihr Geist morgens beim Erwachen klar und scharf war, nicht so dumpf und vernebelt wie sonst. Gleich am nächsten Tag rief sie mich an und berichtete, daß die Sache funktionierte und daß sich ihr Zustand nach dem Erwachen von dem bisherigen gewaltig unterschied. Von da an erwachte sie jeden Tag mit einer klaren und scharfbewußten Geistesverfassung. Ich dachte darüber nach und kam schließlich auf die Idee, daß die von der Pyramide ausgehenden und von meinem Körper aufgenommenen Energien so stark sein mußten, daß, wenn ich zwei weitere Pyramiden unter meinem Bett plazierte – eine unter jeder Hüfte und eine unter meinem Solarplexus – die dadurch noch gesteigerte Energie vielleicht imstande wäre, einiges von meinem Übergewicht abzubauen. Ich führte diesen Versuch mehrere Wochen lang durch. Mein Energiepegel war außerordentlich hoch, doch weder meine Waage noch mein Bandmaß ließen eine Verringerung meines Hüftumfanges erkennen. Aber ich habe ständig eine Pyramide unter meinem Bett in Höhe meines Solarplexus stehen, die mich während des Schlafes mit der nötigen Energiezufuhr versorgt. Und die meisten meiner Freunde halten es ebenso.

Ab und zu geschieht es – ich weiß nicht warum, daß mich

meine rechte Hüfte zu schmerzen beginnt. Eines Tages war dieser Schmerz ziemlich intensiv, so daß ich mich entschloß, eine Pyramide unter meinen Stuhl zu stellen, um zu sehen, ob sich dadurch der Schmerz lindern ließ. Ich saß auf einer jener Kamelsattelbänke, und nach ein bißchen Hinundherschieben gelang es mir, die Pyramide direkt unter meiner rechten Hüfte zu plazieren. Nach etwa einer halben Stunde hatte ich den Eindruck, daß der Schmerz ein wenig nachgelassen hatte. Dann mußte ich wegen eines Telefonanrufs aufstehen, setzte aber anschließend die »Behandlung« fort. Es mag nach etwa einer Stunde gewesen sein, als ich einige seltsame Gefühle zu empfinden begann, denen ich zunächst keine Beachtung schenkte. Schließlich war es 3 Uhr nachmittags geworden, und ich konnte mich nicht erinnern, jemals um diese Tageszeit derartige Gefühle gehabt zu haben, vor allem nicht, wenn ich allein war. Dreißig Minuten später wurde es immer schwieriger für mich, diese durchaus angenehmen Erregungsgefühle weiterhin zu ignorieren, die sich hier und da durch meinen ganzen Körper ausbreiteten. Ich erhob mich und ging quer durchs Zimmer zum Telefon, um meinen Freund anzurufen und ihn zu fragen, ob er nicht ein wenig eher als sonst zu mir kommen könne. Er kam meiner Bitte gern nach und amüsierte sich über meine seltsame Situation, nachdem ich ihm darüber berichtet hatte. Als ich aufgelegt hatte und wieder zu meinem Platz zurückgekehrt war, bemerkte ich, daß sich die Bank jetzt direkt über der Pyramide befand anstatt an deren einer Seite, und ich stellte mir sofort die Frage, ob die veränderte Stellung der Pyramide vielleicht etwas mit den angenehmen Erregungsgefühlen zu tun haben könnte.

Ein paar Wochen später geriet mein Freund in einen ausgesprochenen Ermüdungs- oder Erschöpfungszustand, in dem er nichts anderes tat, als vor dem Fernseher zu sitzen. Ich gab ihm eine Pyramide, die er unter sein Bett stellen sollte, doch er hielt das für Unsinn. Ein paar Tage später kam ich auf die Idee, einfach von mir aus eine rote Pyramide unter seinen Stuhl zu stellen. Als er bei mir ankam, klagte er zunächst wieder über Müdigkeit, aber etwa eine Stunde nach dem Essen bekannte er, daß er sich auf einmal wie neu belebt und tatsächlich »mit Energie aufgeladen« fühle. Ich lächelte unschuldig. Ich stelle hiermit fest, daß rote Pyramiden unter müden und erschöpften Freunden wahre Wunder bewirken; es ist bestimmt kein Fehler, wenn man wenigstens eine Pyramide für solche und ähnliche Fälle zur Hand hat.

(Anmerkung: Mein Freund weiß heute noch nicht, was ich seinerzeit getan habe, wird es aber erfahren, wenn er dieses Buch liest.)

Die Geschichte ist aber hier noch nicht zu Ende. Was dann geschah, war jedoch völlig unbeabsichtigt. Ich machte mir nicht die Mühe, die Pyramide unter dem Stuhl wegzuräumen. Meine Haushaltshilfe, die daran gewöhnt ist, Pyramiden unter meinem Bett zu finden, hatte auch die unter dem Stuhl einfach stehenlassen. Im September besuchte mich ein Mitglied der Internationalen Vereinigung für Psychotronische Forschung, um mit mir einige Ausarbeitungen zu besprechen, die dem 1. Internationalen Kongreß für Parapsychologie und Psychotronik, der im Juni 1973 in Prag stattfand, zugeleitet werden sollten, bei dem ich als Koordinator für die westliche Hemisphäre zu fungieren hatte. Wir tranken Tee und unterhielten uns so etwa zwei Stunden lang, als ich bemerkte, daß sich der Mann irgendwie ungemütlich zu fühlen begann. Er rutschte unruhig auf seinem Stuhl hin und her und veränderte dauernd seine Sitzposition, und seine Wangen zeigten eine zunehmende Röte. Dieser unangenehme Erregungszustand schien immer stärker zu werden. Ich beobachtete den Vorgang aufmerksam und stellte mich psychisch auf ihn ein, um herauszufinden, was die Ursache für seine sich steigernde Unruhe war. Dann kam der Moment, da mir einfiel, daß ja immer noch die rote Pyramide unter seinem Stuhl stand. Ich schmunzelte höchst amüsiert, als ich meinem Besucher den Vorschlag machte, er möge sich doch lieber auf einen anderen Stuhl setzen. Der Herr ist übrigens mehr medial veranlagt und hatte irgendwie gespürt, daß mit seinem Sitzplatz irgendwas nicht in Ordnung war. Er wechselte den Stuhl, und nach einer weiteren Stunde gab er zu, daß er, als er auf dem andern Stuhl gesessen hatte, einen merkwürdigen Energiestrom gespürt hatte, der von unten her seinen ganzen Körper durchlief und, so bekannte er offen, ihn sexuell erregt hatte. Aber, so fügte er entschuldigend hinzu, diese Erregung habe nicht mit meiner Person zusammengehangen. Er fragte mich, ob vielleicht zufällig etwas unter dem Stuhl gewesen sei, das diese Reaktion in ihm ausgelöst haben könnte. Ich lachte vergnügt und erzählte ihm die Geschichte von dem »Pyramiden-Zeiteffekt« und seiner Wirkung als »Anregungsmittel für müde Männer«. Er amüsierte sich köstlich über meine Ausführungen, kaufte sich einige Pyramiden und versprach, mich über die Ergebnisse seiner Experimente zu unterrichten.

Ich ließ die Pyramide fast ein ganzes Jahr unter dem Stuhl stehen. Das Ergebnis meiner Beobachtungen ist, daß – mit Ausnahme von drei Leuten – alle die vielen Personen (auch weibliche), die auf diesem Stuhl saßen, die gleichen und ähnlichen Erfahrungen machten. Nur einer ärgerte sich. Die meisten von meinen Besuchern kauften eine Pyramide und eilten damit nach Hause, um die Sache an ihren eigenen Verwandten und Freunden auszuprobieren. Im Laufe der folgenden Wochen berichteten sie mir über ihre Erfahrungen. Experimentieren auch Sie, liebe Leser, in dieser Weise und prüfen Sie selbst, ob das von mir hier Erzählte stimmt.

Max Toth lieh mir eine 1,8 Meter hohe Pyramide mit aus Plastik bestehenden Seiten, die bis zum Fußboden reichten. Das Ganze wurde mit hölzernen Dübeln zusammengehalten. Oft, wenn ich mich ein wenig träge und müde fühlte, verkroch ich mich, zusammen mit meiner jeweiligen Arbeit, dem

Telefon und einem Kissen, in die Pyramide. Da ich klein bin, kann ich mich, auf dem Bauch liegend, in voller Länge ausstrecken und dabei schreiben oder Korrekturen lesen, wobei ich auf bequeme Art die Pyramiden-Energie in mich aufnehme. Es dauert gewöhnlich etwa fünfzehn Minuten, bis ich ein Gefühl der Erfrischung und Anregung fühle und dann mein Stift nur so über die Seiten fliegt. Ich finde mehr Satzfehler, und mein Arbeitsquantum beim Redigieren und Korrigieren erfährt eine Steigerung. Ich habe schon zwei Stunden hintereinander in der Pyramide verbracht. Wenn ich den Eindruck habe, daß der Pegel meiner Lebensenergien wieder die volle Höhe erreicht hat, setze ich mich wieder an meinen Schreibtisch.

Hin und wieder habe ich versucht, mehr zum Spaß, mit einer kleinen Pyramide auf meinem Kopf – als sei sie ein Hut – zu arbeiten, aber ich habe gefunden, daß die Wirkung nicht so stark ist, als wenn ich in der großen Pyramide liege und arbeite. Eine zusätzliche Nebenwirkung des Aufenthaltes in der großen Pyramide ist, daß, wenn ich leichte Kopfschmerzen habe oder mich sonst irgendein Wehwehchen belästigt (einschließlich Muskelkrämpfen), diese Beschwerden innerhalb einer Stunde verschwunden sind.

In der wöchentlichen Arbeitsgruppe für die Entwicklung psychischer Fähigkeiten, die ich während dieser Zeit leitete, machten wir auch viele Telepathie-Experimente unter Benutzung der großen Pyramide. Während sie in ihr saßen, berichteten viele der Teilnehmer, daß sie farbige Blitze bzw. Lichterscheinungen sahen und ein prickelndes Gefühl auf der Haut hatten; manche hörten auch Musik und hatten intensivere Sinneswahrnehmungen. Einige der Kursusteilnehmer empfingen und sendeten telepathische Botschaften leichter und genauer innerhalb der Pyramide, als wenn sie sich außerhalb befanden. Ein sehr interessantes Experiment war, der in der Pyramide sitzenden Person telepathisch Farbeindrücke zu übermitteln.

Fast jeder der zwölf Teilnehmer der Gruppe hatte bei diesen Experimenten eine Erfolgsquote von acht oder neun bei zehn Versuchen. Eigenartig war, daß die in der Pyramide sitzenden Empfänger immer wieder berichteten, daß sie Weiß sahen, wenn ich Rot sendete bzw. gedanklich ausstrahlte, und Rot, wenn ich Weiß dachte. Oder sie vertauschten Schwarz mit Weiß. Beim Senden von Grün nahmen sie oft einen gelben Blitz wahr sowie gleich darauf einen blauen, oder umgekehrt. Einige andere Farben wurden genau entsprechend der gesendeten Vorstellung empfangen. Ich will hier davon absehen, alle die verschiedenen Farbvertauschungen anzugeben, da es sein kann, daß Sie selbst derartige Experimente durchführen wollen und es nicht gut wäre, wenn Sie schon vorher alles wüßten.

Was die telepathische Übertragung von Vorstellungsbildern betraf, die sich auf Früchte und Pflanzen bezogen, so hatte die Gruppe als Ganzes gute Erfolge, ob sich nun die Versuchspersonen außerhalb oder innerhalb der Pyramide befanden. Einige der Gruppenmitglieder benutzten eine große Pyramide für ihre Meditation. Sie berichten, daß sie, wenn sie sich zu lange in der Pyramide aufhalten (die betreffende Zeit variiert bei verschiedenen Personen), leichtes Schwindel- und Benommenheitsgefühl bekommen, ganz im Gegensatz zu dem Gefühl ausgesprochenen Wohlbefindens und dem einer Hochstimmung, das sie nach kürzeren Aufenthalten in der Pyramide empfinden. Wir sind auf den Gedanken gekommen, daß diese negative Erscheinung besonders bei körperlich großen Personen auftritt, deren Kopf während der Meditation bis ins obere Drittel der Pyramide hinaufreicht, in dem weniger Sauerstoff vorhanden ist, so daß die betreffende Person nach einer Weile ihre eigene ausgeatmete Luft mit viel Kohlendioxyd wieder einatmet. Eine einfache Lösung dieses Problems ist, daß man etwas mehr Abstand zwischen den Unterkanten der Pyramide und dem Fußboden läßt, oder daß man ab und zu eine Seite etwas aufklappt, um frische Luft hereinzulassen. Eine weitere positive Wirkung des Sitzens in einer großen Pyramide ist, daß erkältete Personen in der Lage sind, den Druck in ihrem Kopf innerhalb von einer oder zwei Stunden zu beseitigen, und daß die erzielte Erleichterung und die Milderung der Erkältungssymptome noch längere Zeit nach dem Verlassen der Pyramide anhält.

Zur Zeit leite ich eine wöchentlich zusammenkommende Arbeitsgruppe, die sich »Jenseits von Alpha – Praktiken zur Entwicklung psychischer Fähigkeiten« nennt und zu der graduierte Mitglieder der »Silva-Mind-Control« gehören. Als ich ihnen zeigte, wie telekinetische Effekte zu erreichen sind (Telekinese = die willentliche Bewegung von Gegenständen nur durch Gedankenkraft ohne körperliche Berührung), kam einer der Schüler auf die Idee, seine Pyramide auf den Fußboden zwischen seine Füße zu stellen, um dadurch seine Energie zu verstärken, die zur Bewegung von Gegenständen (metallene Zigarrenspitzen, kleine Batterien oder Tischtennisbälle) erforderlich ist. Und es funktionierte tatsächlich innerhalb kürzerer Zeit als sonst. Seine Leistungen verbesserten sich zusehends, so daß er in der Lage war, selbst eine Blitzlichtbatterie der Größe »D« durch Gedankenkraft zu bewegen. Daraufhin kam ich auf den Gedanken, das Zigarrenmundstück über die Pyramide zu halten, um dadurch die Energie zu verstärken. Doch zu meiner Überraschung und Enttäuschung trat genau die gegenteilige Wirkung ein: die Zigarrenspitze wurde neutralisiert, so daß keiner der Teilnehmer imstande war, sie im Laufe der folgenden Minuten telekinetisch zu bewegen, bis wir sie mit unseren eigenen psychischen Energien wieder aufluden. Dann machte ich einen weiteren Versuch, indem ich die Zigarrenspitze zehn Minuten lang ins Innere der Pyramide legte. Auch dort wurde sie vollkommen neutralisiert. Schließlich hielt ich meine Hände fünf Minuten über zwei Pyramiden, was zur Folge hatte, daß ich während der nächsten fünfzehn Minuten völlig außerstande war, irgendeins der Objekte zu bewegen, nicht einmal einen der leichten Pingpongbälle.

Die Frage, die mir von meinen Schülern am häufigsten gestellt wird, ist die, welche Farbe die meiste Energie abgibt. Da ist keine definitive, allgemeingültige Antwort möglich, denn die zu bevorzugende Farbe variiert von Person zu Person. Ich selbst benutze (in dieser Reihenfolge): rote, orangefarbene, purpurne und rosafarbene Pyramiden, und obgleich es viele Leute gibt, die der gleichen Meinung sind wie ich, gibt es doch auch viele andere, die die Reihenfolge Gelb, Blau, Grün und Schwarz für geeigneter halten. Die beste Methode, die für eine Person wirkungsvollste Farbe herauszufinden, ist natürlich, entsprechende Versuchsreihen durchzuführen und zu untersuchen, inwieweit sich die Energieausstrahlungen voneinander unterscheiden. Eine andere Methode ist, den Pendel zu Hilfe zu nehmen und ihn etwa 8 bis 15 cm über die Pyramidenspitze zu halten. Man beobachte, in welcher Weise der Pendel schwingt, entweder entgegengesetzt dem Uhrzeigerlauf (negative Energie) oder im Uhrzeigersinn (positive Energie), und natürlich auch, in welcher Richtung die Schwingungen am kräftigsten sind. Ich glaube, Sie werden herausfinden, daß die Ergebnisse mehr von Ihrer speziellen Vorliebe für die eine oder andere Farbe abhängen als von irgendeiner objektiv-wissenschaftlichen Ursache.

Mein nächstes Experiment wird sein, Luzernesamen und Mung-Bohnen drei Tage lang in einer Pyramide zu lagern, bevor ich sie aussäe. Jemand hat mir erzählt, daß man auf diese Weise in kurzer Zeit ein besseres und reicheres Keimen und Wachsen erzielt.

Was wird Ihr nächstes Experiment sein? Was es auch sei: Ich wünsche Ihnen dabei viel Erfolg und Vergnügen.

13.

Pyramiden:

Vorstoß in die Zukunft

Stellen Sie sich eine strahlend weiße Pyramide vor, 260 Meter hoch, mit einem spitz zulaufenden Aufsatz von 65 Metern Höhe und einem Böschungswinkel von 5 Grad, mitten im Geschäftszentrum einer der größten Städte der USA.

»Die leicht konisch zulaufende Form hat zur Folge, daß jedes Stockwerk unterschiedlich groß ist. Die Wohnungsbesitzer oder -mieter, die nicht mehr als 180 Quadratmeter Fläche benötigen, können ein ganzes Stockwerk bewohnen. Die größte Etage, die fünfte, hat eine Seitenlänge von 46 Metern und umschließt etwa 2050 Quadratmeter Wohnfläche. Die kleinste Etage, die achtundvierzigste, mißt nur noch ca. 14 Meter pro Seite. Die Fahrstühle in dieser Pyramide sind so angelegt, daß sie den Verkehrsbedürfnissen entsprechen und so wenig wie möglich den Ausblick von den außen gelegenen Räumlichkeiten beeinträchtigen. Von insgesamt achtzehn Schnellaufzügen erreichen vier die engeren Stockwerke über der siebenundzwanzigsten Etage, die ›Himmelsregion‹, und nur zwei gehen bis zum oberen Stockwerk durch«.

Ist dieser Text vielleicht einem Science-fiction-Roman entnommen? Keineswegs. Es ist die Wiedergabe einer Anzeige der Immobiliengesellschaft, die Räume in der »Transamerika-Pyramide« verkauft. Propagiert als »das Wahrzeichen von

San Francisco seit 1972«, handelt es sich hier um das erste
Bauwerk in den Vereinigten Staaten, das in Pyramidenform
errichtet worden ist (siehe Abb. 35).

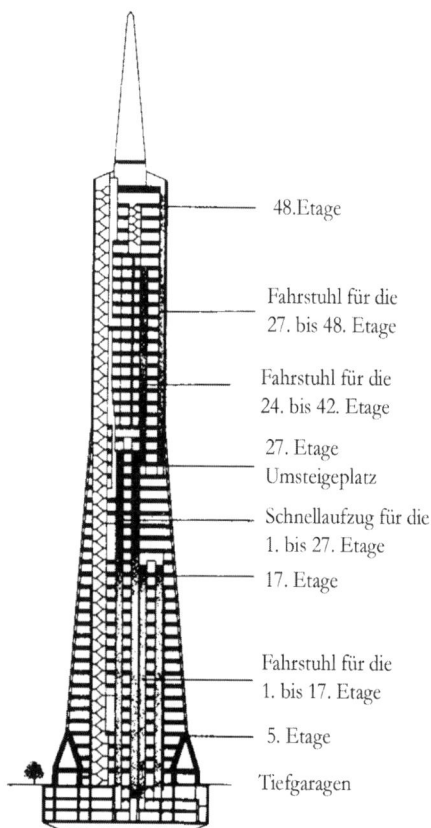

48.Etage

Fahrstuhl für die
27. bis 48. Etage

Fahrstuhl für die
24. bis 42. Etage

27. Etage
Umsteigeplatz

Schnellaufzug für die
1. bis 27. Etage

17. Etage

Fahrstuhl für die
1. bis 17. Etage

5. Etage

Tiefgaragen

Abb. 35: Die Transamerika-Pyramide,
ein Wahrzeichen von San Francisco seit 1972

Allerdings blieb diese Transamerika-Pyramide gar nicht lange das einzige Gebäude dieser Art. 1974 erbaute die Unity Church of Christianity in Houston/Texas eine Kirche in Pyramidengestalt, die in ihren Proportionen der Großen Pyramide von Giseh entspricht. Die Idee hierzu ging von John D. Rankin aus, einem hohen Geistlichen dieser Kirche, und zog das Interesse der gesamten Bauindustrie auf sich. Das Bauwerk bedeckt eine Gesamtfläche von ca. 850 Quadratmetern und hat eine Höhe von 20 Metern. Um sicher zu sein, daß die Pyramide auch wirklich genau auf der Nord-Süd-Achse ausgerichtet ist, wurden Mitarbeiter des Burde-Baker-Planetariums in Houston zu Rate gezogen, und man behauptet jetzt, daß diese Kirche sechzigmal exakter nach der wahren Nord-Süd-Achse ausgerichtet ist, als es selbst bei der Großen Pyramide in Ägypten der Fall ist.

Die Seiten der Kirche haben, gleich denen der Pyramide von Giseh, die gleiche Länge wie die Basisseiten, minus 5%. Die 27,6 x 27,6 Meter umfassende Grundfläche befindet sich 2,5 Meter über dem Erdboden, wodurch unter der Grundfläche Raum bleibt für Wartungs-, Ruhe- und sonstige Räume. Die pyramidale Wirkung des Ganzen wird noch durch die Umgebung erhöht, die aus schrägen, grasbewachsenen, terrassenförmigen Flächen besteht. Für den Haupteingang wurden beträchtliche Mengen Glas verwendet; die ganze Pyramide ist mit einem goldfarbenen Aluminiumbelag verkleidet. Im Inneren erlaubt das schräg abfallende Hauptschiff der Kirche ein Höchstmaß an Sichtweite. Der Altarraum bietet 550 bis 600 Personen Platz auf Stühlen, wie sie in Theatern üblich sind. Weitere interessante Eigenheiten der Kirche sind unter anderem der etwas erhöhte Altar, die Kanzel mit ihrer elektrischen Reguliervorrichtung für die Kirchenbeleuchtung, akustische Kontrollsysteme im Bereich des Kirchenchors und ein ebenfalls erhöht liegender Raum für den Chor und den Organisten. Die Färbung des Innern dieser Pyramidenkirche kann man eher als warm denn als glanzvoll und imposant bezeichnen. Naturholz und unverputzte Ziegelwände sind vorherrschend. Ob dieses pyramidenförmige Gebäude aufgrund seiner Bauform wirklichen Nutzen für seine Bewohner und Benutzer bringt, bleibt abzuwarten. Bestimmt wäre es interessant, einmal genauer zu untersuchen, ob die Angestellten und Arbeiter, die in der Transamerika-Pyramide beschäftigt sind, irgendeine Wirkung dieser besonderen Bauform verspüren, vielleicht in der Art, daß sie entweder eine Abnahme innerer Spannungen und Beklemmungen und/oder eine Steigerung ihrer Energie beobachtet haben, seit sie begannen, acht Stunden täglich und fünf Tage in der Woche in diesem pyramidenförmigen Gebäude zu verbringen. Ebenso interessant würde es natürlich sein, die Gemeindemitglieder der Houston United Church of Christianity zu befragen und herauszufinden, ob sie neuartige Empfindungen des Friedens und der Erfüllung in ihrer neuen Kirche bei sich festgestellt haben oder nicht, oder ob vielleicht ihre Bitten und Gebete öfters beantwortet und erfüllt wurden, wenn sie sie im Innern der Pyramide vorbrachten.

Den Gedankengängen folgend, die zum Bau der Transamerika- und der United-Church-Pyramide Anlaß gegeben hatten, verkauft eine in Kalifornien ansässige Firma Architekturpläne an Leute, die den Wunsch haben, sich selbst ein Pyramidenhaus zu bauen. Obwohl diese Baupläne seit mehreren Jahren angeboten werden, war es uns noch nicht möglich, Informationen darüber zu erhalten, wie erfolgreich dieses Geschäft geht und wie sich die Bewohner in ihren Pyramidenhäusern fühlen.

Wir glauben, daß diese Pyramidenbauten nur ein Anfang sind, sozusagen die »Stammväter« einer ganzen Zivilisation von Pyramidengebäuden, die für unendlich viele verschiedenartige Zwecke gebraucht werden können.

Mich persönlich würden auch Experimente mit Pyramiden im außerirdischen Bereich interessieren, um herauszufinden, ob die unerklärlichen Eigenschaften der Pyramiden auch dann vorhanden sind, wenn das erdmagnetische Feld fehlt.

Sollten die Forschungen beweisen, daß sogar im außerirdischen Raum die Kräfte der Pyramide noch existieren und wirksam sind, könnte vielleicht die NASA beabsichtigen, in ihren Raumfahrzeugen auch pyramidenförmige Strukturen unterzubringen, die mithelfen könnten, die Flugdauer im Raum zu verlängern. Gegenwärtig sind Untersuchungen im Gange bezüglich der Anwendung von Einfrierungsprozessen als ein Mittel, die Stoffwechselgeschwindigkeit bei den Astronauten so weit herabzusetzen, daß physiologisch ein paar Jahre auf einen Menschen nicht mehr Einfluß haben als wenige Minuten. Vielleicht ist die Pyramide mit ihrer schützenden und konservierenden Kraft geeignet, in dieser Hinsicht als zusätzliches Hilfsmittel oder Ersatzvorrichtung bei solchen Unternehmungen zu dienen.

Man kann sich natürlich die Frage stellen, ob es nicht einen Weg gibt, Pyramiden zur Beleuchtung und zur Stromversorgung kleiner Städte zu benutzen. Man vermutet, daß es vielleicht möglich ist, Sonnenenergie in pyramidenförmigen Bauten »aufzusaugen« und zu akkumulieren, wenn entsprechend dafür geeignete Materialien verwendet werden, die die Eigenschaft haben, die elektromagnetischen Energien der Sonne an sich zu ziehen. Oder vielleicht ließe sich eine Art Generator bauen, der mit den in einer gigantischen Pyramide enthaltenen enormen Hitzeenergien arbeitet. Noch eine andere Möglichkeit wäre, daß die Wissenschaftler entdecken, wie eine Pyramide aus irgendeinem bestimmten Metall zu bauen ist, die, genau auf die Nord-Süd-Achse ausgerichtet, sich derart stark magnetisch auflädt, daß wir damit unsere Häuser und Wohnungen mit Licht versorgen könnten.

Einige Forscher haben die Vermutung geäußert, daß die Pyramidenform zur Fokussierung (Konzentrierung) von Laserstrahlen benutzt werden kann. Vielleicht ließen sich Laserstrahlen, durch die Spitzen von Pyramiden stark gebündelt, dazu verwenden, drohende Stürme und Unwetter in jenen Fällen zu zerstreuen, in denen Gefahr für Menschen und Gebäude besteht.

Pyramiden könnten auch besonders gut geeignet sein als Studierzimmer und Arbeitsplätze an Hochschulen und Institutionen, die höhere Bildungsgrade vermitteln. Wenn, wie behauptet wird, die Pyramiden die Fähigkeit besitzen, Individuen sowohl zu entspannen als auch ihnen Energien zuzuführen, warum sollten die Studenten nicht diese Eigenschaften benutzen, ihr Denkvermögen beträchtlich zu verbessern und zu schärfen, indem sie ihre Studien und Forschungen im Innern pyramidenförmiger Räume betreiben?

Wenn, wie Mystiker sagen, das Pyramidenzelt imstande ist, einen veränderten Bewußtseinszustand zu bewirken, dann könnten Personen, die ihre eigenen Gehirnwellen durch die Anwendung der Biofeedbacktechnik zu kontrollieren suchen, bei ihren täglichen Übungen eine beträchtliche Hilfe erfahren, wenn sie diese im Innern solcher Pyramidenzelte durchführen.

Laut Ostrander und Schroeder soll Karl Drbal gesagt haben: »Einige Forscher glauben, daß die Patienten schneller gesundeten, wenn Krankenhäuser in Pyramidenform gebaut würden...« Andere Leute, die mit der Medizin zu tun haben, beginnen sich zu fragen, ob Pyramidenzelte nicht geeignet wären, den natürlichen Heilungsprozeß zu fördern und zu beschleunigen. Es gibt Pyramidologen, die der Meinung sind, daß bestimmte Stellen innerhalb der Pyramide eine Schwingungsfrequenz haben, die der gewisser physiologischer Organe entspricht. Folglich mag es sein, daß das Sitzen an einem bestimmten Fleck innerhalb eines Pyramidenzeltes für einen an Herzbeschwerden Leidenden sehr nützlich sein kann, während das Sitzen an einer anderen Stelle den Genesungsprozeß bei einer Person erleichtern kann, die eine Nierenentzündung überstanden hat. Einige Leute gehen sogar soweit zu spekulieren, ob Entbindungen innerhalb einer Pyramide leichter vor sich gehen würden.

Pyramidenförmige Behälter sind zur Aufbewahrung von Drogen empfohlen worden. Derartige Vorratsgefäße können die Lebensdauer pharmazeutischer Präparate um Monate, ja um Jahre verlängern.

Da die entspannenden Wirkungen eines Aufenthaltes in einer Pyramide so hoch gepriesen worden sind, ist es nicht überraschend, daß es eine Reihe von Leuten gibt, die behaupten, daß die Pyramidentherapie die neueste Form von Psychotherapie sei.

Was das praktische Alltagsleben angeht, so könnten Pyramiden in unseren Häusern oder Wohnungen in Form von Schränken, Büfetts oder Kanistern benutzt werden, mit deren Hilfe eine Konservierung und Lebensverlängerung von Getreide, Trockenfrüchten, Nüssen und vielleicht auch anderen Produkten möglich ist.

Es ist sogar denkbar, daß der Tag kommen wird, da man ganze Supermärkte in Pyramidengestalt baut oder zumindest die Abteilungen für Feldfrüchte, Nährmittel bzw. Trockenwaren. Wenn man diesen Gedanken noch einen Schritt weiterführt, kann man sich vorstellen, daß vielleicht Getreidesilos in Pyramidenform errichtet werden. In diesen könnte das Getreide länger gelagert werden als in Silos herkömmlicher Bauart. Das wäre sicherlich sehr wertvoll im Hinblick auf die ständig zunehmenden Bevölkerungszahlen und die damit verbundenen ernsthaften Probleme, diese Menschen auch zu ernähren.

Wie wir bereits erwähnten, ist die entspannende und beruhigende Wirkung von Pyramidenzelten von vielen Leuten festgestellt worden. Doch einer der Benutzer eines solchen Zeltes, ein kalifornischer Geschäftsmann, ist mit einer neuen

Behauptung an die Öffentlichkeit getreten. Er stellte fest, daß ihm das Pyramidenzelt nicht nur spirituelle Erhebung und Bewußtseinserweiterung vermittelte, sondern auch einen verbessernden und stärkenden Einfluß auf die Sexualkräfte hat. Das dürfte jene Okkultisten kaum überraschen, die wissen, daß bestimmte Teile bzw. Stellen innerhalb einer Pyramide bestimmten Körperteilen bzw. Organen im menschlichen Leib entsprechen. Sie gehen sogar noch weiter, indem sie sagen, daß spezielle anatomische Bereiche im Körper in Beziehung stehen zu bestimmten Kammern und Räumen in der Großen Pyramide. So soll die unvollendete Kammer, oft als »die Grotte« bezeichnet, den Sexualorganen entsprechen, die Königskammer dem Intellekt bzw. dem Geist und die Königinkammer der Herzregion.

Es ist bestimmt interessant, die Fortschritte und neuen Entdeckungen zu verfolgen, die während der nächsten Jahre von Amateuren und professionellen Forschern auf dem Gebiet der Pyramidologie gemacht werden. Ein Ausblick in die Zukunft läßt uns erkennen, daß die Anwendung von Miniaturpyramiden sich immer mehr ausbreiten wird, und daß wir auch lernen werden, die Vorteile der Pyramidenform bei Neubauten auszuwerten.

Die großen Pyramiden der Welt sind Meisterwerke der Architektur, der Technik und Baukunst. Diese kolossalen Monumente können mit den Mitteln unserer modernen Technik weder gebaut, geschweige denn kopiert werden. Es scheint wirklich unglaublich und unvorstellbar, daß die Angehörigen alter, versunkener Zivilisationen ohne Benutzung mechanischer oder elektrischer Ausrüstungen imstande gewesen sind, diese einzigartigen Bauwerke zu errichten. Aber das ist genau das, was uns die Archäologen und Historiker aufgrund der Tatsache zu glauben zumuten, daß sie in der Nähe dieser Bauwerke einige einfache, ja primitive Vorrichtungen und Werkzeuge fanden und deshalb die Möglichkeit zurückweisen, daß zum

Bau der Pyramiden hochentwickelte Gerätschaften und Baumethoden benutzt worden sind.

Es scheint uns, daß angesichts der vorliegenden Tatsachen die Zurückweisung dieser Möglichkeit eine paradoxe Situation schafft, die möglicherweise verhindert oder verzögert, daß wir eine Lösung der Mysterien finden, mit der sich die Menschheit seit Jahrtausenden abgeplagt hat.

Wir glauben, daß es durchaus möglich, ja wahrscheinlich ist, daß einmal eine Rasse auf unserer Erde gelebt hat, die über eine so hochentwickelte Technik verfügte, wie wir sie uns nicht vorstellen können. Wir leiten diese Annahme aus folgenden Tatbeständen ab:

1. Pyramiden sind an mehreren verschiedenen Stellen rund um die Welt zu finden, Pyramiden, die in bezug auf Architektur, erfinderischen Scharfsinn, Baukunst und astronomisches Wissen im Grunde genommen so gut wie identisch sind.

2. Nicht eine dieser Pyramiden hätte mit den Geräten und Werkzeugen gebaut werden können, die in ihrer Nähe gefunden worden sind.

3. Die Ebene von Nazca in Peru ist ein Landstrich, der auch wegen seiner Pyramiden bemerkenswert ist. Dort finden sich eine große Menge von Bodenmarkierungen und Felszeichnungen, die, um Erich von Däniken in seinem Buch *Zurück zu den Sternen zu* zitieren »sehr stark an die technischen Anlagen auf unseren modernen Flugplätzen erinnern«.

4. Eine große Zahl von Zeichnungen und Skulpturen ist an jenen Stellen, an denen sich auch Pyramiden befinden, bei Ausgrabungen ans Tageslicht gekommen, Abbildungen und Darstellungen von menschlichen Wesen, die ähnlich unseren modernen Fliegern und Astronauten gekleidet sind und Schutzhelme tragen.

5. In Südamerika sind Statuen von Wesen entdeckt worden, die verschiedene Rassenmerkmale und -unterschiede aufweisen, deren Ursachen und Herkunft den Völkern bzw. Stämmen, die angeblich diese Figuren geschaffen haben sollen, unbekannt waren und sind.

6. Von allen Völkern, die Pyramiden bauten, ist auch die Mumifizierung praktiziert worden.

7. In Peru sind alte Schädel ausgegraben worden, die den Beweis dafür liefern, daß damals außerordentlich geschickte und erfolgreiche Gehirnoperationen durchgeführt wurden. Man fand auch an den betreffenden Plätzen über zwanzig Geräte, die von den alten Chirurgen benutzt worden sein müssen. Wie ein hochangesehener peruanischer Neurochirurg sagte, sind mehr als 85% der einstmals vorgenommenen Operationen gelungen. Im Vergleich zu den Zahlen von heute ist das ein beachtlich hoher Prozentsatz.

8. Soweit sich bis jetzt hat feststellen lassen, zeigen die religiösen Praktiken der Zivilisationen, die Pyramiden kannten und bauten, alle eine bemerkenswerte Zahl von Ähnlichkeiten und Übereinstimmungen.

Alle diese Tatsachen weisen darauf hin, daß es zu den Zeiten, die wir die vorgeschichtlichen nennen, Leute gab, die nicht nur fähig waren, unnachahmliche und einzigartige Bauwerke zu errichten und diesen präzise astronomische Berechnungen zugrunde zu legen, sondern auch äußerst schwierige chirurgische Techniken beherrschten und überall herumreisten und aufgrund ihres überragenden technischen Wissens und Könnens den Eindruck erweckten, als seien sie Götter.

Sowohl im Alten als auch im Neuen Testament finden sich Hinweise auf »Götter« und darauf, daß diejenigen, an die Gottes Worte ursprünglich gerichtet waren (die später in der Bibel niedergeschrieben wurden), ebenfalls Götter waren.

»Ich habe wohl gesagt: ›Ihr seid Götter und allzumal Kinder
des Höchsten‹.«
Psalmen 82,6
»Jesus antwortete ihnen: ›steht nicht geschrieben in eurem
Gesetz ›Ich habe gesagt, ihr seid Götter?‹ So er die Götter
nennt, zu welchen das Wort Gottes geschah – und die Schrift
kann doch nicht gebrochen werden – sprecht ihr denn zu
dem, den der Vater geheiligt und in die Welt gesandt hat: ›Du
lästerst Gott‹, darum daß ich sage: ›Ich bin Gottes Sohn‹?«
Johannes 10,34-36

Jesus, der sich selbst »der Sohn Gottes« nannte, ist von
seinen Verehrern und Anbetern mit gottgleichen Eigenschaften ausgestattet worden. In ähnlicher Weise sind auch andere
große spirituelle Führer, zum Beispiel Buddha und Mohammed, von ihren Anhängern und Nachfolgern für Götter
gehalten und so bezeichnet worden. Die Feststellung ist interessant, daß die Schüler und Jünger dieser Männer Religions-
systeme schufen, die so auf die Person ihres Gründers konzentriert waren, daß sich schließlich der Name dieses Gründers
und die von ihm gebrachte Theologie miteinander vermeng-
ten; zum Beispiel: Christentum, Buddhismus. Von gleichem
Interesse ist die Tatsache, daß diese Männer – oder »Götter«
– eine ziemlich ähnliche Lebensführung hatten und die gleichen Grundlehren verkündeten. Erst später, als die Religionen
wuchsen und sich ausbreiteten, begann die Priesterschaft und
die Schar der Gläubigen diese Grundtechniken und -lehren
mit Ritualen, Philosophien und Traditionen nach eigenem
Gutdünken auszuschmücken, so daß die Religionen heutzutage, obwohl ursprünglich in der Tat auf gleichen ethischen
Grundsätzen beruhend, ein so unterschiedliches Bild in ihren
äußeren Erscheinungsformen bieten, daß ihre Ähnlichkeiten
miteinander nur noch außerordentlich schwer erkennbar sind.
   In seinem Werk *Pagan and Christian Creeds* hat Edward

Carpenter eine Liste von Charakteristiken zusammengestellt, die all jenen »Göttern«, die über die Erde wandelten, eigen waren:

1. Sie wurden am oder um den 25. Dezember geboren.
2. Sie wurden von einer jungfräulichen Mutter geboren.
3. Sie nahmen ein hartes, mühseliges Leben für die Menschheit auf sich.
4. Sie wurden in einem geheiligten oder in einem unterirdisch gelegenen Raum geboren.
5. Ihnen wurden Bezeichnungen beigelegt wie »Lichtbringer«, »Heiler«, »der Tiefdenkende«, »Retter und Erlöser« oder »der Befreier«.
6. Sie wurden besiegt von den sogenannten Mächten der Finsternis.
7. Sie stiegen hinab in die Unterwelt.
8. Sie standen wieder vom Tod auf und wurden zu Meistern und Führern der Menschheit in den himmlischen Gefilden.
9. Gemeinschaften von Heiligen bildeten sich um sie; es entstanden Kirchen, in die Schüler durch die Taufe aufgenommen wurden.
10. Es wurden eucharistische Mahle zur Erinnerung an sie gehalten.

Ein Beispiel für ein göttliches Wesen, auf das – wie auf Christus – die obigen Charakteristiken zutreffen, ist der ägyptische Gott Osiris.

Laut Plutarch wurde Osiris am 361. Tag des Jahres geboren. Gleich Christus wanderte er viel umher. Er wurde König von Ägypten und »lehrte und beeindruckte durch Musik, Sanftmut und Güte, nicht durch die Kraft seiner Arme«. Wie Plutarch weiter berichtet, wurde er verraten und irregeführt von den Mächten der Finsternis, wurde erschlagen und seine Leiche zerstückelt. »Dies geschah«, sagt er »am Siebzehnten des Monats Athyr, als die Sonne in den Skorpion überwechselte.« Sein Körper wurde in einen Sarg gelegt, aus dem er sich zwei Tage später wieder erhob. Jedes folgende Jahr wurde, zum Gedenken an seine Auferstehung, ein in einem Sarg befindliches Abbild bzw. eine Statue zu den Anbetern und Gläubigen herausgebracht, die den Gott grüßten und ausriefen: »Osiris ist auferstanden«.

Der Schöpfergott, den die alten Peruaner anbeteten, wurde auch beschrieben als kreuz und quer durch die Lande reisend und dabei das Volk belehrend. Doch ungleich den anderen wurde Viracocha nicht getötet und kehrte nicht wieder ins Leben zurück, sondern verließ einfach das Land, indem er über das Wasser des Pazifiks davonging.

So groß sind die Ähnlichkeiten zwischen dem Leben und dem Sterben dieser sogenannten Götter und spirituellen Lehrer und Führer, daß es unmöglich erscheint, die Annahme zurückzuweisen, daß diese von Zeit zu Zeit immer wiederkehrenden Vorgänge in verschiedenen Teilen der Welt, in deren Mittelpunkt nahezu identische Persönlichkeiten stehen, kein Zufall sein können. Es hat den Anschein, als habe sich jeder dieser Männer entschlossen gehabt – vielleicht als eine Art Retter, noch wahrscheinlicher als Eingeweihter und Erleuchteter –, unter die Völker hinauszugehen und dort die praktisch gleichen Erfahrungen zu machen.

Wenn wir uns erinnern, daß jeder dieser Menschen in nächster Nähe eines Pyramidenkomplexes lebte, dann gewannen Manley P. Halls Ausführungen in seinem Werk *The Secret Teachings Of All Ages*, die eine Beschreibung des in der Großen Pyramide vor sich gegangenen Rituals enthalten, an Bedeutung.

»In der Königskammer fand das Drama des ›Zweiten Todes‹ statt. Hier wurde der Kandidat, nachdem er am Kreuz der Sonnenwenden und der Tagundnachtgleichen gekreuzigt worden war, im großen Sarkophag ›begraben‹... Drei Tage lang hatte der Kandidat in dem Sarkophag liegenzubleiben; während dieser Zeit wandelte sein Geist auf den Bahnen der Ewigkeit, frei von der sterblichen Hülle. Durch die Erkenntnis, daß sein Körper nur ein Gehäuse war, dem er entsteigen und in das er wieder zurückkehren konnte, erlangte er praktisch die Unsterblichkeit. Nach drei Tagen kehrte der Geist in seinen fleischlichen Körper zurück, ausgestattet mit dem persönlichen Erleben des Großen Mysteriums. Er war zu einem Eingeweihten geworden, zu einem, der »selbst gesehen hatte« und in dem sich die Verheißung seiner Religion erfüllt hatte, nämlich ihn zum Licht Gottes emporzuführen«.

Weiter schreibt Hall:

»Die Königskammer war... ein Verbindungstor zwischen der materiellen Welt und den transzendentalen Sphären der Natur. So gesehen kann man die Große Pyramide mit einer Eingangstür vergleichen, durch die hindurchzugehen und die individuelle Vollkommenheit zu erreichen die alten Priester nur wenigen Menschen erlaubten«.

Ein Theoretiker hat die Vermutung geäußert, daß die wenigen, denen dieses »Tor« zu durchschreiten erlaubt war, Überlebende der atlantischen Zivilisation waren, die dann von den Priestern ausgesandt wurden, um dem Volk in jenen Gebieten, in denen oder nahe denen sich Pyramiden befanden, Aufklärung und Belehrung zu bringen. Jedenfalls hatte der Initiierte den Auftrag, im Lande umherzuziehen, zu lehren, zu beraten, zu trösten und zu heilen und sich dann auf mysteriöse Weise wieder zu entfernen. Dazu gehörte auch, daß er zwölf Schüler oder Apostel zurückließ, die das Gedächtnis an ihren Meister, der jetzt zum Gott und zum Heiland geworden war, im Volke wachzuhalten hatten und seine Lehren nicht der Vergessenheit durch die Nachwelt anheimfallen zu lassen.

Ein wahrhaft frappierender, faszinierender Gedankengang, aber einer, der eine ganze Reihe von Fragen offenläßt, zum Beispiel: Wie kommt es, daß das Ritual in allen Fällen genau das gleiche war? Warum mußten diese Eingeweihten zu etwa der gleichen Zeit und unter den gleichen Umständen geboren worden sein usw.?

Gab es mehrere atlantische Kolonien rund um die Erde, vielleicht eine an jedem Pyramidenstandort? Oder gab es nur eine einzige, deren Bewohner die Luftfahrt beherrschten und dahin und dorthin flogen, von Pyramidenzentrum zu Pyramidenzentrum, neue Einweihungskandidaten suchend und an Bord nehmend und die Völker belehrend und aufklärend, mit denen sie auf ihren Reisen in Berührung kamen?

Was geschah mit diesen Vertretern einer hochtechnisierten Gesellschaft? Starben sie aus? Wurden sie von irgendeiner Naturkatastrophe hinweggerafft? Oder sind sie immer noch lebendig und gegenwärtig in irgendwelchen unbekannten und unzugänglichen Teilen der Erde?

Es gibt noch eine andere interessante Tatsache, die den Glauben an die Ansicht bzw. Behauptung stützt, daß die Erbauer der Pyramiden wirklich Mitglieder einer hochzivilisierten Rasse waren und die Kunst des Bauens und Steuerns von Luftfahrzeugen beherrschten. Es ist festgestellt worden, daß die meisten Völker und Menschengruppen der sogenannten vorgeschichtlichen Zivilisationen das Feuer verehrten und anbeteten. Die einzige Ausnahme bildeten die Völker der Pyramiden-Zivilisationen; alle von ihnen waren Sonnenanbeter. Und wenn wir das mit der Tatsache kombinieren, daß diese Leute ganze Sammlungen von Skulpturen und Zeichnungen hinterlassen haben, die behelmte Gestalten darstellen, die zudem noch eine unseren modernen Astronauten erstaunlich ähnliche Kleidung trugen, so ist die Schlußfolgerung nahezu unausweichlich, daß diese »Sonnengötter«, die von verschiedenen Zivilisationen verehrt wurden, tatsächlich Flugzeugpiloten waren, Angehörige einer irdischen Meisterrasse.

Erich von Däniken schreibt in seinem Buch *Zurück zu den Sternen:* »Die spanischen Eroberer stießen bei ihrem Vordringen in Süd- und Mittelamerika überall auf Sagen und Mythen über Viracocha (den Gott der Peruaner). Nie vorher hatten sie etwas über gigantische weiße Menschen gehört, die irgendwie vom Himmel herabgekommen waren. Sie erfuhren manches über eine Rasse von ›Söhnen der Sonne‹, die die Menschenkinder in vielen Künsten unterrichteten und dann wieder verschwanden. In all diesen Legenden heißt es zum Schluß: Es ist sicher, daß die Söhne der Sonne wieder zurückkommen werden.«

Wenn das stimmt, wenn diese »Söhne der Sonne« tatsächlich Angehörige einer hochentwickelten Rasse waren, die von einer Zivilisation zur anderen zu fliegen vermochte, ist es durchaus möglich, daß sie von sich aus Tempel und Einweihungsstätten in Gestalt von Pyramiden bauten, deren Energiewirbel, von den Pyramidenspitzen ausgehend und hoch emporragend, ihnen im Falle der Rückkehr als eine Art Leuchtfeuer oder Signalbake dienen konnten. Und die abgestumpften und oben abgeflachten wie auch die terrassenförmig angelegten Pyramiden, die unbestreitbar in jeder Pyramiden-Zivilisation zu finden sind, könnten zu einem zweifachen Zweck errichtet worden sein: sowohl als Tempel als auch als Lande- und Startrampen für ihre Flugmaschinen.

Wie wir schon früher in diesem Kapitel ausführten, gibt es gegenständliche Beweise dafür, daß von den Angehörigen vorgeschichtlicher Zivilisationen hochentwickelte Techniken beherrscht und praktiziert wurden. Die Leute waren zugleich Experten in der Kunst der Mumifikation. In der Tat ist dieses Wissen und Können bei allen Völkern der Pyramidenzivilisationen zu finden.

In *Zurück zu den Sternen* weist Erich von Däniken darauf hin, daß die in ägyptischen Gräbern gefundenen Körper offenbar zum Zweck einer späteren körperlichen Wiederauferstehung einbalsamiert wurden, da sie ja auch mit den verschiedensten materiellen Dingen – einschließlich Geld und Schmuck – beigesetzt worden sind. »Zeichnungen und andere Überlieferungen lassen alle erkennen, daß die ›Götter‹ versprochen haben, von den Sternen zurückzukehren, um die gut aufbewahrten und konservierten Leiber zu neuem Leben zu erwecken.«

Von Däniken geht mit seinen Spekulationen noch weiter, indem er es für möglich hält, »daß der Pharao, der über die Natur und die Lebensgewohnheiten der ›Götter‹ besser Bescheid wußte als seine Untertanen«, der Meinung gewesen sein mag: »Ich muß für mich einen Begräbnisplatz wählen, der in Jahrtausenden nicht zerstört werden kann und der weithin über das Land sichtbar ist, denn die Götter haben versprochen, zurückzukehren und mich wieder aufzuwecken.« (Oder: Die Ärzte in ferner Zukunft werden eine Möglichkeit finden, mich wieder ins Leben zurückzuholen.)

Auf den ersten Blick scheint diese Theorie recht vernünftig zu sein, besonders im Hinblick auf die offensichtlichen Konservierungskräfte der Pyramide, die sehr wohl zur Erhaltung der Mumien beitragen konnten bis zu dem Zeitpunkt, da Heilkünstler der Götter zurückkehrten und den Körper wieder zum Leben erweckten. Allerdings gibt es in dieser Hypothese einen schwachen Punkt: Wenn die Mumien einbalsamiert wurden zu dem spezifischen Zweck der physischen Wiederauferstehung, warum wurden dann das Gehirn und die Eingeweide entfernt? Liegt Erich von Däniken mit seiner Art der Interpretation, den Grund für die sorgfältige und komplizierte Einbalsamierung zu finden, vollkommen falsch? Oder gingen die Einbalsamierer von der Voraussetzung aus, daß den wiederzuerweckenden Toten von den zurückgekommenen Göttern auch neue innere Organe eingepflanzt werden würden?

Eine Besonderheit der Pyramidenbauten überall auf der

Erde ist das Fehlen des Gipfelsteines, des oberen Abschluß-stückes. Nur ganz selten ist, wenn überhaupt, eine Pyramide entdeckt worden, bei der die oberste Spitzenpartie noch in Ordnung war. Wir geben freimütig zu, daß wir um eine Erklärung dieser Seltsamkeit verlegen sind, und daß wir auch keinen andern Forscher haben finden können, der diesen Umstand vom architektonischen oder wissenschaftlichen Gesichtspunkt aus zu erklären vermochte. Der einzige Autor, der überhaupt eine Erklärung anbietet ist Hall, der in *The Secret Teachings Of All Ages schreibt:*

»Die Größe des Schlußsteines der Großen Pyramide von Giseh kann nicht genau bestimmt werden, denn obwohl die meisten Forscher angenommen haben, daß der Schlußstein früher einmal an seinem Platz war, ist von ihm keine Spur mehr vorhanden. Bei den Erbauern großer religiöser Gebäude herrscht die kuriose Tendenz, ihre Schöpfungen unvollendet zu lassen, womit sie wohl zeigen wollen, daß Gott allein vollkommen ist. Der obere Schlußstein war, wenn er überhaupt existierte, in sich eine Miniaturpyramide, der Apex, der wiederum überdeckt wurde von einem kleineren Block gleicher oder ähnlicher Form, und so weiter, unendlich lange. Der Schlußstein ist die Vollendung, die Krönung des ganzen Bauwerkes. Die Pyramide kann somit verglichen werden mit dem Universum und der Schlußstein mit dem Menschen. Führt man diese Analogiekette weiter, könnte man den Geist den Schlußstein der Menschheit nennen, die Spiritualität den Gipfelstein des Geistes, und Gott, die oberste Krönung des Ganzen, den Schlußstein der Spiritualität. Als ein roher und unvollendeter Block ist der Mensch aus Stein gemacht, der mittels der geheimen Kulte der Mysterien nach und nach in den wahren und vollkommenen Schlußstein der Pyramide verwandelt werden soll. Der Tempel ist nur endgültig fertig, wenn der Eingeweihte selbst zum lebenden Apexstein geworden ist, durch den hindurch die göttlichen Kräfte wie durch einen Brennpunkt einströmen und in die unteren Strukturen weiterfließen können.

Seit Jahrtausenden haben die Pyramiden die Aufmerksamkeit und die Vorstellungskraft der Gelehrten, Geschichtsforscher, Architekten, Archäologen und Mystiker auf sich gezogen. Sie stehen immer noch da, diese gewaltigen Monumente, in abgelegenen, schwer zugänglichen Regionen der Erde, massig und stumm, Hüter eines Wissens und einer Weisheit, die größer sind als die unserer gegenwärtigen Zivilisation und vielleicht sogar größer als die uns in Zukunft erreichbaren.

Dennoch besteht die Möglichkeit, daß uns die Pyramidenexperimente den Schlüssel liefern werden, der uns befähigt, das Mysterium der Pyramiden der Vergangenheit zu entdekken. Oder sie helfen uns, durch den einfachen Gebrauch der Pyramidenform viele Geheimnisse unserer Umwelt zu enthüllen und technologische Probleme der Zukunft zu meistern.

14.

Die Zukunft ist jetzt

Bei der Vorbereitung der revidierten und erweiterten Auflage dieses Buches über die Pyramidenkraft haben viele neue Anwendungsmöglichkeiten, Versuchsreihen und Entdeckungen unsere Aufmerksamkeit auf sich gezogen. Wir haben daraufhin dieses Kapitel hinzugefügt, um die Leserschaft ein wenig mit diesen neuen Aspekten, Möglichkeiten und Forschungsergebnissen vertraut zu machen und zusammen mit ihr zu prüfen, ob sich diese neuen Erkenntnisse bezüglich der Pyramidenenergie und Pyramidenform nutzbar machen lassen.

Ein Großteil des praktischen Interesses richtet sich immer mehr auf die Meditationspyramiden, jede größeren Modelle, in denen man stehen, sitzen, schlafen oder auch lieben kann. Eine solche Meditationspyramide sollte an jeder ihrer Seiten, einige Zentimeter von der Spitze entfernt, mehrere Löcher haben, die der Lüftung dienen. Außerdem empfiehlt es sich, zwischen der Pyramidenbasis und dem Fußboden etwas Abstand zu lassen, um auch dadurch während des Gebrauchs der Pyramide die Luftzirkulation zu verbessern. Diese Vorsichtsmaßnahme ist zu beachten, ganz gleich, aus welchem Material die Wände der Pyramide bestehen, um zu vermeiden, daß der in der Pyramide Sitzende Beschwerden bekommt, die auf ungenügende Sauerstoffversorgung zurückzuführen sind und Schwindelgefühle, Kurzatmigkeit und Ermattungszustände zur Folge haben können. Obgleich uns über schädigende Einflüsse oder gar solche ernsthafter Natur bei der Benutzung von Meditationspyramiden nichts zu Ohren gekommen ist, kann die Möglichkeit nicht ausgeschlossen werden, daß negative Gefühle, Kopfschmerzen und sogar euphorische Zustände während des Liebesspiels in der Pyramide auftreten und das bewirken, was wir »Meditationspyramiden-Anoxie« nennen. Bis mehr und genauere Angaben darüber vorliegen, schlagen wir vor, daß Sie die Faustregel beachten: Die Länge der Zeit, die Sie in der Meditationspyramide verbringen, steht in umgekehrtem Verhältnis zur Intensität der sauerstoffverbrauchenden Tätigkeit. Das heißt: je größer die Intensität, um so kürzer die in der Pyramide zu verbringende Zeitspanne. Während des Schlafes ist der Sauerstoffverbrauch am geringsten, weshalb man schlafend die längste Zeit in der Pyramide verbringen kann.

Die aus Plastik bestehenden Meditationspyramiden (die Pyramidenzelte) können auf den Benutzer gewisse Einflüsse ausüben, die die beabsichtigten und erwünschten Wirkungen beeinträchtigen oder völlig zu verhindern imstande sind. Es ist bekannt, daß Plastikmaterial an den Oberflächen leichter und schneller statische Elektrizität sammelt und akkumuliert, als es bei den meisten anderen Substanzen der Fall ist. Die unvermeidbaren Reibungseffekte beim Aufstellen der Pyramide, das Sichbewegen um sie herum und in ihr und der von der Körperwärme des darin Befindlichen verursachte Luftstrom können bewirken, daß sich die Plastikoberflächen mit Hunderten, je Tausenden von Volt aufladen. Diese statische Elektrizität ähnelt der, die unser Körper erzeugt, wenn wir an einem kühlen und trockenen Tag auf einem Teppich hin und her laufen. Berühren wir dann einen Lichtschalter, wird sich die angesammelte statische Spannung in Form eines Funkens entladen. Wir alle wissen, wie unangenehm das sein kann. Die statisch-elektrische Ladung auf einer aus Plastik bestehenden Pyramide wird ihnen allerdings kaum einen solchen Schlag versetzen. Was viel wahrscheinlicher geschehen wird, ist eine, Veränderung der elektrischen Eigenschaften der Luft innerhalb der Pyramide. Diese Veränderung, bei der die Moleküle der Luft entweder Elektronen an sich ziehen oder verlieren, wird Ionisation genannt. Dieser Prozeß wird noch angeregt, wenn sich durch Ihre Körpertemperatur die Luft im Innern der Pyramide erwärmt und dadurch unterschiedlich temperierte Luftschichten entstehen. Die Entwicklung dieser Schichten mit verschiedenen Wärmegraden – höher an der Pyramidenspitze und kühler an der Basis wird ebenfalls eine Ionisierung zur Folge haben, entweder eine positive oder eine negative, was von der elektrischen Spannung der Plastikabdeckung abhängt. NASA-Wissenschaftler haben herausgefunden, daß Personen in einer mit negativen Ionen geladenen Atmosphäre munterer sind und sich allgemein sehr wohl fühlen, während eine positiv ionisierte Atmosphäre die gegenteilige Wirkung hat. In letzterer erlebt die betreffende Person unterschiedliche Depressionszustände oder ganz einfach eine negative Stimmung oder Gefühlsverfassung. Diese Tatsache zwingt zu dem Schluß, daß die Ionisation der Luft im Innern einer mit Plastik bedeckten Meditationspyramide die Ursache dafür sein kann, daß die eigentlichen Pyramidenenergien entstellt oder überlagert werden.

Dieser Ionisationseffekt kann sehr gut die Ursache sein für zahlreiche Berichte, in denen von unterschiedlichen Erfolgen die Rede ist, die bei der Anwendung von Plastikpyramiden zum Zwecke der Herbeiführung eines gesteigerten Pflanzenwachstums erzielt worden sind. Im allgemeinen ist es so, daß, wenn eine kränkelnde Pflanze oder eine, deren Wachstumsgeschwindigkeit man fördern will, unter eine völlig oder teilweise lichtdurchlässige Plastikpyramide gestellt wird, sich bemerkenswerte Veränderungen innerhalb einer Woche oder zehn Tagen zeigen werden. Dennoch gibt es Fälle, in denen eine solche Wandlung zum Besseren nicht eintritt, die Pflanze sogar zu welken beginnt und schließlich ganz eingeht.

Grundsätzlich: Die vielen Berichte, die wir von Leuten aus aller Welt erhalten haben und in denen von schädlichen oder negativen Wirkungen der Pyramidenenergien die Rede ist, beruhen auf falschen Voraussetzungen und Schlußfolgerungen. Energien in ihrer einfachsten und reinsten Form – wie die in der Pyramidenform wirkenden – sind weder gut noch schlecht. Energie ist eben nichts anderes als Energie. Sie kann nur Veränderungen herbeiführen in dem Ding, in dem sie zur Wirkung kommt. Gut und Böse sind lediglich die aus dem menschlichen Verstand geschaffenen Bewertungen der von der Energie hervorgebrachten relativen Veränderungen. Alle einwandfrei dokumentierten Fälle, die uns vorliegen und in denen angeblich schlechte oder negative Kräfte der Pyramide festgestellt wurden, gehen bestimmt auf nichts anderes zurück als entweder auf die Luft-Sauerstoff-Verhältnisse in der Meditationspyramide oder auf Ionisierungswirkungen. In vielen Fällen kann man diese beiden Wirkungen nicht scharf voneinander trennen, sondern muß annehmen, daß sie vielleicht eine Kombination beider Gegebenheiten sind.

Sollten Sie eine Wirkungslosigkeit feststellen oder eine Wirkung, die der von Ihnen erwarteten entgegengesetzt ist, dann sind bestimmt nicht die Pyramidenkräfte daran schuld, vielmehr dürften verschiedenartige Einflüsse vorliegen, durch die die Energien der Pyramide zunichte gemacht oder blockiert werden. Wenn Ihnen das beim Gebrauch Ihrer Pyramide passieren sollte, dann raten wir Ihnen, das Experiment in einem anderen Raum und in einem Abstand von einigen Tagen oder Wochen zu wiederholen.

Wasser, das in der Pyramide behandelt wurde, hat in den wenigen vergangenen Jahren bereits seine Nützlichkeit erwiesen. Nicht nur, daß es überall reichlich vorhanden ist, Wasser ist auch eine Substanz, mit der wir immer zu tun haben und die tatsächlich in jedem Moment unseres Lebens eine wichtige Rolle spielt. Die Aquarienhalter wissen längst, daß sie gewöhnliches Leitungswasser erst drei oder vier Tage stehenlassen müssen, ehe sie es ins Aquarium geben; man muß ihm ermöglichen, etwas zu »altern«, das heißt zu abgestandenem Wasser zu werden. Dieser Prozeß erlaubt den winzigen Staubteilchen, den Chlorzusätzen und anderen Chemikalien, sich aufzulösen bzw. auszuscheiden. Es gibt auch andere Wasserbehandlungsmethoden, zum Beispiel das Kochen, Filtrieren und Destillieren, wodurch Bakterien, Mineralien und andere Verunreinigungen entfernt werden können. Aber diese Methoden sind zeitraubend und teuer, was der Grund ist, daß die Verwendung von Quellwasser in Flaschen heutzutage immer populärer wird. Großmutter und Urgroßmutter gingen diesem Problem aus dem Weg, indem sie Regenwasser zum Haarewaschen und für andere Haushaltszwecke benutzten. Regenwasser ist sehr weich, mineralienfrei und überhaupt verhältnismäßig sauber.

Nun – ganz gleich, welche Art von Wasser Sie nehmen: eine Behandlung in einer Pyramide wird ihm erstaunliche energetische Eigenschaften verleihen, für die es unbegrenzte Anwendungsmöglichkeiten gibt. Die Wassermenge, die man einer solchen Behandlung unterziehen will, ist natürlich von der Größe der Pyramide abhängig. Wir empfehlen, zunächst mit einem Minimum von ca. einem Liter zu beginnen. Die Pyramide sollte groß genug sein, damit der Mittelpunkt des Wasserbehälters sich etwa auf der Drittelhöhe der Pyramide befindet. Wir haben gefunden, daß ein Liter Wasser vor dem Gebrauch mindestens 24 Stunden unter der Pyramide gestanden haben sollte. Viele Leute berichten, daß sie einen ebenso guten Erfolg zu verzeichnen hatten mit Wasser, das nur acht Stunden in der Pyramide gestanden hatte. Aber sie haben meist weniger als einen Liter genommen.

Ist die Behandlung in der Pyramide beendet, decken Sie den Behälter zu und stellen ihn in den Kühlschrank oder an einen anderen kühlen und nicht dem direkten Sonnenlicht ausgesetzten Platz. Wasser, das einmal in einer Pyramide behandelt worden ist, kann unbegrenzte Zeit aufbewahrt werden, denn die neuerworbenen Energien haben sich fest mit den Wassermolekülen vereinigt. Wenn Sie einmal mehrere Liter Wasser oder auch noch größere Mengen mit Pyramidenkraft aufgeladen haben, werden Sie feststellen, daß Sie dieses Wasser unbegrenzt für alle möglichen Zwecke benutzen können und immer einen ausreichenden Vorrat davon haben. Übrigens ist Wasser keineswegs die einzige Flüssigkeit, die fähig ist, die enormen Eigenschaften der Pyramidenenergien zu akkumulieren. Sie können auch Milch nehmen oder irgendeine andere Art von Getränken, ja sogar Suppe. Nach 24 Stunden Pyramiden-Aufenthalt werden alle diese Flüssigkeiten viel besser schmecken als nichtbehandelte.

Pyramidenwasser wird zum Trinken benutzt; wie berichtet wird, mit recht nützlichen, ja sogar heilenden Wirkungen. Menschen und Tiere, die Pyramidenwasser trinken, fühlen sich angeblich besser und sehen auch besser aus. Das Fell Ihrer Haustiere wird glänzender, weicher und dichter aussehen. Singvögel, die Pyramidenwasser bekommen, singen besser, und das farbige Gefieder von Vögeln wird im großen und ganzen leuchtender. Uns liegen Berichte vor, in denen gesagt wird, daß das Hineinhalten von arthritischen Gelenken in Pyramidenwasser bzw. seine Benutzung zu Umschlagen Erleichterung brachte und in einigen Fällen die von der Arthritis verursachten Schmerzen und Probleme ganz zum Verschwinden brachte. Pyramidenwasser läßt sich auch mit Erfolg anwenden als Linderungsmittel bei Schnitt- und Brandwunden, Quetschungen, blauen Flecken, Niednägeln, Warzen und bei anderen Hautproblemen zusätzlich zu den normalerweise in solchen Fällen benutzten medizinischen Mitteln und Methoden. Wenn Sie Ihr Haar mit Pyramidenwasser waschen unter Benutzung des von Ihnen bevorzugten Shampoos, können Sie, so wird berichtet, die Bildung von Kopfschuppen kontrollieren bzw. nach viermaliger Anwendung ganz zum Verschwinden bringen. Versuchen Sie auch, ermüdete Augen mit Pyramidenwasser auszuspülen und Ihre Kontaktlinsen, sofern Sie welche haben sollten, in dieses Wasser zu legen; eine lindernde Wirkung ist schon nach Sekunden fühlbar. Nehmen Sie auch Ihre Medizinen, Ihre Schmerzstillenden Pülverchen oder Tabletten lieber mit Pyramiden- als mit gewöhnlichem Leitungswasser.

Auch in der Küche vermag das Pyramidenwasser wahre Wunder zu vollbringen. Speisen, in Pyramidenwasser gekocht oder auch nur eingeweicht, verbessern den Geschmack und die Qualität. Kaffee, Tee, Trockenmilch, Orangensaft, Kakao, Pudding, kondensierte oder trockene Suppen usw. scheinen besser zu schmecken. Tatsächlich soll, wenn man Pyramidenwasser anstelle von gewöhnlichem Wasser für alle nur denkbaren Zwecke benutzt, der Unterschied sofort bemerkbar sein. Selbst der beste Koch wird neue Anerkennung und Bewunderung ernten. Wenn Ihr Vorrat knapp zu werden droht, können Sie sich damit helfen, indem Sie zwei Teile gewöhnliches Wasser mit einem Teil Pyramidenwasser vermischen, was nur einen sehr geringen Energieverlust zur Folge hat.

Pyramidenwasser zum Gießen von Pflanzen in der Wohnung oder im Garten zu verwenden, ist eine wirkungsvolle Methode, das Wachstum zu verbessern und zu beschleunigen, denn schließlich kann man nicht überall im Haus oder Garten über jeder Pflanze eine kleine Pyramide hängen haben. Pyramidenwasser ist auf jeden Fall dem normalen Leitungswasser vorzuziehen. Sie werden feststellen, daß Ihre Pflanzen und Ihre Samen gesteigertes Wachstum zeigen, stärker und gesünder werden. Es wurde uns erzählt, daß kränkelnde und in einigen Fällen sogar absterbende Pflanzen sich innerhalb von zehn bis vierzehn Tagen vollkommen erholten. Im Garten wird Pyramidenwasser, zu gleichen Teilen mit Leitungswasser vermischt, dazu beitragen, daß Sie schönere Blumen, Früchte, Gemüse, Pflanzen, Sträucher und Bäume bekommen, so daß man vielleicht sagen wird, Sie hätten sich zu einem Gärtner entwickelt, der »einen grünen Daumen« hat, wie es im Volksmund heißt. Sollten Sie sich entschließen, Ihren Garten hundertprozentig mit Pyramidenwasser zu gießen, wird natürlich auch das Unkraut von den neuen Energien profitieren, und das bedeutet wieder mehr Gartenarbeit für Sie. Trotzdem: die Mehrarbeit macht sich bezahlt.

Noch ein kleiner hilfreicher Wink: Stecken Sie ihre Schnittblumen in eine mit Pyramidenwasser gefüllte Vase. Sie werden viel längere Zeit Freude daran haben, brauchen in das Wasser keine Kupfermünze oder Aspirintablette zu tun. Wässern Sie Ihren Rasen mit hundertprozentigem Nitrogen, gemischt mit hundertprozentigem Pyramidenwasser, und Sie werden den grünsten Rasen in der ganzen Nachbarschaft bekommen. Ihr Rasen wird auch weniger empfindlich.

Es braucht hier nicht zu überraschen, wenn die Leute, die von der Pyramidenkraft nichts wissen wollen und vor ihrer Anwendung warnen, sich grundsätzlich darauf berufen, daß die Existenz von Pyramidenenergien von der Wissenschaft total bestritten wird. Sie scheinen der Meinung zu sein, daß die von der Wissenschaft bekannten und anerkannten Gesetze und Prinzipien sozusagen der Weisheit letzter Schluß seien, und daß weitere Hinzufügungen und Wissenserweiterungen in bezug auf diese Gesetze ausgeschlossen seien. »Was sich nicht in den Rahmen der gegenwärtigen wissenschaftlichen Erkenntnisse einfügen läßt, existiert nicht.«

Wir, die wir die Pyramidenkraft ernsthaft und gründlich studiert haben, wissen, daß die Energien tatsächlich existieren, denn wir haben uns von den erzielten Resultaten selbst überzeugt. Sogar im rein wissenschaftlichen Bereich gibt es genügend Experimente, die jetzt jederzeit mit hundertprozentigem Erfolg wiederholt werden können; wenn auf der eingeschlagenen Linie vertrauensvoll weitergearbeitet wird, wird sich wahrscheinlich eines Tages manches jetzige Mysterium entschleiern lassen, und die neue Erkenntnis wird sodann als

»wissenschaftliches Gesetz« akzeptiert werden. Diejenigen unserer Leser, die ein einfaches Experiment »nach streng wissenschaftlicher Methodik« zu wiederholen wünschen, können das tun, indem sie es genauso machen wie John Rex in New York-City. Rex hat eine gewöhnliche Batterie durch Plazierung unter einer Pyramide wieder etwas aufgeladen. Nachstehend die erste Veröffentlichung der von Rex bei seinen Experimenten gefundenen Tatsachen.

Der Zweck des Experimentes

John Rex wollte untersuchen, ob eine Blitzlicht-D-Zellen-Batterie, die nur eine geringe Spannung hatte, wieder zu einer höheren Spannung aufgeladen werden kann durch Platzierung unter einem maßstäblich der Cheopspyramide entsprechenden Pappmodell.

Kontrollen

Drei schwache D-Zellen-Batterien mit ähnlichen Spannungen wurden außerhalb der Pyramide als Kontrollstücke gelagert. Ferner wurde ein Digital-Voltmeter benutzt, um die Spannungen bis zur vierten Dezimalstelle genau festzustellen. 0,0001 Volt sind der zehntausendste Teil eines Volts. Ein qualifizierter Elektrotechniker nahm die Messungen der Voltspannungen vor, sowohl am Beginn als auch am Ende des Experimentes.

Durchführung des Experiments

Die Pyramide wurde aufgestellt und nach den Himmelsrichtungen orientiert, wie es in den Instruktionen vorgeschrieben war, die von der Lieferfirma mitgeschickt worden waren. Jede Batterie wurde auf ein Drittel der Pyramidenhöhe so eingelegt, daß das positive Ende nach Norden, das negative nach Süden zeigte.

Batterie-Spannungen
Die nicht unter der Pyramide liegenden Kontrollbatterien B, C und D:

Spannung

bei Beginn:	Monat später:	Veränderung:
(B) 1, 3612	1,3713	+0,0101 Volt
(C) 1,3709	1,3742	+0,0147 Volt
(D) 1,3593	1,3740	+0,0147 Volt

Die Batterie unter der Pyramide

Spannung

bei Beginn:	Monat später:	Veränderung:
(A) 1,3579	1,3776	+ 0,0197 Volt

Resultate
Netto-Veränderung
der Batterie unter der Pyramide (A)   0,0197 abzüglich der größten Veränderung
einer Kontrollbatterie (D)   0,0147
Mehraufladung der Pyramidenbatterie   0,0050 Volt

Netto-Veränderung der Batterie unter der Pyramide (A)   0,0197
abzüglich der durchschnittlichen Veränderung der drei Kontrollbatterien (E)   0,0094
Mehraufladung der Pyramidenbatterie   0,0103 Volt

Kommentare und Schlußfolgerungen

Wenn wir die Spannung der Kontrollbatterie (D), die die größte Veränderungsrate aufwies, mit der Pyramidenbatterie (A) vergleichen, finden wir einen Unterschied in der Spannungszunahme von nur fünf Millivolt. Wenn wir aber die Pyramidenbatterie (A) mit dem Durchschnitt der Veränderungen in den drei Kontrollbatterien (E) vergleichen, stellen wir eine noch höhere Zunahme fest, nämlich 10,3 Millivolt. Wir können ein weiteres tun und die niedrigste Kontrollbatteriespannung (C) mit der Spannung der Pyramidenbatterie vergleichen und bekommen dann eine Netto-Veränderungsquote von 16,4 Millivolt. In beiden Fällen ist das ein Beweis für die Existenz der »Pyramidenkraft«.

In seinem Bericht bezeichnet John Rex die Pyramide als eine neue Art von Energiespender zur Wiederaufladung von Batterien und vermutet, daß die Pyramidenform auch die menschliche Mentalität beeinflussen und die psychischen Zentren anregen kann.

Wir haben gefunden, daß während der vergangenen fünf Jahre die Pyramidenform in bestimmter Weise sowohl unser ganzes Leben als auch unseren Wortschatz beeinflußt hat. Immer mehr Menschen werden »pyramidenbewußt« infolge der Veröffentlichungen in allen Medien. Die wohl praktischste Anwendung der Pyramidenkraft, die zunehmend populärer wird, ist zu beobachten beim Bau von pyramidenförmig gestalteten Restaurants, Kirchen, Geschäfts- und Wohnhäusern.

Robert Bruce Cousins, ein Architekt, hat festgestellt, daß die Zahl derjenigen seiner Kunden immer größer wird, für die er pyramidenförmige Gebäude entwerfen soll. Cousins behauptet, daß viele der Architekturbüros, die Gebäude in Pyramidenform entwerfen, die esoterischen und energieproduzierenden Prinzipien, die den Pyramidenkräften zugrunde liegen, mißachten und verletzen. Sie tun das, sagt er, indem sie die durchgehende Kontinuität des Kantenverlaufs unterbrechen und diesen groben Fehler auch bei der Konstruktion der Pyramiden-Seitenflächen begehen. Nach Cousins Entwurf wurde in Malibu/Kalifornien eine Pyramide gebaut zu dem Zweck, als Demonstrationsobjekt für die Existenz der Pyramidenenergie zu dienen. Sie war für den Gebrauch als Wohnhaus gebaut und wird jetzt auch für diesen Zweck verwendet. Die Formen sind sehr präzis, und der Bau funktioniert auch in der erwarteten kraftvollen Weise. Erfahrungen, die während Meditationen gemacht wurden, sind mitunter erstaunlich. Der Architekt war in der Lage, bestimmte Energiewirkungen und Strömungsfelder innerhalb der Pyramide festzustellen, die in Zukunft noch näher erprobt werden sollen. Die Energie, die in dieser dreißig Fuß hohen Pyramide erzeugt wird, ist außerordentlich stark. Zum Beispiel: Er erreichte, daß ein Aurameter heftig reagierte, als er einen Energiestrahl mittels seiner Handteller konzentrierte und ihn aus 6,8 Metern Entfernung auf den Aurameter richtete.

Cousins bereitet ein Projekt vor, das den Neubau eines vegetarischen Restaurants in Los Angeles betrifft, das für die »Atlanter des Neuen Zeitalters« bestimmt ist. Ein Studium des Plans läßt erkennen, daß hier das Publikum an der Pyramidenenergie teilhaben soll (eine Pyramide innerhalb der Pyramide), was natürlich für ein Speiserestaurant von Nutzen sein kann. Er beabsichtigt, das Wissen von den Pyramidenkräften in die Öffentlichkeit zu bringen und will mit diesem Restaurant Erfahrungen sammeln hinsichtlich der Anwendung der Holographie und der Laserstrahlenbeleuchtung.

Zeitlich gleichlaufend mit dem Restaurationsprojekt ist die Ausarbeitung eines Planes für ein mit 2500 Sitzen ausgestattetes Pyramidentheater in San Francisco im Gange. Dort wer-

Pyramiden-Restaurant

277

Pyramiden-Theater

den die modernsten Übertragungssysteme und -techniken benutzt. Man stelle sich vor, wie die von der Bühne ausgehenden Wirkungen durch die den Zuschauer umgebende Pyramide und die in ihr wirksamen Energien gesteigert werden. Dazu soll auch ein Restaurant mit 230 Sitzen gehören, das sich im Bereich der größeren Pyramide befindet, aber von einer eigenen Pyramide für den öffentlichen Gebrauch überdacht wird: eine Pyramide auf einer Pyramide innerhalb einer Pyramide!

Vier weitere größere Bauvorhaben sind in der Planung, die nicht nur perfekte monumentale Bauwerke werden, sondern auch als klassisches Vorbild für moderne Pyramidenentwürfe dienen sollen.

Im »Zentrum für Spirituelle Entwicklung« in Kalifornien ist der Hauptteil des Gebäudes für Tätigkeiten vorgesehen, in denen die Beziehungen des Zentrums zur Gemeinschaft und zur Umwelt im Vordergrund stehen. Geht man zum oberen Teil hinauf, kommt man in einen rein pyramidenförmigen Raum, der von farbigem Licht erfüllt ist und eine mit Energie geladene Atmosphäre hat, die erhebend auf den Geist wirkt und die Bewußtseinsschwingungen im Menschen verstärkt. Die genaue Nord-Süd-Ausrichtung der Pyramide ist es, die ihre Wirkung als Lebenskraft-Akkumulator und -generator hervorruft. Das innere Verhältnis der Pyramidenform und ihrer Energien zu den Naturkräften ist ein für den Entwurf von Pyramidenbauten sehr wichtiger Aspekt. Die Jahreszeiten und die Abhängigkeit der Erde von der Sonne machen die Pyramide zu einem Angelpunkt für das Verstehen der Beziehungen des Menschen zum Kosmos. Die Art und Weise, in der ein geplantes, spirituellen Zwecken dienendes Gebäude in seiner Umgebung steht, betont dieses Bezugsverhältnis zwischen der spirituellen Entwicklung des Menschen und seinem physischen Körper, den wir auf diesem physischen Bewußtseinsplan bewohnen.

In New York ist ein dreigeschossiges Wohnhaus geplant, in dem die Energiern nutzbar gemacht werden sollen, für die das Innere einer Pyramide als Akkumulator dient. Das Erdgeschoß enthält die für das Alltagsleben nötigen Räume: Küche, Speise-, Bade- und Schlafzimmer. Von hier aus sind unmittelbar die außerhalb liegenden Erholungs- und Freizeitanlagen sowie die Gärten zu erreichen. In die darüberliegende Etage gelangt man über eine Wendeltreppe. Dieses Stockwerk befindet sich in der Drittelhöhe der Pyramide. Es ist vorgesehen für Tätigkeiten und Übungen, die der spirituellen Entwicklung der Familienmitglieder dienen. Hier ist die Umgebung, in der die Konzentration der Lebensenergie am stärksten ist. Es gibt auch Stellen, die individuellen Bedürfnissen in bezug auf Funktionen und Energiehöhe gerecht werden.

Darüber, im dritten Stockwerk, ist ein gläsernes Gewächshaus, das der Familie das ganze Jahr über als Gartenanlage dient. Hier steht auch der vom Wind angetriebene Stromerzeuger, der die nötige Elektroenergie liefert, die wiederum die Batterien für die angeschlossenen elektromagnetischen Motoren speist, die das ganze Pyramidenhaus mittels eines Generators mit elektrischer Energie versorgen. Der EMA-Motor ist ein Gerät, das nach dem Prinzip der elektromagnetischen Transformation arbeitet, keine der üblichen Brennmaterialien braucht, seine Energie immer wieder aus sich heraus erneuert und keine Schwund- oder Verlustquoten aufweist. Ein von der Umgebung abgetrenntes organisches Aufbereitungssystem, das alle festen Abfallprodukte in sich aufnimmt, erzeugt als Endprodukt den üblichen Kompost. Auch für das Institute of Healing Sciences in New York ist die Errichtung eines Pyramidenkomplexes geplant. Sein Leiter und Gründer, Greg Finnegan, hat sich vorgenommen, ein Programm durchzuführen, das seine Philosophie in die lebensnahe Praxis umsetzen soll. Er will das erreichen durch Schaffung einer Reihe von Räumen, in denen die Menschen

Zentrum für spirituelle Entfaltung

zusammenkommen können, um sich dort mit den vielen Erkenntnissen der östlichen und westlichen metaphysischen Wissenschaften vertraut zu machen, die uns heute zur Verfügung stehen. Das Programm umfaßt die verschiedenen Yoga-Arten, Transzendentale Meditation, Akupunktur, Heilung, Kliniken zur Positivierung der mentalen Grundhaltung, psychosomatische Therapien, mediale Diagnostik, westliche spirituell-dynamische Methoden, sportliche Angriffs- und Verteidigungskünste wie T'ai-Chi und andere Praktiken.

Vom Architektonischen her ist das Institut aufgeteilt in fünf Pyramiden, von denen jede Räume enthält, die dem jeweils beabsichtigten Zweck entsprechen. Ein unteres Stockwerk, das durch Oberlicht erhellt wird, beherbergt die Büros der Verwaltung, die Vorratsräume und die mechanischen Anlagen und Gerätschaften. Ein zentral gelegener Meditationsgarten liegt auf der Grundfläche unter der großen Mittelpyramide (siehe Abb.) Seine Abgeschlossenheit allen von außen kommenden Einflüssen gegenüber wird durch die umstehenden vier Basispyramiden gesichert.

Der Bau von »Metapartments« (eine amerikanische Wortneuschöpfung, die vielleicht am besten mit »neue Über-Wohnweise« zu übersetzen ist, ein Mehrfachwohnstil des neuen Zeitalters) ist in geeignetem Gelände ebenfalls überall möglich. Die Pyramide enthält Geheimnisse kosmischer Weisheit und ist deshalb gut geeignet, Persönlichkeiten des neuen Zeitalters als Wohnstätte zu dienen. Ein in so einem Pyramidenhaus Wohnender hat es nicht nötig, sein Heim zu verlassen und sich nach außerhalb liegenden Entwicklungsund Fortbildungsstätten zu begeben. Über dem Gemeinschaftszentrum schwebt sozusagen als hängende Überdachung eine echte und maßgerechte Pyramide, und zwischen den Wänden der großen Pyramide ist soviel Raum, daß kleinere oder größere Gruppen keine Schwierigkeiten haben, zum Zwecke der Aktivierung metaphysischer Studien oder Übungen hier zu-

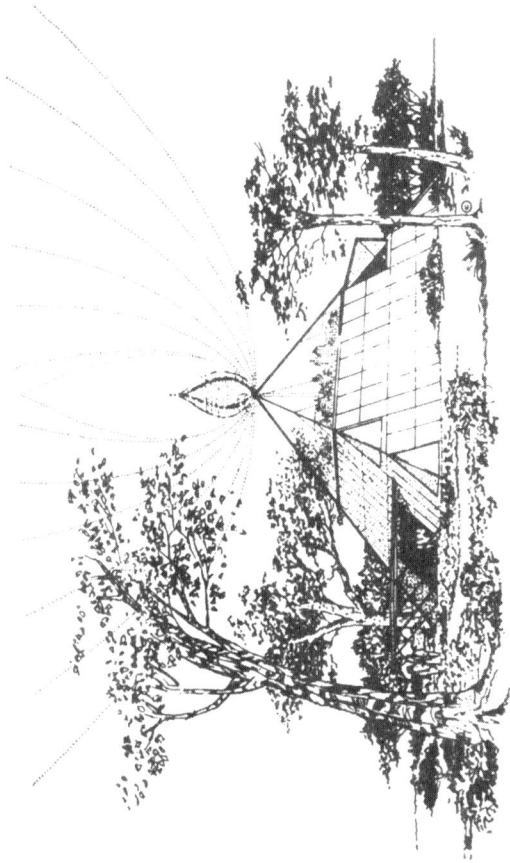

Pyramiden-Wohnhaus

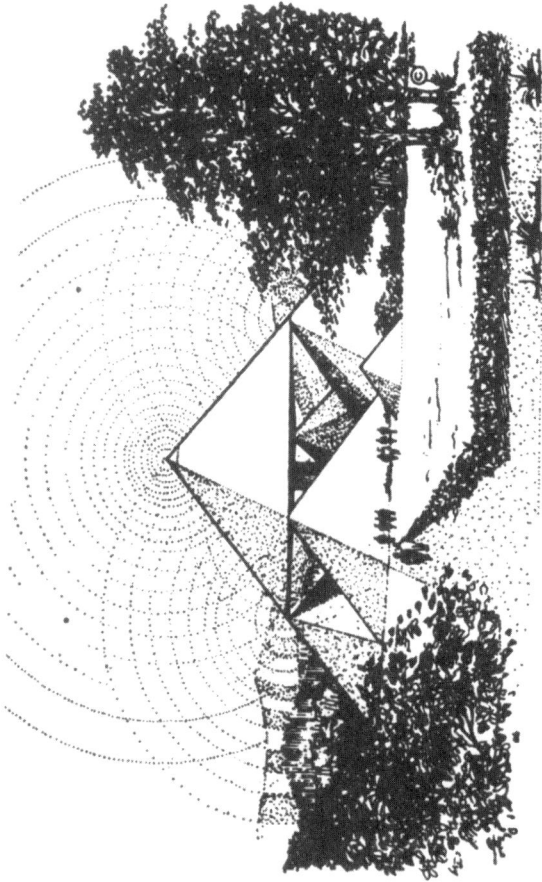

Institut für Heilungswissenschaften

sammenzukommen. Der Apex der Hauptpyramide (der oberste Spitzenteil) ist der höchste Punkt des zwölfgeschossigen Hauses, in sich wiederum eine genaue maßgerechte Pyramide, die allen Mitgliedern der Pyramidengemeinschaft zur Verfügung steht.

Die Metapartment-Struktur wird gebildet aus vorgefertigten Teilen, die als einheitliche Blöcke oder Zellen angeliefert werden. Jedes Apartement ist gut durchlüftet und schalldicht. Eine Glaswand überspannt die ganze Länge der äußeren Terrasse, von der aus sich ein freier Blick nach Osten und Westen bietet. Die zwei dreieckigen Wohnungswände erlauben die Anlage eines privaten Gärtchens auf gleicher Höhe. Dieser Bereich wird eine besonders friedliche Atmosphäre haben, denn alle Wohnungen sind nach außen gerichtet, also weg vom Erholungs- und Freizeitgebiet im inneren Gemeinschaftspark, und die Geräusche von dort sind kaum noch hörbar. Die Parkplätze liegen unterirdisch. Sonnenheiz-Kollektoren sind in den Gesimsstreifen jedes Balkons eingebaut und dienen als natürliche Energiequelle.

Robert Bruce Cousins ist gegenwärtig dabei, die Entwürfe für ein metaphysisches Zentrum, ein Gartenzentrum, ein Therapiezentrum sowie für andere Wohnanlagen mit der Pyramidenform als Grundlage auszuarbeiten. Er experimentiert auch mit anderen Formen von Energie-Generatoren und -akkumulatoren. Die Philosophie, die metaphysische Prinzipien in der Architektur zur Anwendung bringt, wird von Cousins »Metatecture« genannt. Es ist die Anwendung dieser Philosophie in enger Verbindung mit jeder geometrischen Form, die gemäß dem ihr eigenen Energietyp einen Raum in besonderer, Weise wohnlich macht. Er stellt auch fest, daß geeignete Entwürfe der inneren Raumgestaltung von Wohnungen in Pyramidenform eine sehr zeitraubende und das Denkvermögen provozierende Angelegenheit sind, eine Sache, bei der Ansprüche bezüglich Prunkentfaltung und Schmucküberladung nicht befriedigt werden können. Seine Pläne und Zeichnungen lassen die Sorgfalt erkennen, mit der er an jedes Projekt herangeht.

Cousins hat nicht nur Pläne für Pyramidenbauten, die ganz bestimmten Zwecken dienen sollen, sondern auch ein Standard- oder Gebrauchsmodell.

Es gibt aber nicht nur architektonische Meisterleistungen bei uns auf der Erde. Kürzlich gerieten wir ins Staunen über die Meldung, daß Pyramiden auf dem Mars vorgefunden worden sind. Vier pyramidenförmige Gebilde, zwei kleinere und zwei größere, sind auf einigen der mehr als 7000 Fotos auszumachen, die »Mariner 9« bei seinem Vorbeiflug am Mars zur Erde funkte. Raumforschungsspezialisten schließen generell die Vermutung nicht aus, daß diese Pyramidenformen nicht natürlichen Ursprungs sind. Die Wissenschaftler behaupten, in der Lage zu sein, die ungefähre Größe und Höhe dieser Gebilde messen zu können. Sie können sich aber nicht einig darüber werden, ob nun diese Pyramiden drei- oder vierflächig sind. Was hat es mit diesen Gebilden auf sich, wer hat sie gebaut, wie viele weitere gleicher oder ähnlicher Art gibt es da noch, und woher kamen die Erbauer? Das sind Fragen, auf die eine befriedigende Antwort zu geben die Wissenschaftler zur Zeit noch außerstande sind. Für uns deutet die Existenz solcher Bauwerke auf einem anderen Planeten darauf hin, daß außerirdische Zivilisationen existieren, die wahrscheinlich eine andere Entwicklung hinter sich haben, die aber nicht notwendigerweise fortgeschrittener sein müssen als wir. Allein diese Entdeckung auf dem Mars wirft Fragen auf, die über das Blickfeld und den Zweck dieses Buches weit hinausgehen. Dennoch erlaubt es diese Tatsache, Erich von Dänikens und verwandten Theorien mehr Glaubwürdigkeit zu verleihen.

Ein ebenso interessantes Phänomen, das sich die Wissenschaft wegzuerklären bemüht, sind die »Geisterstimmen«, die

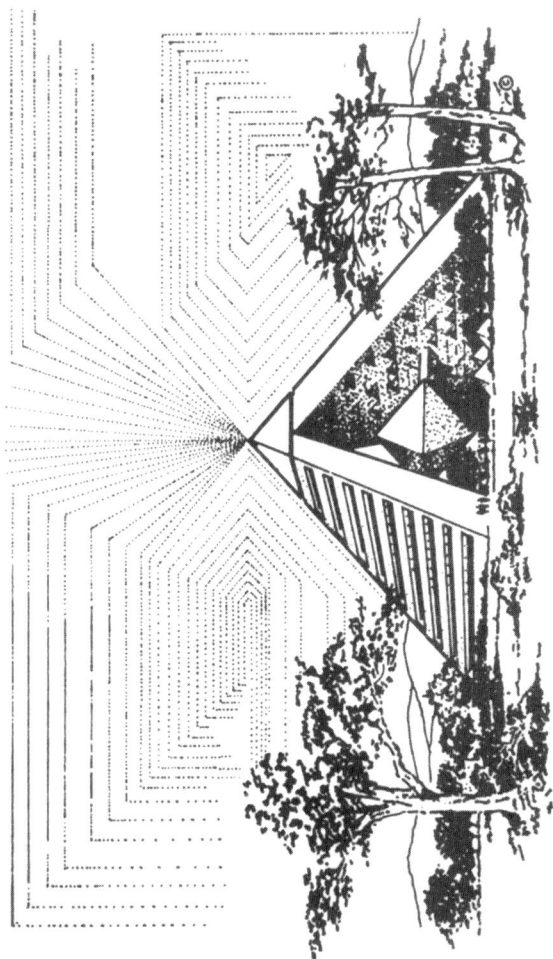

Metapartementhaus

auf Tonbändern festgehalten worden sind. Diese Einspielungen sind mit gewöhnlichen Bandaufnahmegeräten über Mikrophon gemacht worden. Tausende dieser Stimmen sind seit vielen Jahren empfangen und festgehalten worden und werden heute noch von vielen Forschern aufgenommen. Auf diesen Tonbändern sind zu hören: Klopfgeräusche, Klicken und Knacken, Klingeln, Flüstern, gesungene oder gespielte Melodien, gedämpfte Laute, Atemzüge, aber auch klar hörbare und verständliche Worte und Sätze. Jetzt ist nunmehr die Pyramide in der Lage, den Bereich der einschlägigen Erforscher dieser paranormalen Stimmenphänomene noch zu erweitern. In seinem Buch *Talks With The Dead* berichtet der Verfasser William Welch, daß er, als er eine Pyramide über seinem Tonbandgerät plazierte, während er Geisterstimmen aufnahm, herausfand, daß die Pyramide wesentlich zur Steigerung sowohl der Qualität als auch der Quantität der aufgenommenen Stimmensignale beitrug. Auch dieses Experiment läßt erkennen, daß die Anwendungsmöglichkeiten der Pyramidenform wahrhaft unbegrenzt sind. Noch wichtiger: Es hat den Anschein, als existiere die Möglichkeit der Entdeckung neuer Instrumente mit der Fähigkeit, die Pyramidenkraft zu messen, zu registrieren und ihre Stärke näher zu bestimmen.

Die kommenden Jahre werden ganz sicher eine Erweiterung und Intensivierung unseres Wissens von den Pyramiden bringen. Für uns alle, die wir tiefer in diese Weisheiten eindringen möchten, verheißt uns die Zukunft die Lösung eines der größten Mysterien, das die Alten uns als Erbe hinterlassen haben: die Pyramidenenergie.

Bibliographie

Adams, Walter M.: *The Book of the Master*. Putnam, New York 1898.

Adler: »Mathematics for Science and Engineering.« McGraw-Hill, New York 1968.

Aldersmith, Herbert: *The Great Pyramide. Its Divine Message*. London, 1932.

Amkraut, Joel: »Pyramid Power« in: *Spaceview Magazine,* Januar/Februar 1973.

Andrews, Wyllys E.: »Chronologie and Astronomy In the Maya Aerea« in: *The Maya and their Neighbors, S.* 150 bis 162. New York 1940.

Archibald, R. C.: *Notes on Logarithmic Spiral of the Golden Section*. New Haven 1920.

Archibald, R. C.: *The Pyramids and Cosmic Energy*. Aleph Enterprises, Palo Alto, Kalifornien, 1972.

Badaway, A.: *A History of Egyptian Architecture*. Bd. I-III, Kairo/Berkeley/Los Angeles 1954 bis 1968.

Bache, Richard M.: *The Latest Phase of the Great Pyramid Discussion*. Philadelphia 1885.

Balkie, J.: »The Sphinx« in: J. Hastings: *Encyclopedia of Religion and Ethics,* Bd. IX, S. 767f. Edinburgh 1920.

Ballard, Robert T.: *The Solution of the Pyramid Problem*. New York 1882.

Bandellier, Adolf F.: »The Ruins at Tiahuanaco« in: *American Antiquarian Society Proceedings, XXI, S.* 218 bis 265. 1911.

Bell, Edward: *The Architecture of Ancient Egypt*. London 1915.

Benavides, Rudolfo: *Dramatic Prophecies of the Great Pyramids*. Mexico 1961.

Bennet, Wendell C.: »Chavin Stone Carvine« in: *Yale Anthropological Studies*. New Haven, Connecticut, 1942.

Bennet, Wendell C.: »Excavations at Tiahuanaco« in: *Anthropological Papers,* Bd. 34, American Museum Of Natural History, S. 359 bis 494. New York 1934.

Bennet, Wendell C. (Hrsg.): »A Reappraisal of Peruvian Arts« in: *Archeology Memoir 4*. Society for American Archeology. Menasha 1948.

Blavatsky, Helena P.: *Isis Unveiled*. Los Angeles 1931.

Blavatsky, Helena P.: *The Senet Doctrine*, 2 Bände. Los Angeles 1930.

Breasted, James H.: A *History of Egypt from the Earliest Time to the Persian Conquest*. New York 1909.

Breasted, James H.: *The Development of Religion and Thought in Ancient Egypt*. New York 1912.

Bristowe, E. S. G.: *The Man Who Built the Great Pyramid*. London 1932.

Brooke, M. W. H. L.: *The Great Pyramid at Gizeh*. London 1908.

Brunton, Paul: *Geheimnisvolles Ägypten*. Bauer, Freiburg 1972.

Bonwick, James: *Pyramid Facts and Fancies*. London 1877.

Bothwell, A.: *The Magic of the Pyramid*. Goose 1915.

Boyce, Shirley: »The Pyramid Pioneers Fire Safety« in: *Buildings*, Vol. 66, 6/1972.

Burgoyne, Thomas H.: *The Light of Egypt*. Denver/Cd. 1963.

Burgoyne, Thomas H.: *The Holy Bible*. New York 1901.

Caffery, Jefferson, und Boyer, David S.: »Fresh Treasures from Egypt's Ancient Sands«, Vol. CVIII, Nr. 5, Nov. 1955.

de Campe. L. Sprague: »How the Pyramids Were Built« in: *Fate*, Vol. 15, 12/1962.

Carey, George W.: *God-Man: The Word Made Flesh*. Los Angeles 1920.

Cerny, J.: *Ancient Egyptian Religion*. London 1952.

Chapman, Arthur W.: *The Prophecy of the Pyramid*. London 1933.

Chapman, Francis W.: *The Great Pyramid of Gizeh from the Aspect of Symbolism*. London 1931.

Charroux, Robert: *One Hundred Years of Man's Unknown History*. New York 1970.

Clarke, Somers, und Engelbach, Reginald: *Ancient Egyptian Masonry, the Burning Craft*. London 1930.

Clarke, Somers und Engelbach, Reginald: *Ancient Egyptian Masonry*. Oxford 1930.

Cole, J. H.: *Determination of the Exact Size and Orientation of the Great*

Pyramid of Giza. Kairo 1925.

Corbin, Bruce: *The Great Pyramid, God's Witness in Stone.* Guthrie/ Oklahoma 1935.

Cormack, Maribell: *Imhotep, Builder in Stone.* New York 1965.

Cottrell, Leonard: *The Mountains of Pharaoh.* London 1956.

Cummings, Jennie: »Pyramid Church« in: *Houston Review, Vol.* 1, 4/ 1973.

Cummings, Jennie: *The Pyramid Guide,* NR. 1, 2, 4, 5. Elsinore/Cal. 1973.

Darter, Frances M.: *Our Bible in Stone.* Salt Lake City 1931.

Davidson, David: *The Great Pyramid. Its Divine Message.* London 1932.

von Däniken, Erich: *Erinnerungen an die Zukunft.* Düsseldorf 1968.

Dunham, D.: »Building an Egyptian Pyramid« in: *Archeology* 9, S. 159 bis 165, 3/1956.

Edgar, Morton: *The Great Pyramid – Its Scientific Features.* Glasgow 1924.

Edgar, Morton: *The Great Pyramid: Its Spiritual Symbolism.* Glasgow 1924.

Edgar, Morton: *The Great Pyramid and Its Time Features.* Glasgow 1924.

Edwards, I. E. S.: *The Pyramids of Egypt.* Viking Press, New York 1972.

Edwards, I. E. S.: *The Early Dynastic Period in Egypt.* Cambridge 1964.

Emery, Walter B.: *Archaic Egypt.* Harmondsworth 1962.

Erman, A.: *A Handbook of Egyptia Religion.* London 1907.

Evans, Alberts: »Metaphysical Mysteries of the Great Pyramid« in: *The Osteopathic Physician.* Mai 1972.

Flanigan, G. Patrick: »The Pyramid and Its Relationship to Biocosmic Energy«. London 1972.

Forlong, J. G. R.: *Rivers Of Life, Vol. 1* und 2. London 1883.

Forlong, J. G. R.: *Science Of Comparative Religions.* London 1897.

Gardner, Martin: *Fads and Fallacies.* New York 1957.

Garnier, Col. J.: *The Great Pyramid: Its Builder and Its Prophecy.* London 1912.

Ghunaim, Mohammed Z.: *The Buried Pyramid.* New York 1956.

Ghunaim, Mohammed Z.: *The Lost Pyramid.* New York 1956.

Goneim, Z.: *The Buried Pyramid.* London 1956.

Goose, A. B.: *The Magic of the Pyramids.* London 1915.

Gordon, Cyrus H.: *Before Columbus.* New York 1971.

Gray, Julian: *The Autorship and Message of the Great Pyramid.* Cincinnati 1953.

Grinsell, Leslie V.: *Egyptian Pyramids.* Gloucester 1947.

Hall, Manly P.: *The Secret Teachings of All Ages.* Los Angeles 1969.

Hayes, W. C.: *The Scepter of Egypt,* 2 Bände. New York/Cambridge 1935.

Habermann, Fredrick: *The Great Pyramids' Message to America.* St. Petersberg 1932.

Higgings, Godfrey: *Anacalypsis, Vol.* 1 und 2. New York 1965.

Hunt, Avery: »Harnessing Pyramid Powers?« in: *Newsday,* 24/1973.

Hurry, J. B.: *Imhotep,* Oxford 1926.

Ibek, Ferrand: *La Pyramide de Cheops a-t-elle livre son secret?* Malines Celt 1951.

James, T. G. H.: *Myth and Legends of Ancient Egypt.* New York 1972.

Jeffery, Edmond C.: *The Pyramids and the Patriarchs.* New York 1952.

Jeffers, James: *The Great Sphinx Speaks to God's People.* Los Angeles 1942.

Johnson, Fredrick (Hrsg.): »Radio Carbon Dating« in: *Memoirs of the Society of American Archeology,* Salt Lake City 1951.

Kellison, Catherine: »If Pyramids Could Talk« in: *Playgirl,* November 1973.

Kingsland, William: *The Great Pyramid in Fact and in Theory.* London 1932.

Klein, H. Arthur: *Great Structures of the World.* New York 1968.

Knight, Charles S.: The Mystery and Prophecy of the Great Pyramid. San Jose/Calif. 1933.

Kolosimo, Peter: *Not of This World.* New York 1973.

292

Kozyrev, Nikolai: »Possibility of Experimental Study of the Properties of Time« in: *Joint Publication Research Service,* NTIS. Springfield/Virginia 1968.

Kuhn, Alvin: *The Lost Light.* Columbia University 1940.

Landone, Brown: *Prophecies of Melchi – Zedek in the Great Pyramid.* New York 1940.

Lewis, Havre, S.: *The Symbolic Prophecy of the Great Pyramid.* San Jose 1936.

Lucas, *A.: Ancient Egyptian Materials and Industries.* London 1962.

Manning, Al G.: »Can Pyramid Power Work for You?« in: *Occult, Vol.* 4, 3/1973.

Manning, Al G.: »How to Use the Mystic Pyramid?« Los Angeles 1970.

Martin, Russ: »Building the Great Pyramid 1973 A. D.« in: *TWA Ambassador, Vol.* 6, 7/1973.

Massey, Gerald: *The Natural Genesis,* Vol. 1 und 2. London 1883.

Massey, Gerald: *Ancient Egypt.* Vol. 1 und 2. London 1907.

Mercer, S. A. B.: *The Pyramid Texts in Translation And Commentary, 4* Bände. New York 1952.

Mertz, Barbara: *Temples, Tombs and Hieroglyphs.* New York 1964.

Montet, Pierre: *Eternal Egypt.* New York 1964.

Neugebauer, P.: *The Exact Sciences of Antiquity.* Princitown 1951.

Norman, Ernest L.: »The Infinite Concept of Cosmic Creation.« Sante Barbara 1960.

Norton, Roy: »Monuments to Ufo Space Pioneers« in: *Saga, Vol.* 44, 3/1972.

Ostrander, Sheila, und Schroeder, Lynn: *Psi – Die Geheimformel des Ostblocks.* Scherz 1971.

Owen, A. R. G.: »The Shapes of Egyptian Pyramids« in: *New Horizons,* Toronto/Canada 1973.

Palmer, Ernest G.: *The Secret of Ancient Egypt.* London 1924.

Parker, Richard A.: *The Calenders of Ancient Egypt.* Chicago 1950.

Pawley, G. S.: »Do the Pyramids Show Continental Drift?« in: *Science,* Vol. 179, März 1973.

Petrie, W. M. F.: *The Royal Tombs of the First Dynasty,* 1. Teil. London 1900.

Petrie, W. M. F.: *The Royal Tombs of the First Dynasty,* 2. Teil. London 1901.

Platt, Paul T.: *Secret: The Pyramid and the Lisa.* New York 1954.

Platt, Paul T.: *The Secret of Secrets.* New York 1955.

Platt, Paul T.: *Psychic Observer.* Gesamtausgabe, Vol. 33, 7/1972.

Platt, Paul T.: *Pyramid News.* 7/1973.

Racey, Robert R.: *The Gizeh Sphinx and Middle Egyptia Pyramids.* Winnipeg 1937.

Rand, Howard B.: *The Challenge of the Great Pyramid.* Haverhill/Mass. 1943.

Rawlinson, G.: *History of Herodotus.* London 1912.

Reich, Wilhelm: »Cosmic Superimposition« in: *The Wilhelm Reich Foundation,* Rangeley 1951.

Reisner, G. A.: Mycerinus: *The Temples of the Third Pyramid at Giza.* Cambridge/Mass. 1931.

Reisner, G. A.: *The Development of the Egyptian Tomb Down to the Accession of Cheops.* Cambridge/Mass. 1935.

Riffert, G. R.: *The Great Pyramid – Proof of God.* Haverhill/Mass. 1944.

Roberts, Jane: *The Seth Material.* Englewood Cliffs/New Jersey 1970.

Robinson, Lytle: *The Great Pyramid and Its Builders.* Virginia Beach 1966.

Russell, Walter: *The Secret of Light.* University of Science and Philosophy. Waynesboro/Virg. 1965.

Rutherford, Adam: *Pyramidology.* Dunstable/Bedfordshire 1961.

Rutherford, Adam: *Outline of Pyramidology.* London 1957.

Schure, Eduard: *The Mysteries of Ancient Egypt.* New York 1972.

Sendy, Jean: *Those Gods Who Made Heaven and Earth.* New York 1972.

Shealy, Julian B.: *The Key to Our God Given Heritage.* Columbia/South Carolina 1967.

Shirota, Jon: *Legacy of the Unknown.* Vol. 1 und 2. März 1973.

Sinnett, Alfred P.: *The Pyramids and Stonehenge.* London 1958.

294

Smith, E. Baldwin: *Egyptian Architecture as a Cultural Expression*. New York 1938.

Smith, G. E., und Dawson, W. R.: *Egyptian Mummies*. London 1924.

Smith, Robert W.: *Mysteries of the Ages*. Salt Lake City 1936.

Smith, Warren: Mysterious Pyramids Around the World in: *Saga, Vol.* 47, 1/1973.

Smith, Worth: *The House of Glory*. New York 1939.

Smith, William S.: *Art and Architecture of Ancient Egypt*. Middlesex 1958.

Smith, William S.: *A History of Egyptian Sculpture and Painting in the Old Kingdom*. Oxford 1946.

Stewart, Basil: *The True Purpose of the Great Pyramid*. London 1935.

Stewart, Basil: *The Mytery of the Great Pyramid*. London 1929.

Straub, Walter L.: *Anglo-Israel. Mysteries Unmasked*. Omaha/Nebraska 1937.

Tellefsen Olaf: »New Theory of Pyramid Building« in: *Natural History, Vol.* 79, 9/1970.

Thompson, J. Eric: *The Rise and Fall of Maya Civilisation*. Norman 1954.

Tompkins, Peter: *Cheops. Die Geheimnisse der Großen Pyramide*. Scherz 1977.

Toth, Max: »The Mysterious Pyramids« in: *Beyond Reality, Vol. l,* 2/ 1972.

Touny, A. D.: *Sport in Ancient Egypt*. Leipzig 1969.

Tunstall, Johu: »Pharaoh's Curse« in: *Toronto Globe And Mail,* 30. Juli 1969.

Tucker, William J.: *Ptolemaic Astrology*. Sidcup 1962.

Weeks, Kent, und Edwards, 1. E. S.: »The Great Pyramid Debate« in: *Natural History,* Vol. 79, 10/1970.

Vaillant, George C.: *The Aztecs of Mexico*. New York 1962.

Vyse, H. und Perring, J. S.: *Operations Carried Out on the Pyramids Of Gizeh,* 3 Bände. London 1840 bis 1842.

Waddell, L. A.: *Egyptian Civilization. Its Sumarian Origin and Real Chronology*. London 1930.

Wheeler, N. F.: »Pyramids and Their Purpose« in: *Antiquity, S*. 172 bis 185,9/1935.

Winlock, H. E.: *The Rise and Fall of the Middle Kingdom in Thebes*. New York 1947.

Winlock, H. E.: »Pyramid Meditation« in: *National Enquirer,* 13/1974.

Stb

Ted Andrews

Die Aura sehen und lesen
Feinstoffliche Energien wahrnehmen und deuten

ISBN 3-89767-400-9

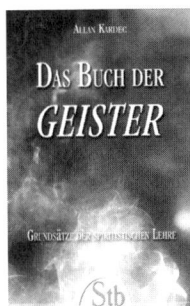

Allan Kardec

Das Buch der Geister
Medial empfangene Antworten auf unsere Daseinsfragen

ISBN 3-89767-411-4

Klaus Grochowiak Susanne Haag

Die Arbeit mit Glaubenssätzen
als Schlüssel zur seelischen Weiterentwicklung

ISBN 3-89767-412-2

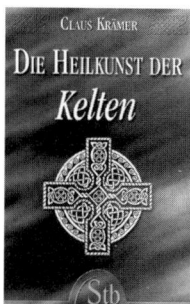

Claus Krämer

Die Heilkunst der Kelten
*Eine faszinierende Reise
in die Welt der Druiden*

ISBN 3-89767-406-8

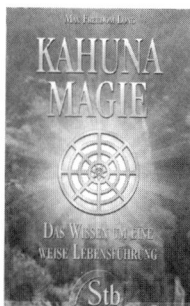

Max Freedom Long

Kahuna-Magie
Das Wissen um eine weise Lebensführung

ISBN 3-89767-409-2

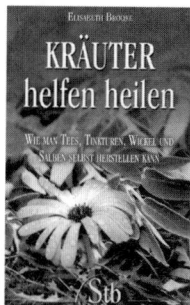

Elisabeth Brooke

Kräuter helfen heilen
*Wie man Tees, Tinkturen, Wickel
und Salben selbst herstellen kann*

ISBN 3-89767-407-6

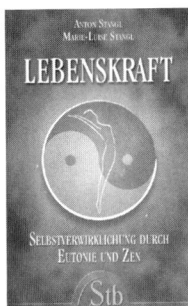

Anton Stangl
Marie-Luise Stangl

Lebenskraft
Selbstverwirklichung durch Eutonie und Zen

ISBN 3-89767-419-X

Kyriakos C. Markides

Der Magus von Strovolos
*Die faszinierende Welt
eines spirituellen Heilers*

ISBN 3-89767-417-3

Douglas Monroe

Merlins Vermächtnis
21 Lektionen

ISBN 3-89767-403-3

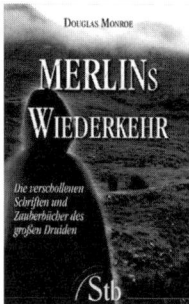

Douglas Monroe

Merlins Wiederkehr
*Die verschollenen Schriften und Zauberbücher
des großen Druiden*

ISBN 3-89767-402-5

Barbara Marciniak

Boten des neuen Morgens
Lehren von den Plejaden

ISBN 3-89767-405-X

Barbara Marciniak

Die plejadischen Schlüssel
zum Wissen der Erde
*Unser Erbe, unser Wissen,
unsere selbstgewählte Aufgabe*

ISBN 3-89767-404-1